144. WINCKELMANNSPROGRAMM
DER ARCHÄOLOGISCHEN GESELLSCHAFT ZU BERLIN e. V.

ARCHÄOLOGISCHE GESELLSCHAFT ZU BERLIN e. V. 2020

DER ATTISCHE GRABBAU

Entwicklung und Bedeutung freistehender Grabarchitektur

in Athen und Attika von der archaischen Epoche

bis in die römische Kaiserzeit

von

ANDREAS SCHOLL

ARCHÄOLOGISCHE GESELLSCHAFT ZU BERLIN e. V. 2020

DE GRUYTER

Mit VI, 128 Seiten, 100 Abbildungen

Bibliographische Informationen der Deutschen Bibliothek
Die Deutsche Bibliothek verzeichnet diese Publikation in der Deutschen Nationalbibliografie; detaillierte bibliografische Daten sind im Internet über <https://dnb.ddb.de> abrufbar.

ISBN 978-3-11-073819-3

Satz, Layout und Bildbearbeitung: Hans Rupprecht Goette, Berlin

Herstellung: H. Heenemann GmbH & Co. KG, Berlin

Vorwort

Dieses 144. Berliner Winckelmannsprogramm erscheint unter außergewöhnlichen Umständen – mitten in einer globalen Pandemie. Wohl noch niemals in Friedenszeiten konnte sich die Archäologische Gesellschaft zu Berlin über einen so langen Zeitraum nicht zu wissenschaftlichen Vorträgen und geselligem Austausch versammeln. Seit März 2020 hat das Corona-Virus Deutschland, Europa und die Welt fest im Griff, ohne dass ein Ende der Bedrohung absehbar wäre. Mit Rücksicht auf die Gesundheit aller Beteiligten haben wir seit dem 11. Februar 2020 keine Veranstaltungen mit persönlicher Anwesenheit mehr durchgeführt und werden erst jetzt – im Oktober 2020 – unser Programm wiederaufnehmen, und auch dies ausschließlich online im Rahmen von Web-Konferenzen. Immerhin aber erlaubt uns dieses digitale Medium, überhaupt wieder in größerer Runde zu kommunizieren. Vor diesem tristen Hintergrund freut sich der Vorstand, Ihnen am Ende eines irritierenden Jahres als ein sichtbares Lebenszeichen der Gesellschaft das 144. Berliner Winckelmannsprogramm überreichen zu können.

Einige Facetten des hier behandelten Themas »Der attische Grabbau« wurden im Rahmen des vom Exzellenzcluster »TOPOI. The Formation and Transformation of Space and Knowledge in Ancient Civilizations« veranstalteten Workshops »Greek Monumental Tombs. Regional Patterns and their Reception in the Aegean World during the Classical and Hellenistic Periods« (10.–11. 2. 2012) an der Freien Universität Berlin unter dem Titel »Der attische Grabbau. Die Entwicklung monumentaler Grabarchitektur in Athen und Attika vom 7. Jahrhundert v. Chr. bis in den frühen Hellenismus« vorgetragen. Für die vorliegende Publikation musste der damalige Kurzbeitrag vollständig revidiert und stark erweitert werden. Die Veröffentlichung der meisten anderen Tagungsbeiträge steht unmittelbar bevor (s. Berns – Huguenot 2020). Den Organisatoren der nun schon acht Jahre zurückliegenden Tagung, Caroline Huguenot (Berlin) und Christof Berns (Bochum/Hamburg), gilt der herzliche Dank des Verfassers für die seinerzeitige Einladung zur Mitwirkung.

Für Hinweise und Kritik im weit zurückliegenden Bonner Anfangsstadium meiner Beschäftigung mit den attischen Grabbauten danke ich Johannes Engels (Kreuzau), Wilfred Geominy (†) und Nikolaus Himmelmann (†). Bei der Wiederaufnahme des Themas in Athen, Oxford und Berlin haben mich Jan Breder (Bonn/Halle an der Saale), Caroline Fuchs (Oxford/London), Hans Rupprecht Goette (Berlin), Agnes Schwarzmaier (Berlin) und Jan Stubbe Østergaard (Kopenhagen) unterstützt. Ihnen gilt mein besonders herzlicher Dank. Für die bereitwillige Überlassung von Abbildungsvorlagen, die Beschaffung derselben sowie die Erteilung von Publikationsgenehmigungen gilt mein verbindlichster Dank Sean Hemingway (Metropolitan Museum of Art, New York), Frederik Grosser (Antikensammlung, Berlin), Joachim Heiden (DAI Athen), Werner Oenbrink (Bamberg), Vassilis Ch. Petrakos (Archäologische Gesellschaft Athen), Gerhard Kuhn (Marburg), Reinhard Stupperich (Eberbach am Neckar) und ganz besonders Hans Rupprecht Goette (DAI Berlin). Ohne die Gastfreundschaft von Caroline Fuchs (Oxford/London) im April 2019 wäre mir der Wiedereinstieg in die Thematik nicht möglich gewesen. Allen Mitgliedern der Archäologischen Gesellschaft zu Berlin und insbesondere meinen Kolleginnen und Kollegen im Vorstand bin ich sehr dankbar, dass diese Publikation als 144. Berliner Winckelmannsprogramm erscheinen kann.

Unser langjähriges Mitglied Hans Rupprecht Goette (Berlin) hat nicht nur den Text kritisch lesend verbessert, sondern ihn auch durch zahlreiche eigene Fotografien bereichert sowie in rein ehrenamtlicher Arbeit die Publikation gesetzt und ihre Drucklegung betreut. Für seine überaus kollegiale, liberale und kenntnisreiche Unterstützung gilt ihm mein nachdrücklichster Dank! Wanda Löwe (Berlin) verdanke ich eine gründliche redaktionelle Durchsicht des Textes. Die verbliebenen Fehler sind allesamt meine eigenen.

Wie üblich beschließen Jahresberichte über die zurückliegenden Aktivitäten der Archäologischen Gesellschaft zu Berlin (2017 bis 2020) und unser aktualisiertes Mitgliederverzeichnis dieses Winckelmannsprogramm. Drei weitere Hefte sind aktuell in Vorbereitung. Unsere traditionsreiche Publikationsreihe befindet sich also nach einer längeren Schwächephase wieder auf dem Wege der Genesung.

Andreas Scholl
Vorsitzender

Frontispiz: Athen, Kerameikos. Trapezai und Kinoniskoi von der Spätklassik bis in die Kaiserzeit; Arrangement auf der Südterrasse.

Inhalt

Nikolaus Himmelmann (1929–2013) in dankbarer Erinnerung

»Die aufgezählten Bauten verteilen sich über die Zeit von etwa sechs Jahrhunderten, während derer der Typus sich nicht wesentlich geändert hat. Immer bleibt es ein Aufbau von rechteckigem Grundriss [...], und immer ist die Form undeutbar einfach; nur von älteren und klareren Beispielen ausgehend kann man versuchen, zu einer Erklärung zu gelangen.«

Richard Delbrück, Über einige Grabhügel bei Agia Triada, AM 25, 1900, 302.

Definition und Forschungsstand

Vorliegende Untersuchung gilt der formgeschichtlichen Entwicklung und Bedeutung attischer Grabbauten vom Beginn des 6. Jhs. bis in die Kaiserzeit[1]. Diese aus Lehmziegeln und/oder Bruchstein über Einzelgräbern errichteten, als freistehend konzipierten Monumente[2] sind von den zahlreichen ummauerten, entwicklungsgeschichtlich jüngeren und meist als Grabbezirk, Grabterrasse oder *peribolos*[3] bezeichneten Strukturen des späten 5. und 4. Jhs. typologisch zu unterscheiden. Die Grabbauten besitzen hingegen eine eigene Tradition. Dies ahnten schon die ersten Ausgräber des Kerameikos im späten 19. Jh., die jedoch damals noch in weitgehender Unkenntnis der archaischen Anlagen nur eine hypothetische Ableitung vorschlagen konnten[4].

Im Folgenden wird der Versuch unternommen, die Entstehung, Entwicklung, kontinuierliche Verwandlung und Bedeutung freistehender Grabbauten in den attischen Nekropolen im Unterschied zu anderen Monumenttypen von der früharchaischen bis in die späte Kaiserzeit – für fast ein ganzes Jahrtausend also – anhand besonders charakteristischer Monumente beschreibend zu analysieren. Auf diese Weise soll eine neue, detaillierte Entwicklungsskizze entworfen und zur Diskussion gestellt werden. Dabei gilt es insbesondere auch, auf die Wechselbeziehungen zwischen dem älteren Grabbau und dem jüngeren Grabbezirk einzugehen[5], denn beide Monumenttypen koexistierten zwischen etwa 440/430 und dem Grabluxusverbot des Demetrios von Phaleron im Jahre 317/316.

Ausgehend von erheblichen definitorischen Ungenauigkeiten im noch immer grundlegenden – aber nach siebzig Jahren naturgemäß in Vielem überholten – Aufsatz »Der attische Grabbau« von Karl Kübler aus dem Jahre 1949[6] ist der wissenschaftliche Diskurs zu diesen Monumenten bis in die Gegenwart von Unklarheiten und Missverständnissen bestimmt[7]. Kübler ging 1949 von der Annahme aus, dass die Grabbezirke klassischer Zeit, »eine junge Erweiterung des Ursprünglichen [scil. der archaischen Grabbauten aus Lehmziegeln] darstellen«[8]. Seine Ausgangsfrage lautete: »Knüpft die Verbindung von Grabbau und Steinmälern im 4. Jahrhundert an ältere Überlieferung an oder ist sie entwicklungsgeschichtlich jung?«[9]. W. Schiering würdigte in seinem Nachruf auf K. Kübler dessen Beitrag von 1949 als »[...] faszinierende Zusammenschau einer von der frühesten bis zur spätesten Zeit verfolgten Architekturform, die ihren Höhepunkt im 4. Jh. v. Chr. erreicht hat«[10]. Küblers vor allem formgeschichtlich orientierter Ansatz soll hier aufgegriffen, aktualisiert und um den Versuch erweitert werden, die Bedeutung der Grabbauten im Vergleich mit und im Unterschied zu anderen Monumenttypen schärfer zu fassen.

Wie zu zeigen sein wird, besteht ein bis heute fortdauerndes Missverständnis darin, dass die Begriffe Grabbau und Grabbezirk häufig gleichgesetzt und geradezu als Synonyme verwendet werden. Die Beschäftigung mit den freistehenden Grabbauten Athens und Attikas wird jedoch nicht nur durch dieses grundsätzliche Definitionsproblem, sondern auch durch eine nach wie vor unbefriedigende Publikationslage zu Teilen der klassischen sowie der gesamten hellenistischen und kaiserzeitlichen Nekropole im Kerameikos von Athen und zu relevanten Befunden in Attika erschwert[11].

Die Beschäftigung des Verfassers mit den attischen Grabbauten geht zurück auf einen 1994 in einem damals noch schwach ausgeleuchteten Forschungsumfeld publizierten Beitrag zur literarischen und monumentalen Überlieferung aufwendiger Grabmäler im Athen des späteren 4. Jhs. v. Chr.[12], den *polytalanta mnemeia*. Unter diesen waren einige sicher oder mit hoher Wahrscheinlichkeit als freistehende Grabbauten anzusprechen[13]. Die erneute und nunmehr breiter angelegte Auseinandersetzung mit den attischen Grabbauten wurde wesentlich durch eine Berliner Tagung zum Thema »Greek Monumental Tombs« im Jahre 2012[14] und die 2013 erschienene, überaus erhellende Monographie von Jan Breder zu den attischen Grabbezirken klassischer Zeit angeregt[15], deren wesentliche Ergebnisse hier aufgegriffen und zu den Grabbauten in Bezug gesetzt werden.

Breders sorgfältige Zusammenstellung und Untersuchung der klassischen Grabbezirke (*periboloi*) hat für die Beschäftigung mit der attischen Sepulkralarchitektur archaischer und klassischer Zeit eine neue Grundlage geschaffen und etliche ältere Annahmen richtungsweisend korrigieren können. Seine Ergebnisse haben ein breites Echo gefunden und weiterführende Diskussionen ausgelöst[16]. Kritischer zu betrachten ist die 2016 erschienene Arbeit zum Typus der mehrgeschossigen Podiumsgrabbauten von Juliane Israel[17], die sich intensiv mit dem in Kallithea gefundenen Grabmal des reichen Metöken Nikeratos von Istros beschäftigt. Weiter unten wird hier dieses sog. Kallithea-Monument ausführlicher behandelt und als eklektische Verbindung von Elementen des attischen Grabbaus, des Grabbezirks und zeitgenössischer Statuengruppen interpretiert.

Die Anfänge des freistehenden attischen Grabbaus um 600

Die in den Jahren um 600 mit dem Bau e/XXIV[18] (Abb. 1) im Kerameikos einsetzenden, freistehenden Grabbauten aus Lehmziegeln stellen – trotz zeitlicher Unterbrechungen und sich beständig wandelnder Formen – eine bis in die späte Kaiserzeit reichende Konstante im attischen Grabwesen dar[19]. In ihrer Größe, Formgebung, Schmückung und der Ausstattung mit keramischen sowie steinernen Grabmälern waren sie im Laufe eines ganzen Jahrtausends ständigen Veränderungen unterworfen und überstanden nicht weniger als drei historisch bezeugte, einschneidende Gesetzgebungen zum Grab- und Bestattungsluxus unter Solon, Kleisthenes und Demetrios von Phaleron[20]. Die attischen Grabbauten treten meist in Quader-, bisweilen in Würfel- und nur selten in Rundform auf und sind auch in Stein ausgeführt worden. Den freistehenden blockförmigen Grabmonumenten liegt neben dem offensichtlichen Denkmal-Charakter zugleich die Idee der *trapeza*, des Grabtisches also, zugrunde[21], auf dem analog zum Mahl in der Lebenswelt

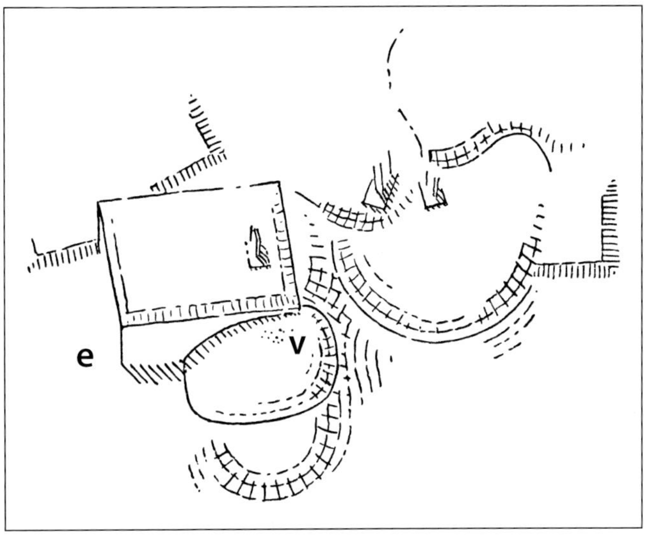

ABB. 1. Athen, Kerameikos. Frühachaischer Lehmziegel-Grabbau e (um 600): Rekonstruktionszeichnung.

die Speise- und Trankopfer für den Verstorbenen dargebracht wurden. Der Wunsch nach kultischer Zuwendung und fortdauerndem Kontakt mit dem Toten hat dazu geführt, einen *realiter* ephemeren Ritus durch die Aufstellung dauerhafter Gefäße – zunächst aus Ton und später aus Stein – zu ›verewigen‹ und zu monumentalisieren. Damit ist der Grabbau keineswegs nur als schlichte Markierung und Schutz des Grabes zu verstehen, sondern er wird im attischen Totenkult mit allem für notwendig Erachteten versorgt und kündet als Zeichen (*sema*) zumindest in der Imagination der Hinterbliebenen ›in alle Ewigkeit‹ von dem Toten[22].

Der attische Grabbau im Unterschied zum attischen Grabbezirk

J. Breder hat auf der Basis älterer Versuche die bislang schwer zu überschauende und nur in Ansätzen erforschte archäologische Evidenz zu den vielen ummauerten Grabbezirken (*periboloi*) im spätklassischen Athen und in Attika sowohl aus der Forschungsliteratur als auch durch Archivrecherchen und intensive Autopsie systematisch aufgearbeitet. Zu den wichtigsten Ergebnissen seiner Arbeit gehört der Nachweis, dass es sich bei den wahlweise als Grabbezirke, Grabterrassen oder *periboloi* bezeichneten Anlagen – von wenigen Ausnahmen abgesehen – nicht um architektonisch autonome, freistehende, rundum geschlossene Bauwerke, sondern tatsächlich um Bezirke handelt. Diese wurden vom Bereich des Profanen für die Bestattung, den dauerhaften Grab- und Totenkult sowie die Selbstdarstellung der »Inhaberoikoi«[23] durch Mauern als sakralisierte Areale abgegrenzt. Diese Bezirke sind in aller Regel von einer offenen, meist dem Hang zugewandten Seite zugänglich und durch einen Π-förmigen Grundriss charakterisiert[24]. Eine vergleichende Analyse der Mauertechniken und anderer Indizien ermöglichte es Breder zudem, im Detail überzeugend nachzuweisen, dass die architektonische Gestaltung der gleichzeitig mit dem Beginn der klassischen Serie attischer Grabreliefs um 430 aufkommenden *peribolos*-Mauern in ihrer auch semantisch bedeutsamen Bautechnik aus Heiligtumskontexten abgeleitet sind[25]. Zahlreiche von Breder ausführlich analysierte Temenos- und Analemma-Mauern griechischer Sakralbezirke bieten tatsächlich engste typologische bzw. morphologische Parallelen zu jenen der ummauerten Grabbezirke.

Ganz wesentlich für den Charakter und die religiöse Bedeutung der attischen Grabbezirke klassischer Zeit ist auch der von Breder erstmals geführte Nachweis, dass diese *periboloi* oft nur niedrig mit Erde verfüllt waren. Die meisten Grabbezirke hatten also nicht – wie lange Zeit allgemein angenommen – die Gestalt massiver Podien, die man sich bis zur Oberkante der Stützmauern verfüllt vorstellte, sondern sie besaßen »mehrheitlich die Gestalt von Hofanlagen«[26]. Auch dieser wichtige Umstand grenzt die klassischen Grabbezirke für Mehrfachbestattungen typologisch scharf von den hier eingehender betrachteten freistehenden, rundum geschlossenen sowie oft mit einer dachartigen Abdeckung versehenen Grabbauten über Einzelgräbern ab. Da in den Nekropolen Athens und Attikas beide Monumenttypen zwischen 440/430 und dem Grabluxusverbot von 318/317 gleichzeitig und in unmittelbarer räumlicher Nachbarschaft auftraten, kann es nicht verwundern, dass sie sich wechselseitig beeinflusst, ja in Einzelfällen sogar durchdrungen haben[27]. So weist bereits Breder mit Recht auf architekturtypologische Verbindungen beider Monumentgattungen wie den geböschten Dachrand (Geison) hin[28]. Die wesentlichen Unterschiede zwischen Grabbau (freistehend über einer Einzelbestattung[29]) und Grabbezirk (hofartig ummauertes Temenos über einer Mehrfachbestattung) diskutiert Breder jedoch nicht näher[30], sondern konzentriert sich in seiner Arbeit ganz auf das reiche Material zu den Grabbezirken.

Im Gegensatz zu dem von Steinmauern in der Art eines Temenos[31] umfriedeten Grabbezirk klassischer Zeit[32] wird im Folgenden unter einem Grabbau eine seit den Jahren um 600 mehrheitlich aus Lehmziegeln errichtete, aber schon seit archaischer Zeit gelegentlich auch in Bruchstein (oder auch in Kombination beider Materialien) ausgeführte freistehende Architektur[33] über einer Einzelbestattung verstanden, wobei sich das eigentliche Grab stets deutlich unter dem anstehenden Geländeniveau befindet (Abb. 2, 3). Daraus ergibt sich eindeutig, dass die Grabbauten Athens und Attikas nicht als Totenhäuser zu verstehen sind[34]. Die dritte Form attischer Grabanlagen mit architektonischem Anspruch, der aus Erde aufgeschüttete und oft durch Auftragung einer Putzschicht sowie einer Ringmauer an der Basis gegen Erosion gesicherte Grabhügel[35] (*tumulus, choma*/χῶμα) archaischer und klassischer Zeit, wird hier nur im Blick auf die wenigen runden Grabbauten berührt oder dann, wenn die bauliche Verbindung mit einem freistehenden Grabbau von Belang ist. Dies ist etwa dann der Fall, wenn über einem älteren Grabbau ein solcher Tumulus errichtet wurde. So verschwand im Kerameikos der einzige vollständig erhaltene archaische Lehmziegel-Grabbau k aus den 570er Jahren nur gut zwei Jahrzehnte nach seiner Errichtung unter dem riesigen Grabhügel G[36].

Karl Kübler und sein Aufsatz »Der attische Grabbau« von 1949

Der Versuch einer typologischen Betrachtung attischer Grabbauten in ihrer historischen Entwicklung ist bislang nur von Karl Kübler[37] (1897–1990) vor genau siebzig Jahren und mit einem deutlichen Schwerpunkt auf den frühen Befunden, die er selbst im Kerameikos in den 1930er Jahren ausgegraben[38] und 1959, 1970 und 1976 ausführlich publiziert hat[39], unternommen worden[40]. Rückblickend ist festzustellen, dass seine grundlegende Untersuchung von 1949 nicht scharf genug zwischen Grabbau und Grabbezirk unterscheidet und ihren Gegenstand oft allzu kursorisch und vereinfachend behandelt. Natürlich hat sich auch die auswertbare Materialbasis seither durch zahlreiche Ausgrabungen und deren Publikation stark verbreitert. Überhaupt wurde die wissenschaftliche Beschäftigung mit dem attischen Grabwesen im Allgemeinen und den Grabreliefs und Grabbezirken[41] im Besonderen in den letzten Jahrzehnten stark intensiviert[42].

Unter den Arbeiten zu unterschiedlichen Aspekten der attischen Grabarchitektur zu nennen sind neben den Pionierleistungen von R. Delbrück[43], A. Brueckner[44] und K. Kübler[45] vor allem diejenigen von W. Koenigs[46], R. S. J. Garland[47], J. Fedak[48], H. Lohmann[49], J. Bergemann[50], W. E. Closterman[51], H. R. Goette[52], D. Marchiandi[53] und J. Israel[54]. Nicht nur eine Synthese der bisherigen Forschungen, sondern auch neue und weiterführende Erkenntnisse zu den Grabbezirken klassischer Zeit bietet jetzt die hier bereits mehrfach angeführte Arbeit von J. Breder[55]. Sie stellt eine solide Basis für weitere Untersuchungen zum hier behandelten Themenkomplex dar.

Das überaus komplexe und facettenreiche Gesamtthema »Die Athener und ihre Gräber« hat E. Walter-Karydi[56] 2015 unter diesem Titel in einer ausgezeichneten, eindringlich-eigenwilligen Zusammenschau betrachtet. Zum Kerameikos von Athen haben die Grabungsleiterinnen U. Knigge 1988[57] und J. Stroszeck 2014[58] umfangreiche Führer durch die Nekropole vorgelegt, denen ein regelrechter Handbuchcharakter eigen ist. Beide Werke sind auf die Darstellung der komplexen Grabung, ihrer wichtigsten Funde sowie der im Gelände und im Museum erhaltenen Denkmäler fixiert, während auf übergreifende Fragestellungen naturgemäß nur hingewiesen werden konnte.

Die Entwicklung des attischen Grabbaus im 6. Jahrhundert

»In der Kerameikos-Grabung wurden bis heute mehr als 30 Grabbauten aus der Zeit vom 6. bis späten 5. Jh. dokumentiert«[59]. Nach Ausweis der zahlreichen und gut vorgelegten Grabungsbefunde zur Entwicklung der geometrischen und archaischen Nekropole im Kerameikos war der attische Grabbau in hocharchaischer Zeit ein selbständiges, blockförmiges, auf der Oberseite ebenes Mal aus Lehmziegeln oder Steinen, das über einem Einzelgrab errichtet wurde[60]. Bei Vertretern dieses Typus handelt es sich vor allem um massive oder mit einer Erdfüllung versehene Lehmziegelbauten[61], deren Dach häufig mit Porosplatten abgedeckt war. Diese besaßen in der Regel schräg ansteigende Ränder zum Schutz der Maueroberseiten[62].

Schon auf den Flachdächern attischer Grabbauten archaischer Zeit fand man Ziegel[63], Steinplatten, oder unregelmäßig gebrochene Steine[64] (Abb. 2, 1–3: Vourva bei Spata; 7–9: Kerameikos), die sicher keine Grabmäler darstellen sollten, sondern zum Schutz der Oberfläche vor Witterungseinflüssen dienten und vielleicht Schutzmatten aus pflanzlichem Material halten sollten[65]. Vor allem die Oberseiten der Lehmziegelwände drohten rasch zu erodieren, und man bewahrte sie durch vorkragende Ziegel- oder Steingesimse vor raschem Zerfall. Zusätzlich versah man die Wände mit deckenden Lehm- oder Kalksteinschichten, die den Bau optisch vereinheitlichten und ästhetisch aufwerteten. In diesen Zusammenhang gehört auch die gut dokumentierte Tatsache, dass die Wände der Bauten immer einen mit hellem Poros versetzten Lehmverstrich (›Porosputz‹) aufwiesen, der bisweilen einen weißen Stucküberzug besaß und nicht selten farbige Gliederungselemente aufwies[66]. Verschiedene Farben und selbst aufgemalte Dekors sind belegt[67]. Als Arbeitshypothese könnte man annehmen, dass wir mit solch polychromen Fassungen der Wände eine

1: Historische Aufnahme.

2: Rekonstruktionszeichnung (1890).

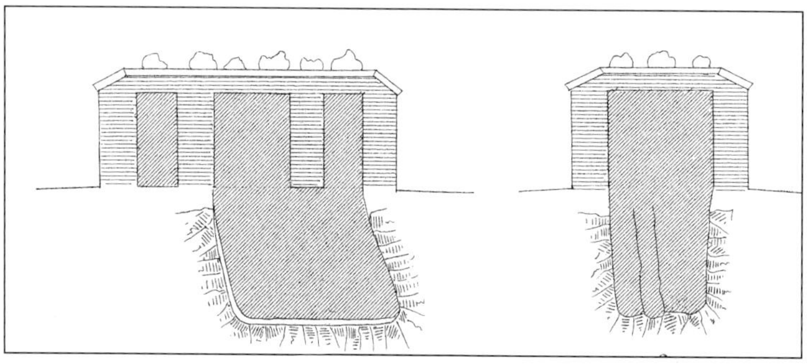

3: Längs- und Querschnitt durch Grabbau und Bestattungsgrube (1890).

ABB. 2. Vourva (Attika). Früharchaischer Grabbau (600/590) nach der Ausgrabung um 1890.

Sparvariante oder Vorform der Abfolgen metopenartiger Marmorreliefs und figürlich bemalter tönerner Pinakes späterer Grabbauten aus Lehmziegeln vor uns haben[68].

Die veränderte Bauweise erlaubte seit der Zeit um 600 die Anlage großer, eindrucksvoller Konstruktionen, für die sogar eine Art von Modulsystem entwickelt wurde[69]. So entstanden feste Bauten über den Gräbern (ABB. 2, 1–3; 5), die zudem viel weniger Platz benötigten als die großen runden Erdhügel und auch weniger schnell erodierten. Fast alle in dieser massiven Weise errichteten Grabbauten des Kerameikos besaßen Lehmziegelwände. Es gab aber auch Konstruktionen, die Stampflehm, Schotterschichten, Lehmerde, Lehmziegelbrocken und eingezogene Porosschichten in einer Art Mischtechnik verbanden und ebenfalls immer verputzt waren[70]. Auf dem attischen Land hingegen lässt sich die abwechselnde Verwendung von Ziegel- oder Bruchsteinwänden, Polygonalmauerwerk[71] bzw. eine Kombination verschiedenen Baumaterials beobachten[72]. Das nicht zu unterschätzende praktische Problem, Grabhügel/Erdtumuli durch Ummauerung[73] ihrer Basis und Versiegelung der Oberfläche mit Kalkputz[74] vor der schleichenden Abtragung durch Regen und mechanische Beschädigung durch Wagenverkehr zu schützen, wird wohl kaum die wesentliche Motivation zur Errichtung der quaderförmigen Grabbauten gewesen sein. Vielmehr haben wir hier eine signifikante qualitative Veränderung vor uns, denn die aufwendige Anlage von großformatigen Lehmziegelbauten bot gleich mehrere Vorzüge: Diese neuen Anlagen nahmen deutlich weniger Platz als die Grabhügel ein, und sie sicherten aufgrund ihrer baulichen Massivität die Bestattungen unter ihnen (ABB. 2, 3; 5) vor Störung, Zerstörung und Überschneidung durch später angelegte Gräber, wie dies für die Tumuli immer wieder zu konstatieren ist[75]. Zudem gewährleisteten sie eine größere Dauerhaftigkeit des Baues selbst und des auf ihm errichteten Grabzeichens (*sema*) bzw. der für den Totenkult genutzten keramischen Gefäße. Auch stellten sie eine gute Sichtbarkeit des Monuments in der im 7. und 6. Jh. bereits sehr dicht belegten Kerameikos-Nekropole sicher[76]. Die schon in archaischer Zeit auf Wahrnehmbarkeit durch die Passanten auf den wichtigen Straßen und Wegen[77] des vor allem auch von Töpfern und Vasenmalern geschäftig belebten Kerameikos-Areals ausgerichteten Bauten waren nicht nur als Erinnerungs- und Kultmale wichtig. Vielmehr dienten diese Monumente mit ihren Grabmälern selbstverständlich auch der konkurrierenden Selbstrepräsentation von Einzelnen bzw. von Gruppen (sicher meist von Familienverbänden/Oikoi) vor der zeitgenössischen Öffentlichkeit[78]. Hierfür eignete sich der neue Typus des – über einer Einzelbestattung ja eigentlich nicht notwendigen – quaderförmigen Grabbaus in besonderer Weise, denn der langrechteckige Lehmziegelblock hatte gegenüber dem ebenfalls verwendeten Würfel und noch mehr gegenüber dem Tumulus den offenkundigen Vorzug, eine (günstigenfalls sogar zwei) ausgesprochene Schauseiten zu präsentieren. So ist bereits für den Grabbau k die Ausrichtung einer der beiden Langseiten auf die Stadt und/oder die vorbeiführende Straße sicher kein Zufall[79]. Diese blockartigen Architekturen boten weiterhin die bezeichnenderweise von Anfang an genutzte Möglichkeit, als stabiler – und im doppelten Sinne des Wortes erhöhender – Träger von Grabmonumenten aus Ton und/oder Stein dienen zu können. So nimmt es nicht wunder, dass die älteste bislang bekannt gewordene attische Grabskulptur in Tiergestalt auf einem Grabbau im Kerameikos gestanden hat: Es ist dies der auch als Fragment noch sehr eindrucksvolle Poroslöwe (ABB. 3) von Grabbau υ[80] aus der Zeit um 580/570[81]. Die Wände der Grabbauten schmückte man mit ganzen Reihen tönerner Pinakes und – seltener – mit metopenartigen Marmorreliefs[82].

ABB. 3. Athen, Kerameikos Inv. P 794. Hocharchaischer Löwe aus Poros vom Dach des Grabbaus υ (580/570).

Das Aufkommen der Grabbauten aus Lehmziegeln als einer neuen Monumentgattung in den Jahren um 600 hat Kübler anhand der von ihm ausgegrabenen Befunde im Kerameikos[83] sowie unter Berücksichtigung der Parallelbefunde in Attika (und darüber hinaus) erstmalig beschrieben und analysiert[84]. Nach Küblers Darstellung wurden die ersten Grabbauten im Kerameikos[85] aus den niedrigen, rechteckigen Erdmalen[86] herausgebildet, die sich seit etwa der Mitte des 7. Jhs. in der Nekropole am Eridanos verbreiteten[87] (ABB. 4). Diese niedrigen, rechteckigen und mit einem Poros-Estrich verputzten Erdmale besaßen leicht geböschte Seitenwände sowie waagerechte Deckflächen. Sie konnten aber mit den viel größeren, repräsentativeren Grabhügeln nicht konkurrieren und wurden zunehmend durch die seit den Jahren um 600 auftretenden blockförmigen Grabbauten aus Lehmziegeln ersetzt[88]. »Durch Abstützen ihrer Erdschüttung mit Lehmstampf und Lehmziegelmauern entwickelte man aus ihnen [scil. den älteren Erdmalen] einen viereckigen, oben flachen Baukörper mit senkrechten oder leicht geböschten Außenwänden, der, um Raum zu sparen, gegen jeden Hügelhang gestoßen werden konnte, wenn nur die Frontmauer die gewünschte Höhe erreichte«[89]. Dieser Umstand war der offensichtlich großen Platznot in der Nekropole am Eridanos geschuldet und wurde letztendlich allen von Kübler ausgegrabenen Exemplaren zum Verhängnis, denn sie rutschen bald nach ihrer Errichtung ab und stürzten ein – nur der Grabbau k blieb dank seiner baldigen Verschüttung unter Grabhügel G[90] unzerstört, so dass sich an seinem Beispiel

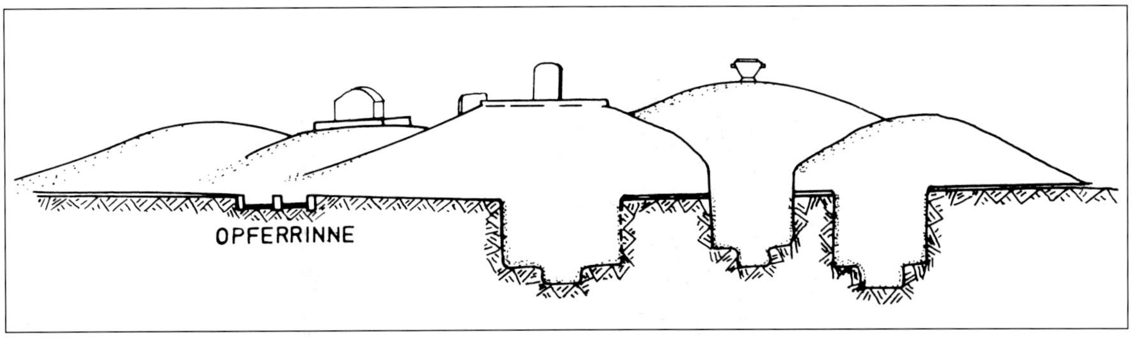

ABB. 4. Athen, Kerameikos. Idealtypische Rekonstruktion (Schnitt) von Grabhügeln und Grabbauten des 7. Jhs.

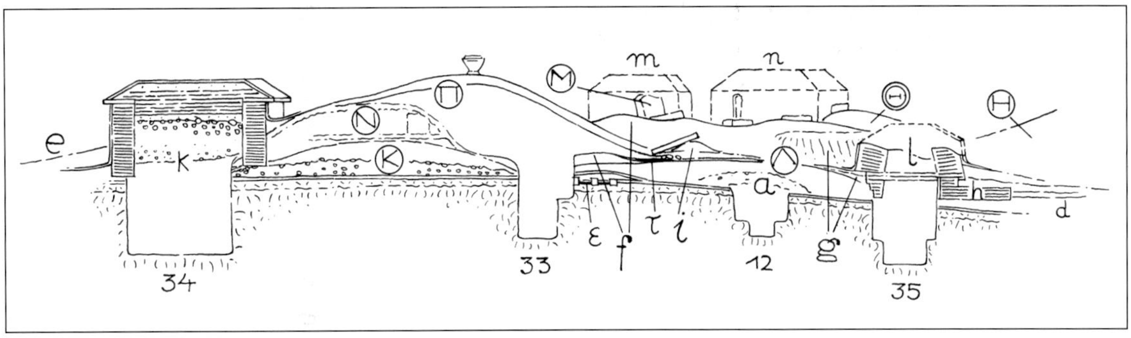

ABB. 5. Athen, Kerameikos. Hocharchaischer Lehmziegel-Grabbau k (um 570): Längsschnitt mit Darstellung von Innenfüllung und Bestattungsgrube.

alle Charakteristika dieser neuen Monumentform deutlich ablesen lassen: Die Stufenunterbauten und Sockel konnten sowohl aus Lehmziegeln[91] als auch aus Bruchsteinen[92] bestehen. Vorspringende Geisa aus Lehmziegeln[93] oder Steinplatten[94] schützten ringsum die Oberkanten der Außenwände, die ihrerseits wie auch die Dachflächen durch Lehm- und Poros-Estrich sowie Stuckverputz[95] vor den Unbilden des oft regenreichen attischen Winters bewahrt wurden. Kübler erinnerte die Dachkonstruktion von Grabbau k »unmittelbar an Dach und Geison des Hauses im Ölbaumgiebel«[96] von der Athener Akropolis[97]. Wie dem auch sei – die Übernahme zahlreicher technischer Spezifika aus dem Hausbau im archaischen Athen liegt auf der Hand und ist von Kübler im Detail belegt worden[98].

Der Grabbau k im Kerameikos (575/570) – ein einzigartiger Befund

Stellvertretend für diese neue Denkmälergruppe ist hier von dem einzigen, fast vollständig erhaltenen Monument im Kerameikos auszugehen, dem sog. Grabbau k, den Kübler in die zweite Hälfte der 70er Jahre des 6. Jhs. (= 575/570) datiert hat[99]. Der eindrucksvolle Bau (ABB. 7–8), »mit der Langseite der Stadt zugewandt«[100] (ABB. 10), ist damit gut eine Generation jünger als der älteste Vertreter des neuen Typus aus den Jahren um 600 (Grabbau e; ABB. 1)[101]. Er wurde 1933 freigelegt, war dann zwei Jahrzehnte lang zu sehen und ist heute zu seinem Schutz wieder durch die Erde des großen Hügels G verdeckt[102]. Letzterer liegt

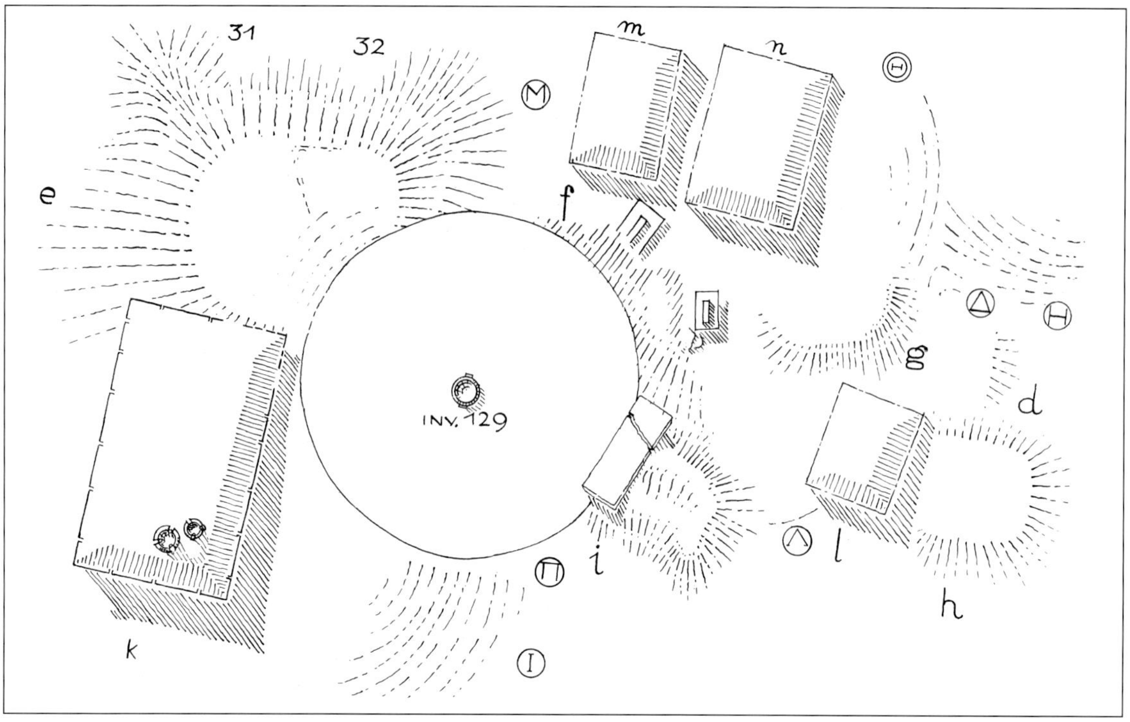

ABB. 6. Athen, Kerameikos. Hocharchaischer Lehmziegel-Grabbau k (um 570): Aufsicht mit Darstellung der Fundlage zweier *in situ* gefundener Fußkessel (vgl. Abb. 11–12).

ABB. 7. wie Abb. 6: östliche, zur Stadt gerichtete Langseite, im Hintergrund der Schnitt durch den Grabhügel G.

ABB. 8. wie Abb. 6: nördliche Schmalseite mit den Deckplatten des Flachdaches, im Hintergrund der Schnitt durch den Grabhügel G.

ABB. 9. wie Abb. 6: Blick auf die innere Steinfüllung nach Entfernung eines Teils des Flachdaches.

ABB. 10. Athen, Kerameikos. Hocharchaischer Lehmziegel-Grabbau k (um 570): Blick von Westen auf die gänzlich freigelegte Innenseite der Ostwand aus flachen Lehmziegeln.

unmittelbar westlich des Tritopatreion[103] im Zwickel zwischen der Heiligen Straße und der Gräberstraße. Verdankt wird die Erhaltung des frühen Grabbaus k dem Umstand, dass bereits zwanzig Jahre nach seiner Errichtung über ihm der große Hügel G für eine jüngere Bestattung aufgeworfen wurde. So verschwand der Bau, ehe noch die Witterung ernsthafte Schäden anrichten konnte. Ein schon oft reproduziertes Grabungsfoto zeigt den Hügel G zur Hälfte abgetragen und in seinem Umriss gut erkennbar. Vor dem Schnitt befindet sich der stattliche, 6 m lange, 3,54 m breite und 1,87 m hohe Lehmziegelbau (ABB. 7–8)[104]. Seine Wände waren außen mit einer 4 cm dicken Schicht aus grünem Porosputz bedeckt[105], rote Farbreste zeugten von seiner ehemaligen Bemalung. Die Außenwände sind an ihrer Oberseite durch schräg liegende Kalksteinplatten, eine Art falsches Geison, gegen die Witterung geschützt. Die Abdeckung der Oberseite des Baus bestand aus Porosplatten[106]. Die flachen Lehmziegel, aus denen der massiv durchgeschichtete Bau errichtet wurde, waren im Inneren nach Entfernung der Erdfüllung[107] noch gut sichtbar (ABB. 9–10). In der Füllung fand sich eine korinthische Pyxis aus den Jahren 580/570[108]. Die zugehörige Brandbestattung mit der Asche einer einzelnen Person lag tief unter dem Bau (Brandgrab 34[109]; ABB. 5). Nach Kübler ist der Grabbau der »stattlichste und besterhaltene im Kerameikos«[110], der »all seine Vorgänger an Größe übertrifft«[111]. Knigge hielt ihn für »[...] nach Ausmaßen und Sorgfalt der Bearbeitung innerhalb des Kerameikos ohne Beispiel«[112]. »Auch bei dieser Anlage kann es keinen Zweifel geben, daß ein bedeutender Mann in ihr bestattet war«[113].

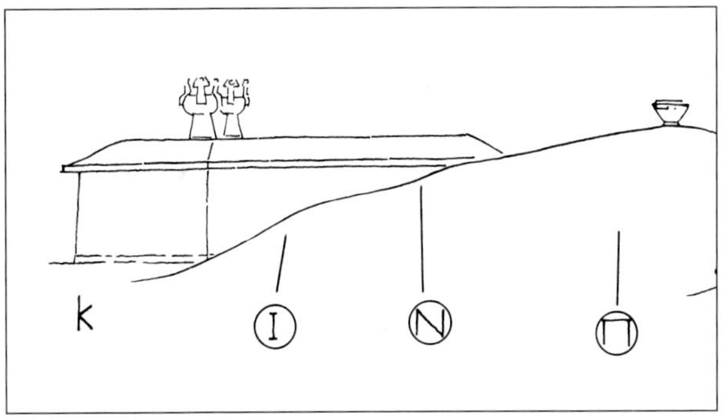

ABB. 12. Rekonstruktionszeichnung der östlichen Langseite des hocharchaischen Lehmziegel-Grabbaus k mit den beiden Fußkesseln (vgl. Abb. 6 und 11) auf der Nordost-Ecke des Daches.

ABB. 11. Athen, Kerameikos. Fragmente zweier auf dem Flachdach des hocharchaischen Lehmziegel-Grabbaus k *in situ* gefundener Fußkessel mit der Darstellung von Klagefrauen (vgl. Abb. 6 und 12).

Lehmziegel als Baumaterial für Grabbauten

Die vergleichsweise leicht herzustellenden Lehmziegel wird man für die Errichtung der Grabbauten gewählt haben, um die hohen Gewinnungs- und Transportkosten für steinernes Baumaterial zu vermeiden und/oder um entsprechenden Bestattungsgesetzen Folge zu leisten[114]. Lehmziegelarchitekturen sind mitnichten von grundsätzlich ephemerer Natur und haben nicht nur im östlichen Mittelmeerraum eine bis in die Gegenwart reichende Tradition. Mit regelmäßigen Instandhaltungsmaßnahmen wie dem Verputzen der Außenwände, schützender Bemalung und der wasserfesten Abdeckung der Oberseiten mit Steinplatten können Lehmziegelbauten erstaunlich lang überdauern. Im antiken Athen waren nicht nur große Teile der Stadtmauer[115] aus diesem leicht zu gewinnenden und massenhaft vorhandenen Material erbaut, sondern sicher auch das Gros der heute kaum mehr nachweisbaren Wohnhäuser[116]. Im Kerameikos lässt sich die Verwendung von Lehmziegeln für Grabmonumente und deren Schutz durch Verputz der Wände sowie steinerne Abdeckung der Oberseiten an vielen Beispielen zweifelsfrei bis in die späte Kaiserzeit nachweisen[117]. Zwei kaiserzeitliche Grabbauten auf der sog. Südterrasse, die noch ausführlicher zu betrachten sein werden, zeigen im Übrigen auch, wie man auf sehr einfache Weise kleinere Steinreliefs oder bemalte Tontafeln in bzw. an ihrem Baukörper sicher befestigen konnte[118].

Die Grabkultgefäße vom Flachdach des Grabbaus k

Der Grabbau k mit seinem Flachdach wurde zum Zeitpunkt seiner Verschüttung gegen 550 noch von (wenigstens[119]) zwei bemalten tönernen Fußkesseln bekrönt[120], auf deren Rand plastische Figuren von Klagefrauen angebracht waren[121]. Die Scherben dieser Gefäße (Abb. 11) lagen bei ihrer Auffindung durch Kübler 1933 noch *in situ*[122]: »Auf der rechten Dachhälfte standen nahe der hinteren Ecke jene tönernen Kessel [Abb. 12], die unter dem spärlichen Schmuckwerk der frühen Bauten bereits Erwähnung fanden«[123]. »[...] die Maße von Bau und Schmuckwerk stehen jedoch [...] in einem derartigen Mißverhältnis zueinander, daß sich der Sinn der Bauten nicht darin erschöpfen kann, sockelartige Träger solchen Schmuckes zu sein«[124].

Die Verwendung großer Grabvasen (Abb. 4–6. 11–12) steht zumindest im Kerameikos offensichtlich in geometrischer[125] bzw. protoattischer Tradition[126]. Damit gehört dieser Befund zu den jüngsten Belegen für die Verwendung monumentaler Keramiken in ihrer Doppelfunktion als Grabmäler und Libationsgefäße für den Totenkult auf athenischen Gräbern[127]. Bereits seit dem späten 7. Jh. wird diese weit in die geometrische Zeit zurückreichende Tradition allmählich durch die Aufstellung von Steinskulpturen auf Gräbern (Kouroi, Koren, Reliefstelen) abgelöst[128].

Ein später, aber ganz offenkundiger Nachklang der großen tönernen Grabgefäße geometrischer und archaischer Zeit sind die in Marmor umgesetzten Lekythen[129] und Loutrophoren[130] der Spätklassik, die neben ihrer Funktion im Grabkult erwiesenermaßen auch als Einzelgrabmäler dienen konnten. Vor allem die Loutrophoren als Bildzeichen für den Tod vor der Hochzeit erscheinen noch in hellenistischer Zeit häufig in den kleinen Reliefs auf den Seitenflächen hellenistischer *trapezai* und auf den Schäften der *kioniskoi* (Abb. 59, 3). Auch die flachen, runden Steinbecken[131] hellenistischer Zeit, von denen sich nur ganz wenige im Kerameikos nachweisen lassen[132], stehen vielleicht in dieser jahrhundertealten Tradition der Verwendung von Spendegefäßen für den Totenkult auf attischen Gräbern[133], wobei allerdings ihre Identifizierung mit den von Cicero (de leg. 2, 66) genannten *labellae* höchst fragwürdig ist.

Sowohl die Aufstellung von im Totenkult rituell bedeutsamen Tongefäßen[134] als auch die Errichtung von Steinmalen bzw. Bildwerken unterschiedlicher Form an oder auf den Gräbern war demnach seit geometrischer Zeit eine Konstante im attischen Sepulkralwesen[135] und blieb eine solche bis in die Spätantike[136].

Die früharchaischen Lehmziegel-Grabbauten des Kerameikos im historischen Kontext: Solon und die Reform des attischen Sepulkralwesens

In der von schweren gesellschaftlichen Konflikten geprägten Übergangsphase der Jahre um 600, der Zeit Solons, hat sich die Verwendung beider Denkmalformen – der tönernen Grabgefäße bzw. der aufkommenden Steinskulpturen – zeitlich überschnitten bzw. ergänzt[137], wie dies die beiden großen Fußkessel vom Dach des Grabbaus k (Abb. 11) sowie der gleichzeitig entstandene Poroslöwe[138] von Grabbau υ (Abb. 3) eindrucksvoll bezeugen. Die solonischen Begräbnisgesetze, deren genaue Datierung im frühen 6. Jh. unsicher ist, richteten sich wohl primär gegen den funerären Luxus bei Prothesis und Ekphora, denn »Solon traf noch keine Anordnungen über den künftig erlaubten Aufwand der Grabanlagen und Grabmonumente selbst«[139]. »Gräber und Denkmale wurden zu Beginn dieser Entwicklung von Solon offenbar als weniger gefährlich angesehen, Konflikte innerhalb der Bürgerschaft auszulösen, als die exzessive, öffentliche

Totenklage oder ein aufsehenerregender Leichenzug durch den öffentlichen Raum der Polis«[140]. Dennoch ist es vielleicht kein Zufall, dass das Erscheinen der ersten freistehenden Monumente aus Lehmziegeln in der Art des Grabbaus k um 600 zeitlich mit den solonischen Maßnahmen gegen den Gräberluxus in etwa zusammenfällt. Neben den Tumuli des 7. Jhs. wirken ihre Dimensionen vergleichsweise bescheiden, und vielleicht gehörte ja der neue Typus des Grabquaders zu den von Solon für akzeptabel erklärten Monumenttypen. Eine solche, nach Lage der Überlieferung zwangsläufig hypothetische Sanktionierung des neuen Monumenttypus durch den später hochgeachteten Solon[141] und die andauernde Wirksamkeit seiner Rechtssetzungen könnte jedenfalls die ganz erstaunliche Langlebigkeit des freistehenden, blockförmigen Grabbaus erklären. Noch die spätklassischen und hellenistischen Marmor-*trapezai*[142] (Abb. 52, 1; 56–61) und unter ihnen besonders jene mit bekrönenden Loutrophoren[143] (Abb. 59, 1–2), ja selbst die sog. Stuckgrabbauten im kaiserzeitlichen Kerameikos (Abb. 64–68) stehen typologisch eindeutig in der gegen 600 begründeten Tradition quaderförmiger Grabbauten aus Lehmziegeln.

Vor diesem Hintergrund ist es auch interessant, dass die attischen Grabbauten der ersten Hälfte des 6. Jhs. im Allgemeinen größer und imposanter ausfallen als solche der zweiten[144]. Erst seit den 570/560er Jahren »[…] nehmen wie die Hügel auch die Grabbauten über Schacht- und Brandgräbern zunächst an Größe ab«[145]. Vielleicht zeigt sich hier ein weiterer Effekt der Maßnahmen Solons: Da die wohlhabenden *oikoi* nun nicht mehr ernsthaft über funerären Aufwand und sepulkrale Monumentalität konkurrieren konnten, kam es rasch zu einer Größenreduktion der neuen Grabbauten aus Lehmziegeln. Man hatte in Athen längst neue Bühnen für die öffentliche Zurschaustellung von Reichtum und sozialem Status gefunden – etwa die im Verlauf des 6. Jhs. mit immer prächtigeren Weihgeschenken geschmückte Akropolis[146].

Rein quantitativ betrachtet setzt sich der neue Typus des Grabbaus in hocharchaischer Zeit rasch durch: »Der Zahl nach behaupten seit der Wende zum 6. Jh. die Grabbauten sogar den Vorrang vor den Grabhügeln«[147]. Unter der 546/545 beginnenden Tyrannis des Peisistratos und seiner Söhne[148] zeichnet sich dann eine Gegenbewegung ab, denn: »Der Aufwand für Grabhügel und Grabschmuck stieg schon in der Generation nach Solons Tod, von ca. 560–530 v. Chr., auffallend«[149]. Dies drückt sich im Kerameikos besonders deutlich in der für diese Zeit nachweisbaren Errichtung auch steinerner Monumentalgrabbauten[150] und des riesigen Grabhügels G aus, der ursprünglich einen Durchmesser von rund 40 m besaß und 5 m hoch war. Zudem setzen jetzt die eindrucksvollen Reihen der archaischen Reliefstelen[151] sowie der prächtigen Koren[152] und Kouroi[153] auf den Gräbern in großer Zahl und Qualität ein. Man wird annehmen dürfen, dass sich hier aristokratischer Repräsentationswille energisch Bahn gebrochen hat[154].

Archaische Lehmziegelbauten auf dem attischen Land

Mit den Grabbauten im archaischen Kerameikos korrespondieren sehr ähnliche Anlagen in ganz Attika[155], was ebenfalls bereits R. Delbrück[156] und K. Kübler erkannten: »Entsprechend stehen die in der Ebene von Vourva und Velanideza gefundenen drei Bauten des frühen 6. Jahrhunderts nach allen vier Seiten frei im Gelände. Wie an der Eigenwertigkeit der Form ist schon nach diesen übereinstimmenden Befunden der vier Grabungsplätze [scil. Kerameikos, Vari, Velanideza, Vourva] auch an einer Eigenbedeutung der Bauten nicht zu zweifeln«[157].

Anders als in den schon im späten 7. und 6. Jh. dicht belegten, weil offenkundig besonders prestigeträchtigen, Teilen der Kerameikos-Nekropole in Sichtweite der beiden großen Stadttore, des Heiligen Tores und des Dipylon, konnte sich der neuartige, als freistehend konzipierte Grabbau aus Lehmziegeln in einigen Nekropolen des dünner besiedelten attischen Landes in seiner Reinform entfalten[158]. Dem sehr gut konservierten Grabbau k im Kerameikos lässt sich eine etwas ältere Anlage in Vourva – in der nördlichen Mesogaia (beim heutigen internationalen Flughafen »Eleftherios Venizelos«) gelegen – an die Seite stellen, die bei ihrer Entdeckung unter einem Tumulus im Jahre 1890 nahezu perfekt erhalten und mit etlichen Feldsteinen auf der flachen Oberseite bedeckt war (ABB. 2, 1–3)[159]. R. Delbrück, der die erst viel später entdeckten archaischen Anlagen im Kerameikos ja noch nicht kannte, reichten allein die Analogien zwischen dem Bau in Vourva und den von ihm untersuchten hellenistisch bzw. kaiserzeitlichen Bauten im Kerameikos[160], um folgende, erstaunlich korrekte Feststellung zu machen: »Es ist ferner möglich, noch für das siebente Jahrhundert die besprochene Denkmalform [scil. den Grabbau aus Lehmziegeln] zu belegen; unter dem Tumulus von Vourva fand sich ein rechteckiger Bau[161] aus Lehmziegelmauern, 4 m zu 2,5 m gross, im Innern mit Schutt gefüllt, aussen mit Lehmputz überzogen, oben durch eine Deckschicht aus Lehm geschützt, die in einem Ablauf endet und mit Feldsteinen belastet ist. Durch diese Feldsteine wird ursprünglich das vorauszusetzende Reisigdach des Baues belastet gewesen sein. Ringsum war der Boden noch einen Schritt weit mit Lehmtünche überzogen. Unter dem Denkmale lag das Brandgrab. Auch Exemplare aus festerem Material, aus Bruchstein, standen schon in den ältesten attischen Nekropolen; eines ist in Vourva[162] und zwei sind in Velanidesa[163] gefunden«[164]. Kübler ergänzte 1949: »Noch eindeutiger [scil. als in Vourva] ist der Befund in Vari. Zu den rund 20 Bauten des 7. und frühen 6. Jahrhunderts im Kerameikos treten in dem weiten und ebenen Gelände dort nach den bisherigen Veröffentlichungen sieben viereckige Einzelbauten aus der Wende zum 6. Jahrhundert. Verkümmerungen der Grundform fallen ganz aus«[165]. Mit den »Verkümmerungen« meint Kübler offenkundig den von ihm im Kerameikos immer wieder festgestellten Umstand, dass dort viele Grabbauten des 6. Jhs. aus Lehmziegeln aufgrund des Platzmangels nicht völlig freistehend errichtet werden konnten und sich oft an die Hänge von Grabhügeln anlehnten[166].

Da bis heute zahlreiche Nekropolen und Einzelgräber der verschiedensten Epochen auf dem attischen Lande un- oder schlecht publiziert geblieben sind[167], stellt der Athener Kerameikos als einzige systematisch erforschte, dokumentierte und – zumindest in Bezug auf die geometrische und archaische Zeit – auch publizierte Nekropole[168] weiterhin den mit Abstand wichtigsten Befund dar. Der am besten bekannte antike Friedhof Athens bestimmt somit wesentlich unser Bild von der Entwicklung archaischer Grabbauten in Athen und Attika. H. Lohmann und H. R. Goette haben in ihren überaus detaillierten Forschungen zur antiken Siedlungs- und Wirtschaftsstruktur Attikas mehrfach hervorgehoben, dass für den ländlichen Bereich noch erheblicher Aufarbeitungs- und Forschungsbedarf besteht[169].

Zusammenfassend ist festzuhalten, dass auch auf dem attischen Land weder der rechteckige Grabbau hocharchaischer Zeit noch die Grabhügel (*tumuli*)[170] als Haus für den Toten gedacht waren, da dieser stets unter ihm bestattet war, nicht in ihm. Die zudem massiv ausgeführten Grabbauten erhoben sich unmittelbar über dem aufgefüllten Grabschacht oder zur Verbesserung ihrer Statik bzw. zum Schutz vor aufsteigender Feuchtigkeit auf einem Fundament aus Ziegeln oder Steinen. Wenn die Überbauung wie bei schlichter ausgeführten Beispielen in Attika aus Erde mit Kalkverputz statt aus Steinen oder Ziegeln wie im Kerameikos bestand, ist in aller Regel nur noch der Grundriss erkennbar geblieben[171]. Da auch bei den Mauern von Grabbauten im attischen Land nur selten etwas von deren aufgehendem Mauerwerk erhalten ist, lässt sich der jeweilige Dachtypus nur schwer bestimmen. Von den erhaltenen Dächern in Vari und Vourva sowie den Grabbauten im Kerameikos (Abb. 1; 2, 1–3; 5–8) wissen wir jedoch, dass sie flach waren und meist leicht geneigte Seitenwände besaßen. Hohe Giebeldächer hingegen sind unter den ergrabenen archaischen Grabbauten Athens und Attikas nicht nachweisbar. Zahlreiche Darstellungen von Grabbauten auf den attisch-weißgrundigen Lekythen[172] der Klassik (Abb. 13) und einige sog. *trapezai* bzw. *mensae* mit Giebeldach[173] (Abb. 60–61) aus dem spätklassischen bzw. frühhellenistischen Athen legen aber nahe, dass man auch solche Lösungen nicht *a priori* ausschließen darf. Schon Adolf Furtwängler hat dies in seiner Erstpublikation des bekannten Züricher Grabgiebels vermutet[174]. Dieser auch ikonographisch höchst ungewöhnliche Reliefgiebel (Abb. 14) aus der Zeit um 410 war sehr wahrscheinlich in einen Lehmziegel-Grabbau mit Giebeldach eingelassen[175].

Abb. 13. Boston, Museum of Fine Arts Inv. 01.8080. Attisch-weißgrundige Lekythos (440/30) mit detaillierter Wiedergabe eines Grabbaus (?) hochklassischer Zeit auf zweistufigem Sockel mit Giebelbekrönung und Skulpturenschmuck.

Kleinformatige Grabbauten in attischen Vasenbildern des späten 6. und 5. Jhs.

Zu den mehr als 20 im Athener Kerameikos ausgegrabenen Beispielen von quader- oder würfelförmigen Lehmziegel-Grabbauten archaischer Zeit[176] treten zwei sehr anschauliche Darstellungen solcher Anlagen in den gegen 510/500 gemalten Ekphora-Szenen auf einem in Vulci gefundenen Paar attisch-schwarzfiguriger Kyathoi bzw. einhenkliger Kantharoi im Pariser Cabinet des Médailles[177].

Das erste Gefäß (Inv. 353: Abb. 15) zeigt einen leicht hochrechteckigen Grabbau in exakt der hellbeigen Farbgebung, den auch der Porosputz zahlreicher Lehmziegelblöcke im Kerameikos aufweist.

ABB. 14. Zürich, Archäologisches Institut der Universität Inv. 2135. Marmornes Giebelrelief eines attischen Lehmziegel-Grabbaus mit Jenseitsdarstellung (410/400).

ABB. 15. Paris, Bibliothèque nationale de France, Départment des Monnaies, Médailles et Antiques Inv. 353. Einhenkliger attisch-schwarzfiguriger Kantharos mit Lehmziegel-Grabbau in Würfelform (510/500) und Ekphora-Szene.

ABB. 16. Paris, Bibliothèque nationale de France, Départment des Monnaies, Médailles et Antiques Inv. 355. Einhenkliger attisch-schwarzfiguriger Kantharos mit Lehmziegel-Grabbau in Würfelform (510/500) und Ekphora-Szene.

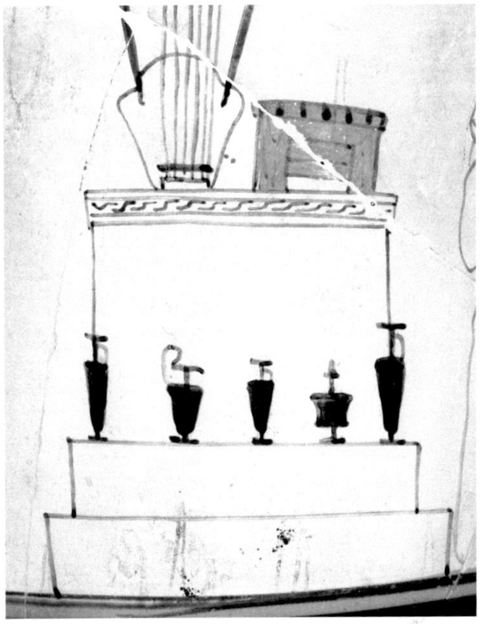

ABB. 17. Berlin, Antikensammlung Inv. V.I. 3262. Attisch-weißgrundige Lekythos des Sabouroff-Malers mit blockartigem Grabbau auf zweistufigem Sockel und Grabkultgefäßen (450/440).

Bemalt ist das Grabmal mit einer großen, sich hoch aufrichtenden Schlange, dem chtonischen Symboltier par excellence[178], vor einem hellen Kreis. Das in Schwarz gehaltene Reptil überschneidet zwei stilisierte Pflanzen mit langem Stiel und schmalen Zweigen, die als auf die Grabbaufassade gemalt zu verstehen sind. Solche Pflanzendarstellungen und die mehrfach auf den Fassaden nachgewiesene grüne Farbe könnten vielleicht wie die später omnipräsenten Palmetten, Anthemien und Rosetten attischer Grabstelen allegorisch auf das sich in der Natur immer wieder erneuernde Leben verweisen[179]. Die zweite Vase in Paris (Inv. 355: ABB. 16) zeigt das Ende einer Ekphora, die Ankunft eines von trauernden Frauen und Männern begleiteten, zweispännigen Eselskarrens mit dem Verstorbenen auf der Totenbahre in der Nekropole. Der Leichenzug hat soeben vor einem wiederum hochrechteckigen Grabbau von hellbeiger Farbgebung Halt gemacht, der fast so hoch ist wie die vor ihm stehenden Teilnehmerinnen. Nach Ausweis der wenigen vollständig erhaltenen Lehmziegel-Grabbauten archaischer Zeit (Vourva: ABB. 2, 1–3; Grabbau k im Kerameikos: ABB. 5–10) entspricht diese Größenrelation nahezu exakt den realen Verhältnissen[180]. Vor der Schmalseite des Monuments sieht man im Vasenbild einen von zwei wiederum stark stilisierten Pflanzen gerahmten Igel[181]. Beides soll wohl die naturräumliche Umgebung der Nekropole andeuten. Den beiden quaderförmigen Grabbauten der Pariser Kantharoi, die sicher *pars pro toto* die Gesamtheit der Nekropole repräsentieren sollen, stehen kleinere, aber ebenfalls blockartige Monumente auf den um 470 einsetzenden Grabbildern der attisch-weißgrundigen Lekythen[182] nahe (ABB. 17). Diese »[…] kleinen blockförmigen Male auf weißgrundigen Lekythen des 5. Jahrhunderts weisen auf eine Sonderentwicklung, die neben den monumentalen Bauten einhergeht und schon in der ersten Hälfte des 5. Jahrhunderts einsetzt«[183].

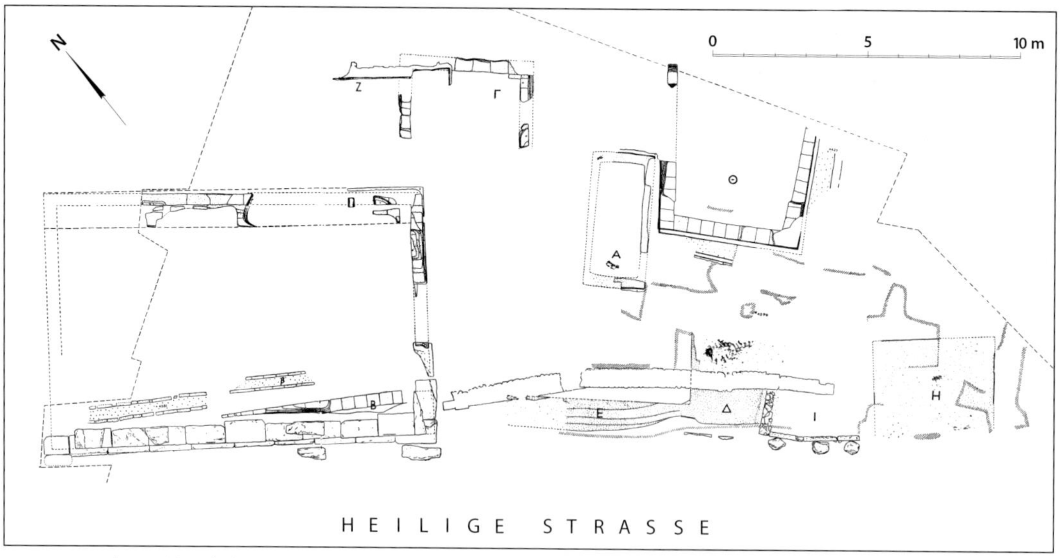

ABB. 18. Athen, Kerameikos. Klassische Lehmziegel-Grabbauten B, Δ, E, I, Θ (5. Jh.) an der Nordseite der Heiligen Straße; Grundriss.

Rechteckige Lehmziegel-Grabbauten spätarchaischer und klassischer Zeit im Kerameikos

Mit den spätarchaischen und klassischen Darstellungen von Grabbauten auf attischen Vasenbildern scheinen reale, im Kerameikos ausgegrabene, allerdings schlecht erhaltene Anlagen zu korrespondieren. Vor allem sind hier die von Klaus Vierneisel entdeckten und beschriebenen Grabbauten Δ, E und H an der Nordseite der Heiligen Straße (ABB. 18) aus der Zeit zwischen 500 und 480 zu nennen[184]: »Um 500 v. Chr. und bald danach waren unmittelbar an der Heiligen Straße über Brandgräbern das Lehmmal Δ und der von Westen anstoßende Grabbau E angelegt worden. Das Mal Δ besteht aus bei geradlinigen Fluchten aufgeschüttetem Lehm [aus den Grabbeigaben z. B. die Lekythen Vierneisel 1964, ABB. 39]; Grabbau E besaß eine Fassung von rechtwinklig um die Grabfüllung geführten horizontalen Lehmlagen [unter den Beigaben die Lekythos Vierneisel 1964, ABB. 38]. Nach Osten reiht sich das einfache rechtwinklige Erdmal H aus der Zeit um 480 v. Chr. an [Vierneisel 1964, ABB. 40]«[185]. Trotz ihrer schlechten Erhaltung machen Format und Formgebung am ehesten eine Rekonstruktion der Anlagen als Grabbauten wahrscheinlich. Aus der Mitte des 5. Jhs. schließt sich im Kerameikos der weiter unten noch näher zu betrachtende Grabbau Θ (ABB. 18) an.

In der Traditionslinie klassischer Grabbauten Athens in Quader- oder Blockform stehen offenkundig als »glatte viereckige Pfeiler«[186] gestaltete Grabmäler des 4. Jhs. wie die in ihrer Schlichtheit eindrucksvollen Marmorblöcke des Philokrates und der Philokrateia[187], die im Grabbezirk XIV[188] des Kerameikos die doppelstufige Marmor-*trapeza* der Arche[189] rahmen (ABB. 19). Es hat im 4. Jh. jedoch auch reliefierte Exemplare marmorner Grabpfeiler gegeben[190]. Spätklassische Parallelen aus Stein im außerattischen Bereich, etwa in Alt-Thera[191] (ABB. 20, 1–2) und auf Samos[192], belegen, dass die Quader-, Würfel- und Pfeilerform nicht

ABB. 19. Athen, Kerameikos. Grabmäler des Philokrates und der Philokrateia (4. Jh.) in der Gestalt von Marmorblöcken.

ABB. 20, 2. Zeichnung mit dem reliefierten Grabwürfel der Alexibola, der im Foto (links) fehlt.

ABB. 20, 1. Santorin, Alt-Thera. Spätklassische Grabterrasse mit würfelförmigen Grabmälern aus Marmor (4. Jh.).

auf Athen beschränkt war und im Miniaturformat auch als schlichtes Grabmal mit und ohne Inschrift verwendet werden konnte. Mit dem in Alt-Thera gefundenen frühhellenistischen Grabwürfel der Alexibola ist sogar ein reliefiertes Exemplar bekannt geworden[193]. Der auf Chios gefundene frühhellenistische Grabpfeiler des Metrodoros[194], Sohn des Theogeitonos, mit seinen extremen Flachreliefs in der Berliner Antikensammlung (ABB. 21, 1–2) steht offenkundig in der Tradition dieser Denkmälergruppe.

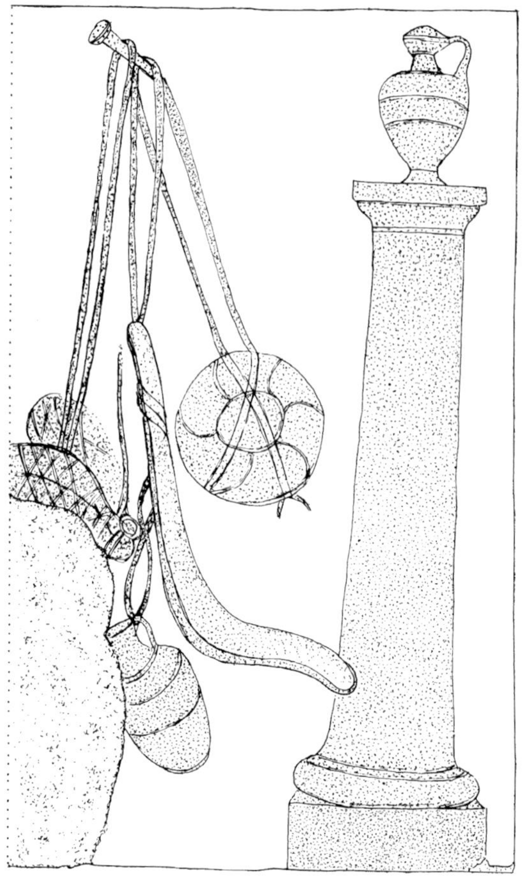

ABB. 21, 1–2. Berlin, Antikensammlung Inv. Sk 766a. Frühhellenistischer Grabpfeiler des Metrodoros: Rückseite mit Säule und Palästragerät in Flachrelief, von der Insel Chios (300–250); Umzeichnung des Bildfeld-Details.

Der archaische Lehmziegel-Grabbau als Träger von Grabkultgefäßen, Tontafeln, Marmorreliefs und Rundskulpturen

Die Diskussion der attisch-archaischen Grabbauten aus Lehmziegeln soll nun mit einem Blick auf ihren bildnerischen Schmuck und dessen inhaltliche Dimension abgeschlossen werden. Im 7. und 6. Jh. sind auf den horizontalen Deckflächen der attischen Grabbauten[195] regelmäßig Tongefäße, Skulpturen und Stelen[196] aufgestellt worden. Die Außenwände dieser Sepulkralarchitekturen wurden sehr wahrscheinlich sowohl mit marmornen Reliefs als auch mit den viel häufiger überlieferten tönernen Pinakes geschmückt, wobei Letztere etwa zehnmal häufiger erhalten sind. Offenbar haben bisweilen ganze Reihen solcher Einzelbilder einen Grabbau auf allen vier Seiten wie die Metopen eines dorischen Tempels umzogen. Meist war aber wohl nur die am besten sichtbare Langseite der Anlage geschmückt. Für die berühmten fünfzehn Tafeln des Exekias in der Berliner Antikensammlung, von denen die meisten allerdings stark fragmentiert sind, ist eine Anbringung als umlaufender Fries jedenfalls so gut wie sicher anzunehmen (ABB. 24. 27. 32).

ABB. 22. Chios, Arch. Mus. ohne Inv. Spätarchaische Reliefmetope mit Reiter von einem Grabbau (Ende 6. Jh.).

Marmorreliefs von archaischen Grabbauten Athens

Vier sekundär zur Wiederverwendung in der themistokleischen Mauer abgearbeitete Reliefs in Metopenform zeigen ausschreitende Jünglinge und Reiter. Diese Platten aus der Zeit um 500 gehören ihrem Wiederverwendungsort nach höchstwahrscheinlich zu einem der vielen im Jahre 478 im Kerameikos demontierten Grabbauten. Auf zwei Platten ist der nur mehr an seinem Petasos kenntliche Hermes als Seelengeleiter (Psychopompos) nach rechts dargestellt, d. h., das Bild hat einen unzweifelhaft sepulkralen Bezug. Auf einer dritten Platte sind allein die Füße des Verstorben erhalten. Auf den beiden Platten mit dem Bild des Hermes Psychopompos »[…] befinden sich im Abstand von 0,15 m bezw. 0,23 m von den Ecken die Reste zweier Eisendübel in Bleiverguss, die, horizontal nach hinten gerichtet, die Platte einst an einer Rückwand festgehalten haben«[197]. »Die Eisendübel auf der Oberseite von a und b verraten uns nur, dass die Platten als Verkleidungsstücke rückwärtig an einer Kernwand befestigt waren. Dann aber liegt es nahe anzunehmen, dass sie einem ähnlichen Zwecke gedient haben wie jene archaischen bemalten Thonplatten, deren Verwendung auf dem attischen Friedhofe uns Wolters [AEphem 1888, 187 f.] gedeutet hat. Und in diesem Falle dürfte man in den auffallenden Randleisten unserer Reliefplatten vielleicht das Rahmenwerk wiedererkennen, das, aus Holz hergestellt, für die Thonverkleidung gewiss mit Recht vermutet worden ist: bei der Umsetzung in ein anderes Material wäre es, obwohl tektonisch jetzt überflüssig, in jener Form erhalten worden«[198]. Die vier Reliefs aus dem Kerameikos waren also aufgrund ihrer technischen Zurichtung höchstwahrscheinlich mit Eisendübeln an einem Grabbau aus Lehmziegeln befestigt. Geschaffen wurden sie offenkundig von einem chiotischen Bildhauer[199], da ein auf Chios gefundenes, etwas später entstandenes Relief (ABB. 22) mit den Athener Fragmenten geradezu identisch ist: »Es gleicht den Athener Platten in der Form mit dem vertieften, nur rechts nicht eingefassten Feld und besonders dem neuen Athener Fragment in der Reiterdarstellung so sehr, daß es nur einem Grabbau vom gleichen Typus zugeteilt werden kann. Auch die Platte auf Chios wird annähernd quadratisch gewesen sein. Das auf drei Seiten eingefasste Feld ist von dem Reiter und seinem

ABB. 23. Athen, Arch. Nat. Mus. Inv. Gl. 1172. Hocharchaisches Fragment mit der Darstellung eines Speerschleuderers von einem Grabbau (?) Mitte 6. Jh.

Pferd voll besetzt. Auf der vierten Seite ist durch Tieferlegung eines schmalen Streifens am Rand ein Lager für eine solche übergreifende Leiste der Nachbarplatte geschaffen, wie sie in Athen auf der linken Seite der Platte a (NM 2823) erhalten ist«[200]. Weitere außerattische Beispiele für in Grabbauten vermauerte Reliefs sind aus Pharsala und Mesembria bekannt geworden[201].

Den vier Reliefs vom Kerameikos und jenem in Chios anzuschließen ist vielleicht das ebenfalls aus Athen stammende Fragment eines breitformatigen Reliefs aus der Mitte des 6. Jhs. Es stellt einen nach rechts gewandten Mann dar, der einen waagerecht über seinen Kopf erhobenen Speer schleudert[202] (ABB. 23). Nach seinem Bildformat mit einem breiten Streifen am oberen Rand, vor allem aber wegen der ungewöhnlichen Tiefe der Platte[203] kann es nicht zu einer Grabstele gehört haben[204], sondern war möglicherweise Teil der friesartigen Dekoration eines Lehmziegel-Grabbaus: »The fragment probably belonged to a frieze-like relief with a battle scene«[205].

Die auf den ersten Blick vielleicht befremdlich erscheinende Verbindung von Lehmziegelarchitektur und Marmorreliefs war im Kerameikos wohl schon seit dem 6. Jh. gängige Praxis. Eine ganze Reihe von sicher oder sehr wahrscheinlich in Lehmziegel-Grabbauten eingelassenen Reliefs von der Klassik bis in die Kaiserzeit[206] setzt diese Tradition dann über Jahrhunderte fort.

Tontafeln (*pinakes*) von attischen Lehmziegel-Grabbauten archaischer Zeit mit Szenen des Totenrituals

Eine den archaischen Marmorreliefs vom Kerameikos entsprechende Funktion hatten so gut wie sicher auch großformatige Tonplatten mit Szenen aus dem Grabritual[207], von denen die berühmten Pinakes des Exekias in der Berliner Antikensammlung ein besonders eindrucksvolles und künstlerisch bestechendes Zeugnis ablegen (ABB. 24. 27)[208]. Die Serie des Exekias, zu der mindestens 15 Tafeln mit detailliert geschilderten Szenen des Trauer- und Bestattungsrituals im Format 43 cm x 37 cm gehörten, steht jedoch nicht für sich allein, denn es gibt weitere Exemplare aus weniger umfangreichen Grabtafelserien[209]: So zeigt etwa eine spätarchaisch-schwarzfigurige Tontafel des Sappho-Malers vom Ende des 6. Jhs. im Louvre[210] (ABB. 26) einen aufgebahrten Toten, dessen Kopf sorgfältig auf ein Kissen gebettet ist. Frauen und Mädchen umstehen ihn und vollziehen mit expressiven Gesten die rituelle Klage. Von links treten Männer mit klagend geöffnetem Mund und erhobenem rechten Arm heran. Eine schlanke dorische Säule im Hintergrund deutet – wie auch auf einer der Berliner Exekias-Tafeln (ABB. 27) – an, dass der Verstorbene im Innern eines athenischen Hauses betrauert wird. Zwei vor dem Brand mittig an Ober- und Unterkante der Pariser Tafel eingebrachte Befestigungslöcher lassen vermuten, dass sie zur Fixierung vor einem flachen Bildträger dienten. Entsprechend waren – neben anderen Beispielen wie einem Pinax aus Koropi in Attika (ABB. 28) – auch zwei im Kerameikos gefundene attisch-schwarzfigurige Tontafeln mit einer Aufbahrungsszene und Klagenden befestigt[211]. Kaum zufällig lassen sich bereits für das späte 7. Jh. allererste (ABB. 29), frühest-schwarzfigurige (ABB. 30) Vorläufer dieser aufgrund ihrer Bildthemen eindeutig in sepulkralem Zusammenhang stehenden Pinakes nachweisen. Wie oben dargelegt, setzt die Reihe der attischen Lehmziegel-Grabbauten um 600 ein (ABB. 1. 2, 1–3). Unter den frühesten Pinakes entspricht ein sicher noch in das ausgehende 7. Jh. gehörendes Exemplar in Boston[212] (ABB. 29) mit seinem annähernd quadratischen Format bereits den fast ein Jahrhundert jüngeren Exekias-Pinakes aus den Jahren um 530 (ABB. 24. 27). Der früharchaische, attisch-schwarzfigurige Bostoner Pinax zeigt zu beiden Seiten einer aufgebahrten Verstorbenen zwei einander zugewandte Klagefrauen, und unter dem dick gepolsterten Totenbett hockt eine Sirene[213] mit weit ausgebreiteten Flügeln. Hierher gehört auch das Fragment einer attischen Reliefftafel des frühen 6. Jhs. aus Olympos im Südwesten Attikas, das sich heute im New Yorker Metropolitan Museum of Art[214] befindet (ABB. 30). Die Silhouette der aufgebahrten Frauengestalt weist eine geradezu frappierende Ähnlichkeit mit dem Gesichtsprofil der gegen 570 entstandenen sog. Berliner Göttin[215] auf, die nach den Recherchen von W.-D. Heilmeyer in der Umgebung von Olympos gefunden wurde[216].

J. Breder bezweifelt für die Berliner Exekias-Pinakes (ABB. 24. 27) aus technischen Gründen die Anbringung an einem Lehmziegel-Grabbau[217] und denkt mit Verweis auf eine inschriftlich als *sema* bezeichnete Tontafel[218] (ABB. 31) offenbar an eine Verwendung solcher Platten als separate »Grabmarker«[219]. Während eine Verwendung einzelner Pinakes als eigenständige ›Grabmäler‹ ohne tektonischen Zusammenhang kaum vorstellbar erscheint, macht die Sema-Inschrift sofort Sinn, wenn man sich den Pinax als Schmuck eines freistehenden Lehmziegel-Grabbaus vorstellt. Auch muss natürlich berücksichtigt bleiben, dass es sich bei den Exekias-Pinakes eindeutig nicht um autonome Einzelbilder, sondern um einen offenkundigen Zyklus, eine logische Abfolge von aufeinander Bezug nehmenden Szenen des zeitgenössischen Totenbrauches handelt[220]: »Ein Anhaltspunkt für die Anbringung der Tafeln des Exekias ist die unbemalte Partie über dem Mäander [ABB. 24. 27], die sich dafür eignet, dass die schweren Tafeln mit dem oberen Rand unter ein überhängendes Bauglied geschoben wurden und auf einem Absatz aufstanden. Die in sich geschlossene Komposition der meisten Szenen auf den Tafeln lässt vermuten, dass diese durch triglyphenartige Zwischenglieder getrennt waren[221]. Die Anzahl der Tafeln und der durchgehend nach rechts orientierte Trauerzug sprechen für einen freistehenden Grabbau mit umlaufendem Metopenfries, der eine Größe von 3 m x 3 m oder 3,70 m x 2,30 m gehabt hätte«[222]. Bauten dieser Dimensionierung hat es nachweislich im archaischen Kerameikos in größerer Zahl gegeben[223], und auch die nicht unerhebliche Zahl meist stark fragmentierter Pinakes des 6. Jhs. deutet darauf hin, dass diese Anlagen regelmäßig mit solchen Tontafeln geschmückt wurden. Dass die Überlegungen

ABB. 24. Berlin, Antikensammlung Inv. F 1813. Attisch-schwarzfiguriger Pinax aus einem Zyklus des Exekias von einem hocharchaischen Lehmziegel-Grabbau im Kerameikos (um 530): Frauengruppe mit Übergabe eines verwaisten Kindes.

ABB. 25. Athen, Arch. Nat. Mus. BΣ 512. Attisch-schwarzfiguriges Pinax-Fragment des Lydos von einem hocharchaischen Lehmziegel-Grabbau in Spata (Attika, 550/540): zwei expressiv klagende Männer.

ABB. 26. Paris, Louvre Inv. MNB 905. Attisch-schwarzfiguriger Pinax des Sappho-Malers mit zwei Befestigungslöchern von einem spätarchaischen Lehmziegel-Grabbau: Prothesis-Szene (510/500).

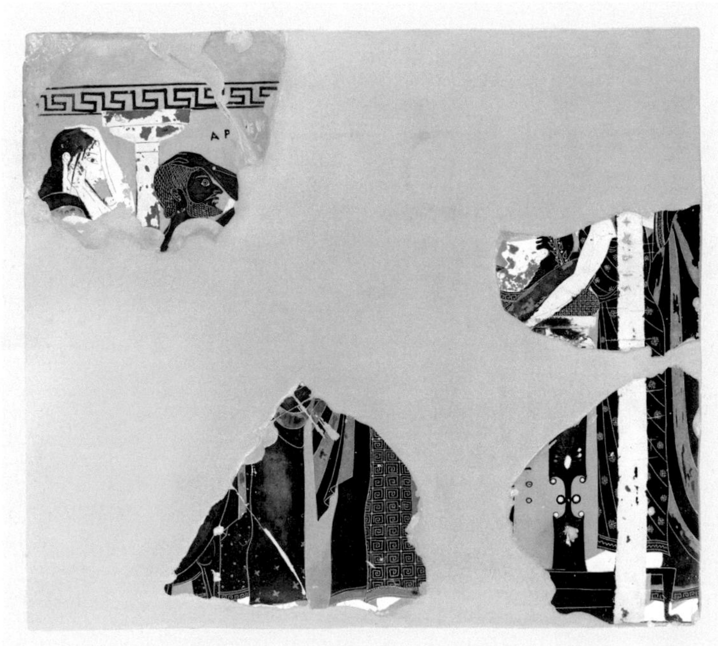

ABB. 27. Berlin, Antikensammlung Inv. F 1811 A+B und F 1826. Attisch-schwarzfiguriger Pinax aus einem Zyklus des Exekias von einem hocharchaischen Lehmziegel-Grabbau im Kerameikos: Prothesis-Szene (um 530).

ABB. 28. Athen, Arch. Nat. Mus. BΣ 324. Attisch-schwarzfiguriger Pinax von einem spätarchaischen Lehmziegel-Grabbau aus Koropi (Attika, 530/520): Prothesis-Szene.

ABB. 29. Boston, Museum of Fine Arts Inv. 27.146. Attischer Pinax von einem früharchaischen Lehmziegel-Grabbau (600/590): Prothesis-Szene.

ABB. 30. New York, MMA Inv. 14.146.3a. Attischer Relief-Pinax von einem früharchaischen Grabbau aus Olympos (Attika, 590/580): Prothesis-Szene.

ABB. 31. Athen, Arch. Nat. Mus. Inv. 2410 und 2413. Attisch-schwarzfiguriges Pinax-Fragment mit Sema-Inschrift von einem hocharchaischen Lehmziegel-Grabbau aus Athen (540/530): Gruppe klagender Männer aus einer Prothesis-Szene.

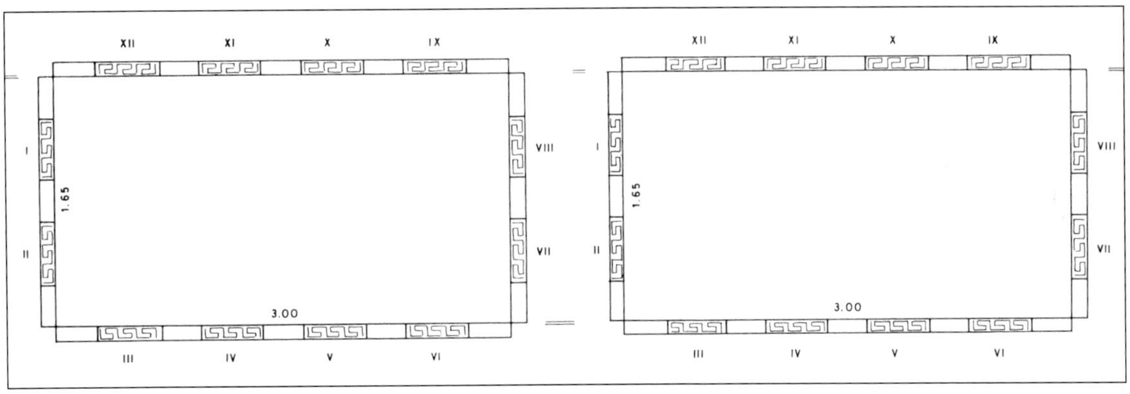

ABB. 32. Berlin, Antikensammlung. Rekonstruierte schematische Anordnung der Exekias-Pinakes an einem idealtypischen Lehmziegel-Grabbau (um 530). Links: Wechsel der Laufrichtung des Mäanders an diagonal liegenden Ecken. Rechts: Wechsel an den hinteren Ecken des Grabbaus.

von W. Koenigs[224] und H. Mommsen zur Anbringung der Exekias-Tafeln (ABB. 32) und verwandter Platten zutreffend sein dürften, machen auch die in Klassik und Kaiserzeit[225] nachweislich in bzw. an Lehmziegelarchitekturen des Kerameikos befestigen Marmorreliefs deutlich, vor allem, wenn man bedenkt, dass die tönernen Grabtafeln archaischer Zeit ein sehr viel geringeres Gewicht aufweisen als ihre archaischen und kaiserzeitlichen Pendants aus Marmor.

Grabbauten aus Stein im archaischen Kerameikos: Bauglieder runder und rechteckiger Anlagen

Im archaischen Kerameikos hat es aber nicht nur aus Lehmziegeln errichtete Grabbauten gegeben, die mit Marmorreliefs, Pinakes aus Ton, Rundskulpturen aus Poros und keramischen Gefäßen für den Grabkult auf ihren Flachdächern geschmückt waren, sondern auch großformatige Grabarchitekturen in Stein. W. Koenigs konnte in den 1970er Jahren einen monumentalen archaischen Rundbau dorischer Ordnung rekonstruieren (Abb. 33), von dem sich etliche Spolien in die themistokleische Stadtmauer, das Dipylon[226] sowie in das Heilige Tor[227] verbaut angefunden hatten[228]. Der ursprüngliche Standort dieser aufwendig gestalteten Architektur ist unbekannt[229]. Der Umstand aber, dass in der themistokleischen Stadtmauer sowie im Dipylon und im Heiligen Tor aufgrund der unmittelbaren Nähe zur Hauptnekropole Athens zahllose Basen, Stelen, Statuen und Bauteile von Grabdenkmälern als Spolien verbaut wurden, lässt den Kerameikos als ursprünglichen Standort so gut wie sicher erscheinen. Dieses einzige steinerne Grabmonument aus dem archaischen Athen, dem sich eine größere Zahl von Bauteilen zuweisen lässt[230], besaß einen Durchmesser von 8,40 m am Wandfuß, 8,16 m in der Triglyphenzone des dorischen Frieses und konnte in drei Varianten mit einer hypothetischen Höhe zwischen 3,70 m und 4,20 m zeichnerisch (Abb. 33) wie auch als teilrekonstruierter Aufbau im Kerameikos-Museum wiederhergestellt werden[231]. »Über mindestens zwei Stufen und einem mächtigen Wulst, dem Torus, wie wir ihn von den ionischen Schatzhäusern in Delphi kennen, [...] erhob sich eine Quaderwand. Sie trug ein dorisches Gebälk, dessen Gesims um ein ungewöhnliches, mit eingekerbten Blättern verziertes Profil bereichert war«[232]. Die nicht auf Ansicht gearbeiteten Rückseiten der in zwei Reihen angeordneten Wandquader[233] lassen vermuten, dass das Innere dieses großen Monuments mit Erde verfüllt war. Auf diese Weise wurde die im Kerameikos seit Jahrhunderten geläufige Form des Tumulus durch eine monumentale Einfassung in höchst ambitionierter Weise mit Zitaten aus der dorischen Tempelarchitektur neu gestaltet[234]. Koenigs datierte das Bauwerk im Vergleich mit der Wiegand'schen Porosarchitektur A auf der Akropolis[235] sowie nach den ionisch beeinflussten Zierformen in das Jahrzehnt 550–540[236]. Monumentalität und Ausführungsqualität lassen das Grabmal eines bedeutenden Athener Adelsgeschlechts oder das Kenotaph[237] eines Heros, ein Heroon[238], vermuten.

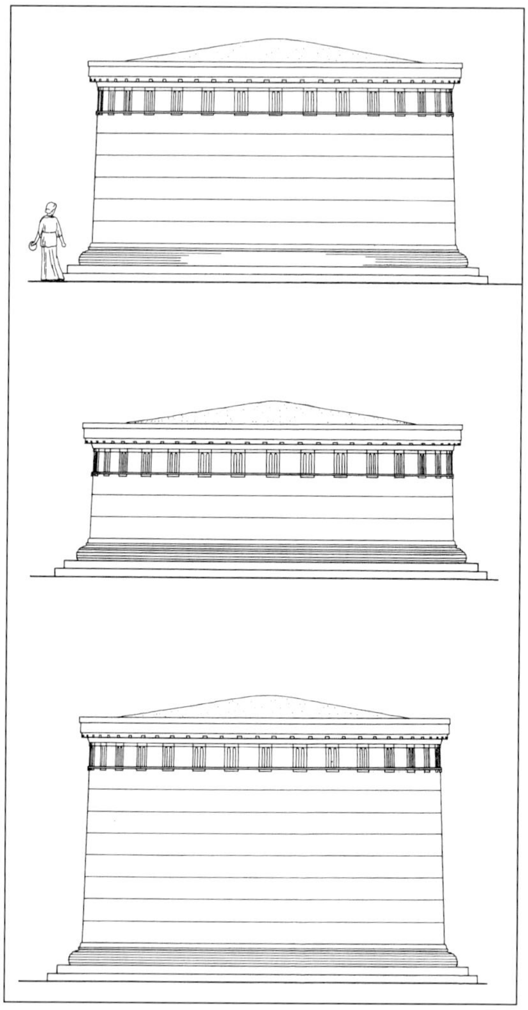

Abb. 33. Athen, Kerameikos. Hocharchaischer Grabbau aus Stein in Rundform (550/540): Rekonstruktion der Höhe in drei Varianten.

ABB. 34. Athen, Kerameikos. Früharchaischer Geison-Block vom dorischen Gebälk eines rechteckigen Grabbaus aus Stein (600/590), der als Spolie in das Dipylon verbaut war.

Wie ebenfalls W. Koenigs nachweisen konnte, haben im archaischen Kerameikos aber noch weitere steinerne Grabbauten gestanden: Das zeigen u. a. Spolien aus dem Dipylon von zwei weiteren Rundbauten, die nur durch wenige große Fragmente belegt sind[239]: »Der monumentale, in Quadern übersetzte Tumulus gehörte also auch in Athen neben den zahlreichen anderen Denkmalformen zum Bild der archaischen Nekropole«[240].

Für die Entwicklung des attischen Grabbaus seit der Zeit um 600 ist besonders interessant, dass sich nicht nur die Sonderform des steinernen Rundbaus im archaischen Kerameikos mehrfach nachweisen lässt, sondern der im 6. Jh. dominierende Typus des rechteckigen, blockförmigen Grabbaus aus Lehmziegeln ebenfalls in Stein monumentalisiert wurde. Zwei archaische Bauteile dorischer Ordnung, darunter ein besonders altertümliches Geison[241] (ABB. 34) aus dem frühen 6. Jh., das als Spolie in den feldseitigen Westturm des themistokleischen Dipylon[242] verbaut worden war, sowie ein niedriger Eckblock mit Hohlkehle und einem flach eingeschnittenen Kyma[243] konnte Koenigs zwei verschiedenen Grabbauten des 6. Jhs. zuweisen. Den wuchtigen Geisonblock ordnet er einem besonders frühen Grabbau zu – »einem der ältesten im Kerameikos«[244].

Krise und Konsolidierung der Polis Athen im 6. Jh. und die archaischen Grabmonumente des Kerameikos

Mit Ausnahme des eindrucksvollen Rundbaus vom Kerameikos sowie der soeben erwähnten Fragmente weiterer Grabbauten des frühen 6. Jhs. sind offenbar alle in Stein ausgeführten archaischen Grabbauten Athens verschwunden. Ihr Quadermaterial[245] bot sich im Jahre 478 – wie das Beispiel des Rundgrabes und der anderen Bauteile eindrucksvoll belegt – wohl zuallererst für eine Wiederverwendung beim Bau der themistokleischen Stadtmauer, ihrer Tore oder bei späteren Gelegenheiten an. Allerdings ist es bemerkenswert und für die historische Situation Athens bezeichnend, dass es im frühen 6. Jh. solch aufwendige Grabbauten aus Stein im Kerameikos überhaupt gegeben hat[246]. Ihre von W. Koenigs nachgewiesene Existenz könnte ein weiteres Indiz dafür sein, dass es im Übergang vom 7. zum 6. Jh. tatsächlich einen qualitativen Sprung bzw. einen regelrechten Paradigmenwechsel in der Selbstrepräsentation des attischen Adels gegeben hat. Jedenfalls fügen sich der Rundbau sowie die erwähnten Fragmente weiterer Grabbauten aus Stein nahtlos in ein konsistentes historisches Panorama ein: Noch vor den ersten Weihungen von Marmor-Koren[247] auf die Athener Akropolis im Jahrzehnt 580/570 setzen um 620 die ersten monumentalen Grabkouroi ein – in etwa zeitgleich mit den entsprechenden Bildwerken in Heiligtümern wie beispielsweise auf Kap Sounion. Mit dem berühmten Kouroskopf vom Dipylon[248] aus dem vorletzten Jahrzehnt des 7. Jhs. und dem fast zeitgleich entstandenen Kouros[249] vom Heiligen Tor sind offenbar die bis dato ältesten attischen Grabskulpturen erhalten. Dass diese beiden Kouroi in ihrer Zeit wohl nicht allein standen, beweisen die auf der Athener Agora gefundenen Oberschenkel und die linke Schulter einer Statue des Dipylon-Bildhauers[250].

Gut zwanzig Jahre später beginnt dann die Reihe der hohen attisch-archaischen Grabstelen[251]. Mit den neuartigen Marmorkouroi und ersten monumentalen Poros-Grabmälern wie dem nach Ausweis seines Ritzdekors um 600 entstandenen, stattliche 2,10 m hohen sog. Eridanos-Grabpfeiler[252] (Abb. 35, 1–2), der ebenfalls als Spolie in »der themistokleischen Erstanlage des Heiligen Tores«[253] entdeckt wurde, und der gegen 580/570 geschaffenen Poros-Stele eines unbekleideten Mannes mit Schwert und Stock (Abb. 36, 1–2)[254] lösen diese beiden neuen Denkmälergattungen die großformatigen geometrischen und früharchaischen Grabvasen ab.

Etwa gleichzeitig mit dem Aufkommen gleich mehrerer neuer Grabmälerformen (Kouroi, Stelen, Grabbauten aus Lehmziegeln) übernahmen in den Heiligtümern – wie etwa auf der Akropolis – die ältesten Marmorkoren[255] um 580/570 die Funktion der monumentalen Dreifuß- und Kesselweihungen als aufwendigste und prestigeträchtigste Votivgattung. Der archäologischen Überlieferung nach hat sich dieser hochsignifikante Wechsel in der Sepulkral- und Votivpraxis des Adels in einem, gemessen an der Laufzeit der Vorgängergattungen, sehr kurzen Zeitraum vollzogen[256]. Es liegt nahe, all diese revolutionären Veränderungen im Kontext der sozialen und politischen Krise vor dem Eingreifen Solons zu betrachten.

Hält man sich den hier knapp skizzierten historischen Kontext vor Augen, so ist die Seltenheit steinerner Grabbauten in der ersten Hälfte des 6. Jhs. und das weitgehende Ausbleiben von Nachfolgebauten größeren Formats noch im 5. Jh. wohl nicht allein den Zerstörungen durch die Perser 480 und der anschließenden Spoliierung von 478 zuzuschreiben. Vielmehr kommt den beiden einschneidenden Gesetzgebungen zur Beschränkung des Gräberluxus vom Anfang und vom Ende des 6. Jhs. sowie der traditionellen Bevorzugung von Lehmziegeln als Baumaterial für die Grabbauten wesentliche Bedeutung zu. Ein zweites Grabluxusgesetz überliefert bekanntermaßen Cicero[257] für eine »gewisse Zeit« nach Solon (sog. *post aliquanto*-Gesetz)[258]. Archäologische Indizien belegen eindeutig, dass diese Restriktionen in die Frühphase der athenischen Demokratie unter Kleisthenes oder Themistokles, d. h. die Jahre zwischen 508 und 480, gehören[259].

Aus dem hier Dargelegten ergibt sich, dass es schon im späten 7. und frühen 6. Jh. einen signifikanten Aufwand bei den Bestattungsritualen und den Grabmälern gegeben haben muss, der dann die Folie für Solons drastische Einschränkungen abgab. Solons Maßnahmen konnten dem Aufwand wohl nur für zwei oder drei Jahrzehnte Einhalt gebieten, denn seit der Etablierung der Tyrannis des Peisistratos im Jahre 546/545 scheint es wieder größere Grabmonumente, auch aus Lehmziegeln, gegeben zu haben. Der steinerne Rundbau vom Kerameikos aus dem Jahrzehnt 550/40 (Abb. 33) markiert neben dem Aufkommen

ABB. 35, 1–2. Athen, Kerameikos. Früharchaischer sog. Eridanos-Grabpfeiler (um 600), ein Grabmonument, das nach 479 als Spolie in das Heilige Tor verbaut wurde.

ABB. 36, 1–2. Athen, Kerameikos Inv. P1132. Früharchaische Grabstele eines unbekleideten Mannes mit Schwert und Stock, sog. Poros-Stele (580-570); Rekonstruktionszeichnung mit Basis und Bekrönung.

prächtigster Rundskulpturen[260] und extrem hoher Grabstelen[261] die Rückkehr zu erneut gesteigertem Luxus, der dann den Hintergrund für die hierdurch provozierten anti-aristokratischen Maßnahmen der jungen attischen Demokratie unter Kleisthenes oder Themistokles abgab. »Das Gesetz gibt daher auch […] – zum ersten Male – Vorschriften für die äußere Gestalt des Grabes«[262]. Dabei waren die Einschränkungen nach einer gut begründeten Vermutung von F. Eckstein explizit auch gegen den Typus des archaischen Grabbaus aus Lehmziegeln gerichtet: »Dessen Größe und Ausdehnung wird, wenn auch sehr abstrakt, so [scil. von Cicero, de leg. 2, 64–65] doch recht präzise angegeben; *quam quod decem homines effecerint triduo*. Damit ist das Maß des noch zulässigen Aufwandes für die Herrichtung und Ausgestaltung des Grabes gemeint […]. Die angegebenen Zahlenwerte entsprechen der Größenordnung von 30 Tagewerken. Mag es hier noch offen sein, ob sich diese Beschränkung, der das *sepulcrum* unterliegt, auf seine Bedeutung als Grab oder als plastisch ausgestalteten Grabschmuck bezieht, so schafft der anschließende Satz (2, 65)[263]: *neque id opere tectorio exornari* … völlige Klarheit, da *id* auf *sepulcrum* zurückweist und das Verbot vom Stucküberzug einzig und allein für das Grab selbst, genauer für den Typ des […] oblongen Grabbaus gelten kann. Bei ihm waren […] die vier senkrechten Seitenwände des aus Stampflehm aufgeführten blockhaften Aufbaues mit einer Lage von luftgetrockneten Lehmziegeln verkleidet, über die zum Schutz gegen die Witterungseinflüsse und die Bodenfeuchtigkeit eine Schicht von Kalkputz verstrichen war. Stellenweise ließen sich bei einigen Grabbauten noch die Reste von braunen oder roten Farbspuren ermitteln, womit eine einstige, vermutlich recht schlichte und musterarme Bemalung der Grabwände gesichert ist. Damit hat nun auch das *opus tectorium* seine einzig mögliche Erklärung gefunden, während es in Verbindung mit dem plastischen Grabschmuck unverständlich, ja sinnwidrig wäre«[264]. Aus dem aufgemalten Dekor der Seitenwände hat sich dann schon seit dem späten 7. Jh. die regelmäßige Verwendung figürlich bemalter Pinakes aus Ton (Abb. 24–31) an attischen Lehmziegel-Grabbauten des 6. Jhs. entwickelt[265]. Hier mag auch der Metopen-Triglyphen-Fries steinerner Grabbauten dorischer Ordnung – wie sie im Kerameikos bereits für das frühe 6. Jh. nachgewiesen sind – vorbildhaft gewirkt haben (Abb. 33–34).

Vom archaischen zum klassischen Grabbau: Kontinuität und Wandel in der ersten Hälfte des 5. Jhs.

Auch wenn nach dem zweiten, dem sog. kleisthenischen Grabluxusverbot für etwa 80 Jahre – von wenigen Ausnahmen abgesehen – keine reliefierten Grabstelen in Athen und Attika mehr aufgestellt wurden, so waren doch dauerhafte Grabmarkierungen als Orte und Objekte des so wichtigen Totenkultes in Gestalt ritueller Zuwendung weiter ganz unerlässlich. Man löste dieses Problem durch die Verwendung schlichter Steinplatten mit Namensnennung[266], sicher aber auch hölzerner Namenstelen[267], die naturgemäß nicht mehr nachweisbar sind. Nach dem Zeugnis der ab etwa 470 immer zahlreicheren attisch-weißgrundigen Lekythenbilder mit Szenen des Grabkultes[268] und des archäologischen Befundes im Kerameikos wurden auch weiterhin verschiedene Formen – jetzt allerdings meist kleinformatiger – Lehmziegelbauten über den Gräbern angelegt. Während Kübler 1949 noch meinte, dass für »[…] die erste Hälfte des 5. Jahrhunderts […] der Grabbau [scil. im Kerameikos und in Attika] nicht sicher nachgewiesen […]« sei[269], hat Vierneisel bei seinen Grabungen an der Heiligen Straße in den frühen 1960er Jahren gleich mehrere solcher Bauten der ersten Hälfte des 5. Jhs. im Kerameikos aufdecken und dokumentieren können[270].

Neben diesen kleinen Grabbauten gab es im Kerameikos des 5. Jhs. auch große Anlagen, bei denen allerdings wegen ihres schlechten Erhaltungszustandes nicht mit Sicherheit zu erweisen ist, ob es sich um Grabbezirke oder Grabbauten handelte. Deren widersprüchliche Bezeichnung in der Forschungsliteratur spiegelt dieses Dilemma getreu wider[271]. Bei den nun anzusprechenden Architekturen könnte es sich um Grabbauten gehandelt haben, da sie 1. aus Lehmziegeln errichtet wurden und 2. nach dem Grabungsbefund über einer Einzel- und nicht zur Aufnahme von Mehrfachbestattungen zwischen ihren Bezirksmauern errichtet wurden. Bei mehreren der in Betracht kommenden Anlagen ist nicht mehr festzustellen, ob sie – was für einen Grabbau zu fordern ist – tatsächlich über eine architektonische Abdeckung verfügten.

Die Lehmziegel-Grabbauten Θ und I an der Nordseite der Heiligen Straße im Kerameikos (460/450)

Als Beispiel für einen mittelgroßen Lehmziegel-Grabbau aus der Zeit des kleisthenischen Grabluxusverbots ist der fast quadratische, aber nicht ganz rechtwinklige, um 460/450 errichtete Bau Θ (ABB. 18)[272] auf der Nordseite der Heiligen Straße im Kerameikos zu nennen, »[...] dessen Wände mit Kalkputz bestrichen und dunkelrot bemalt waren«. Die einige Meter vom Straßenrand abgerückte Front des Grabbaus war ca. 4,50 m lang. »Über die ursprüngliche Höhe der auf drei Seiten und bis zu sechs Ziegellagen hoch erhaltenen Wände wie über deren oberen Abschluß besteht keine Sicherheit. [...]. Die vierte, nordöstliche Umfassungsmauer des Grabbaus dürfte von zwei jüngeren Kanälen bzw. einem späteren Wassereinbruch zerstört worden sein«[273]. Vor der Front des Grabbaus Θ »wurde eine breite Opferrinne freigelegt, in der sich außer vier Tonstatuetten von Klagefrauen[274] zwei rotfigurige, bei der Hochzeit verwendete Kultgefäße des Sabouroff-Malers fanden«[275]. Die Anlage wurde – wie bei den archaischen Grabbauten verbindlich – über einer Einzelbestattung, dem beigabenlosen Grab HS 164[276], errichtet. »Der Bau ist spätestens nach 20 Jahren schon von zahlreichen jüngeren Gräbern durchschnitten und überlagert worden. Überhaupt dürften alle derartigen vergänglichen Monumente keine sehr lange Lebensdauer gehabt haben«[277]. Zwischen den oben bereits angeführten Erdmalen Δ und H (ABB. 18) befand sich mit dem schlecht erhaltenen Grabbau I, »[...] die erste Grabanlage, bei der Steinmauerwerk verwendet worden ist. Der wohl dreiseitige Steinsockel wird einen Lehmziegelaufbau getragen haben. Grabbau I [ABB. 18] geht dem großen, klassischen Grabbau [Bau B: Vierneisel 1964, ABB. 22; hier ABB. 18] nur um kurze Zeit voraus«[278]. Auch für den besser erhaltenen Lehmziegel-Grabbau Θ ist also trotz seiner Errichtung über einer Einzelbestattung nicht mit Sicherheit zu sagen, ob er tatsächlich über die geschlossene architektonische Abdeckung eines Grabbaus verfügte.

Der Lehmziegel-Grabbau a an der Südseite der Heiligen Straße im Kerameikos (460/450)

Von einem spätklassischen Grabbau überlagert stand an der Südseite der Heiligen Straße über einer Einzelbestattung »[...] ein quadratisches großes Grabmonument von 5,25 m x 5,25 m Außenmaßen noch aufrecht [ABB. 37, 1–3]. Es muss nach den Beigaben seines Steinplattengrabes im Jahrzehnt 460–450 v. Chr. errichtet worden sein. Seine aus Lehmziegeln aufgeführten Umfassungsmauern mit einer Wandstärke von 0,80 m sind 1,95 m hoch erhalten [ABB. 37, 2–3]. Die leicht geböschten Außenwände waren mit feinem Lehmputz überzogen. Die Anlage ähnelt dem auf der Nordseite der Straße ungefähr gegenüberliegenden großen Lehmziegelbau Θ [ABB. 18], der auch der gleichen Zeit angehört«[279]. Die geböschten Außenwände sprechen in deutlicher Analogie zu den archaischen Anlagen für eine Interpretation des Monuments als Grabbau, obwohl sich eine flache Abdeckung nicht nachweisen läßt. Wie schon in der attisch-schwarzfigurigen Vasenmalerei spätarchaischer Zeit sind ähnliche, annähernd quadratisch-würfelförmige Grabbauten auch auf den für unser Thema relevanten attisch-weißgrundigen Grablekythen dargestellt worden (ABB. 17).

Grabmäler und Grabriten in den Bildern der attisch-weißgrundigen Lekythen des 5. Jhs.

Die vielen Grabszenen der attisch-weißgrundigen Lekythen klassischer Zeit[280] sind bekanntermaßen in den meisten Fällen keine realistisch-konkreten Abbilder[281] der Monumente und des rituellen Alltags in den athenischen Nekropolen. Nachweislich sind aber nicht alle dargestellten Grabmäler reine Phantasieprodukte.

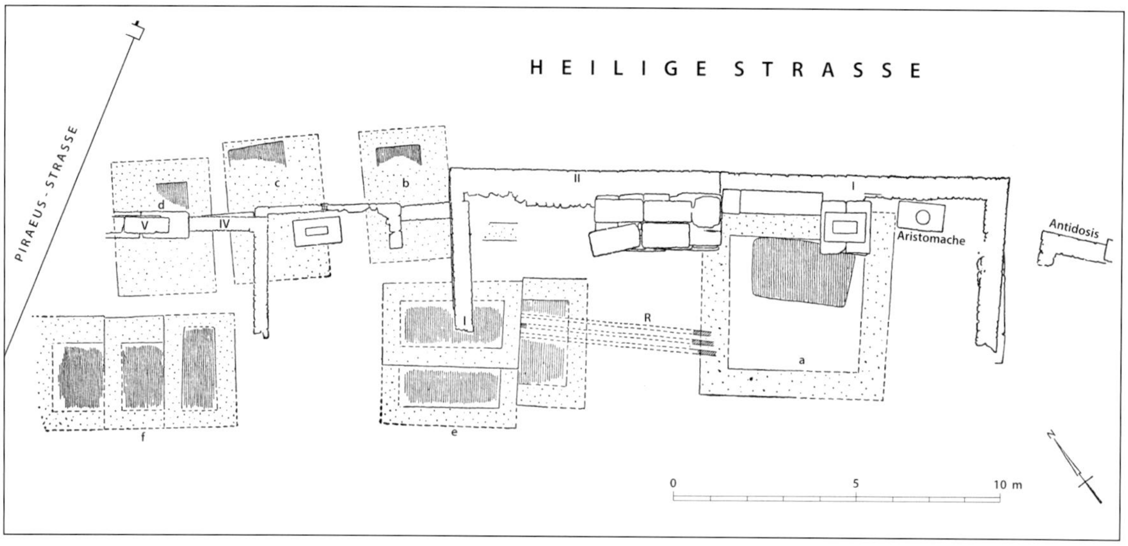

ABB. 37, 1. Athen, Kerameikos. Klassischer Lehmziegel-Grabbau a an der Südseite der Heiligen Straße (460/450); Grundriss.

ABB. 37, 2–3. wie Abb. 37, 1. Ansicht von Nordwesten während der Ausgrabung; unter der Nordwest-Wand (unten im Bild) das Ende der früharchaischen Opferrinne (R); vor dem Grabungsschnitt (oben rechts im Bild) die Südwest-Ecke mit geböschter Außenseite; vor der Nordost-Wand das Steinplattengrab. Das rechte Foto zeigt Grabbau a in einem späteren Stadium der Ausgrabung.

Dies belegen zahlreiche Entsprechungen zwischen den Lekythenbildern und dem attischen Grabmälerrepertoire des 5. Jhs. Selbst für seltene Sonderformen wie den Züricher Grabgiebel[282] (ABB. 14) lassen sich Parallelen wie etwa der Grabbau mit Figurengiebel auf einer Lekythos in Boston[283] (ABB. 13) finden. Einen weit verbreiteten Grabmaltypus wie die zu Hunderten erhaltenen Bildfeldstelen zeigt eine attisch-weißgrundige Lekythos in Gotha[284] in völlig eindeutiger Wiedergabe[285]. Hinzu treten reine Namenstelen, die der sog. Inschriftenmaler mehrfach auf seinen weißgrundigen Lekythen realitätsnah dargestellt hat[286]. Auch eine typische Naiskosstele mit der Relief(?-)darstellung einer nach rechts gewandten Einzelfigur erscheint auf einer weißgrundigen Lekythos aus Aigina im Athener Nationalmuseum[287]: »In einem von Giebel und Akroteria bekrönten Grabnaiskos auf zweistufigem Unterbau steht die skulptierte Figur eines in einen Mantel gehüllten jungen Verstorbenen«[288]. Es gibt also durchaus ernstzunehmende Übereinstimmungen[289] zwischen den Lekythenbildern und der realen Situation in den attischen Nekropolen. J. Breder stellt heraus, dass die Lekythen nur eine Auswahl bestimmter Denkmälertypen zeigen, »nämlich Tumuli, ›freistehende Sarkophage‹ und Grabstelen. Dagegen wurden die in den Grabungen zahlreich dokumentierten blockartigen Grabbauten aus Lehmziegeln [Hervorhebung des Verf.] des 5. Jhs. nicht abgebildet«[290]. Man darf vielleicht ausnahmsweise *ex silentio* annehmen, dass den athenischen Vasenmalern die Wiedergabe von breit gelagerten, wenig gegliederten, querformatigen Grabbauten auf den hohen, schlanken, zylindrischen Gefäßkörpern der weißgrundigen Lekythen schwierig und künstlerisch unattraktiv erschien[291]. Sehr wohl sind jedoch die quadratisch-würfelförmigen Grabbauten – wie bereits in spät-schwarzfigurigen Vasenbildern (ABB. 15–16) – mit horizontalem wie auch mit giebelförmigem Abschluss in den Lekythenbildern und sogar mit Skulpturenschmuck wiedergeben worden (ABB. 13). Norio Nakayama hat dies in seiner nützlichen Zusammenstellung des relevanten Materials gezeigt[292] und so auch belegt, dass sich diese kleineren Grabbauten szenisch leichter in die Grabbilder der Lekythen integrieren ließen (ABB. 17).

ABB. 38. Karlsruhe, Badisches Landesmuseum Inv. B 1528. Attisch-weißgrundige Lekythos des Frauen-Malers (um 420) mit zwei Frauen beim Trankopfer vor einer Palmettenstele.

Dass sich also die Lekythenbilder nicht pauschal als Erfindungen phantasievoller Vasenmaler abtun lassen, die sich vornehmlich für die imaginierte Begegnung der Hinterbliebenen mit dem Verstorbenen interessiert hätten, belegt auch die häufige Darstellung zentral bedeutsamer Grabriten, über die wir durch literarische und archäologische Zeugnisse gut orientiert sind. Diese Grabriten werden ebenso wie die bisweilen hypertroph ausgeschmückten Grabmälertypen nur in einer Auswahl gezeigt. Es kommen aber mit dem für alle athenischen Familien obligatorischen Besuch am Grab sowie der rituell wichtigen, weil den Verstorbenen ehrenden Schmückung der Stele auch realistisch geschilderte Szenen des Grabkultes vor. Hierzu gehören auch die als Akt ritueller Zuwendung besonders wichtigen Libationen über den Gräbern. Diese regelmäßig auszuführenden Grabgüsse aus Phialen und anderen Opfergefäßen sind häufig und in allen Details der Handlung wiedergegeben. Als ein Beleg unter vielen sei hier *pars pro toto* die vor einer Palmettenstele am Grabe opfernde Frau auf einer wunderschönen Lekythos des Frauen-Malers in Karlsruhe[293] genannt (Abb. 38).

Doch es legen nicht allein die Grabbilder der weißgrundigen Lekythen nahe, dass es trotz des unzweifelhaften Fehlens steinerner, figürlich geschmückter Grabstelen in der ersten Hälfte des 5. Jhs. in den attischen Nekropolen weiterhin aufwendige Bestattungen und Grabmonumente gab. Einige Athener Familien – »who for three generations consistently ignored restraint«[294] – hatten auch nach dem kleisthenischen Grabluxusverbot[295] zwischen etwa 500 und 430 im Kerameikos und anderwärts in Attika aufwendige Schachtgräber und Grabhügel errichtet[296]. Zwei Abfolgen solcher Bestattungen sind über das gesamte 5. Jh. verteilt nachweisbar[297]. Besonders prominent neben dem Tritopatreion[298] gelegen waren die in den Südwestabhang des riesigen archaischen, um 560 aufgeschütteten Grabhügels G[299] gesetzten kleineren Grabhügel (L–O)[300] und die Lehmziegelbauten (d–f)[301], die nacheinander im 5. Jh. errichtet wurden[302]. Diese Beispiele belegen, dass das archaische Konzept des rechteckigen, freistehenden Grabbaus auch in klassischer Zeit relevant und lebendig blieb.

Die Entwicklung des attischen Grabbaus von 440/430 bis zum Grabluxusverbot des Demetrios von Phaleron (317/316)

Während also die archaische Tradition der Errichtung von freistehenden Grabbauten aus Lehmziegeln über Einzelbestattungen in Athen und Attika auch in klassischer Zeit fortgesetzt wurde, lassen sich im Verlauf des 5. Jhs. sehr viel häufiger als in archaischer Zeit Mehrfachbeisetzungen nachweisen. Diese werden jetzt zunehmend in Grabbezirken bzw. Grabterrassen (*periboloi*) zusammengefasst, die bezeichnenderweise gleichzeitig mit dem Einsetzen der attischen Grabreliefs der Klassik auftreten: »Die ältesten Befunde, die man als Grabbezirke ansprechen kann, stammen aus den 30er Jahren des 5. Jhs. v. Chr. Sie wurden durch Karl Kübler in den 1930er Jahren und durch Klaus Vierneisel in den frühen 1960er Jahren freigelegt. Diese frühen Anlagen besaßen auf ihrer Straßenfront Mauern aus weißen Porosquadern. Die übrigen drei Seiten waren hingegen aus Lehmziegeln aufgemauert«[303]. Für diese neue Form der sukzessiven Bestattung ganzer Oikos-Verbände war ein massiver Grabbau über einer Einzelbestattung vom archaischen Typus schon aus rein praktischen Gründen denkbar ungeeignet. So kann es nicht verwundern, dass man für Mehrfach- und vor allem auch für Nachbestattungen eine andere Form der architektonischen Gestaltung suchte. Diese musste unter funktionalen Gesichtspunkten geeignet, kultisch akzeptabel, aber auch für die Repräsentation des sozialen Status attraktiv sein. Für all diese Erfordernisse waren die als *temene* – d. h. heilige Bezirke für den Totenkult – angelegten Grabbezirke entlang der Ausfallstraßen Athens eine nahezu ideale Lösung. Hinzu trat ein weiterer Aspekt von Bedeutung, denn mit dem Einsetzen der klassischen Serie attischer Grabreliefs im Jahrzehnt 440/430[304] entwickelte sich rasch ein ausdifferenziertes Typenspektrum von Grabdenkmälern, das nach repräsentativer Sichtbarkeit und damit nach geeigneten Aufstellungsmöglichkeiten verlangte. Für dieses Bedürfnis waren die langgezogenen, der Straße zugewandten Frontmauern der Grabbezirke eine überzeugende Antwort. Die dichte Besetzung der Frontmauern führte dann vor allem in spätklassischer Zeit dazu, dass der eigenständige Monumentcharakter[305] eines architektonisch autonomen, freistehenden Grabbaus immer mehr zu Gunsten eines Podiums bzw. einer regelrechten Schaufassade verunklärt wurde.

Die klassischen Grabbezirke waren jedoch formal keine völlige Neuschöpfung, sondern sie stellen gewissermaßen eine gravierende Abwandlung der Konzeption des seit 600 geläufigen blockförmigen, freistehenden Grabbaus in Richtung auf einen Sakralbezirk für den Grabkult dar. Vom Grabbau übernahmen die Grabbezirke neben der Anmutung einer meist horizontal/quergelagerten Fassade auch deren Bekrönung durch abgeschrägte Profile (Geisa) sowie die Funktion als Träger unterschiedlicher Grabmonumente, die im Laufe des 4. Jhs. immer weiter ausdifferenziert und künstlerisch verfeinert wurden[306].

Das plötzliche Aufkommen und die rasche Verbreitung der 440/430 in Athen und Attika einsetzenden Grabbezirke könnte durch die perikleische Bürgerrechtsgesetzgebung[307] von 451/450 ausgelöst oder zumindest begünstigt worden sein. Alle nach diesem Datum im attischen Staatsgebiet Geborenen konnten das volle athenische Bürgerrecht nur noch erlangen, wenn beide Elternteile nachweislich gebürtige Athener waren. So mag ein Grund für die zügige Etablierung der neuen Grabbezirke die öffentliche Vorführung der Familiengenealogie als Nachweis von Autochthonie, ›Vollbürtigkeit‹ und rechtmäßigem Politen-Status vor der zeitgenössischen Öffentlichkeit gewesen sein. Im Gefolge der neuen Regelungen setzt in der attischen Skulptur und Vasenmalerei eine regelrechte, mythologisch überhöhte Verherrlichung der ›bürgerlichen‹ Ehe ein[308]. Auch andere Aspekte – wie eine Bezugnahme auf die Ideologie der Staatsgräber im Demosion Sema – mögen für die jetzt einsetzende Bevorzugung von Gemeinschaftsbestattungen eine Rolle gespielt haben, wie Ian Morris vermutet hat: »Instead of the heroic tumulus or a mudbrick tomb recalling sixth-century monuments, the new trend was to take over the symbols by which the polis channelled the glory of the war dead towards communal ends«[309]. Zahlreiche ikonographische Zitate der Staatsgräber im attischen Grabrelief der Klassik, etwa in der Gestalt von Kampfszenen[310], belegen, dass solche Bezüge im Einzelfall durchaus intendiert gewesen sein mögen. Auch die vielen Kriegerabschiedsszenen gehören wohl in diesen Kontext[311].

Die nach Westen führende sog. Gräberstraße im Kerameikos vermittelt vom Verlauf und Ergebnis dieser rasanten Entwicklung ein sehr anschauliches Bild[312], wie es sich im ausgehenden 4. Jh. präsentierte. Die vorspringenden Wandbekrönungen aus Flach- und Deckziegeln, der Aufbau der steinernen Grabmäler über der Frontmauer und deren skulpturale Ausgestaltung durch rahmende Gefäße oder Bildwerke[313] an den Ecken wie Marmorlekythen[314], Löwen[315], Stiere[316], Dienerinnen[317] etc. kommen dann in der ersten Hälfte des 4. Jhs. auf[318] und treiben die Entwicklung in Richtung auf eine immer offenkundigere Monumentalisierung der Grabbezirke voran. Die reiche figürliche Ausstattung spätklassischer *periboloi* ist mittlerweile gründlich erforscht worden, so dass wir uns vom Aussehen dieser variationsreichen Anlagen in Athen und Attika ein ziemlich vollständiges Bild machen können[319]. Obwohl nach 430 die neuen Grabbezirke quantitativ eindeutig dominieren[320], haben neuere Untersuchungen aber auch gezeigt, dass mit dem Wiedereinsetzen der seit ca. 500 in Attika fehlenden marmornen Grabstelen um 440/430 auch die freistehenden Grabbauten in Athen und Attika wieder monumentalere Formen an- und rasch Charakteristika der neuen Grabbezirke übernahmen[321].

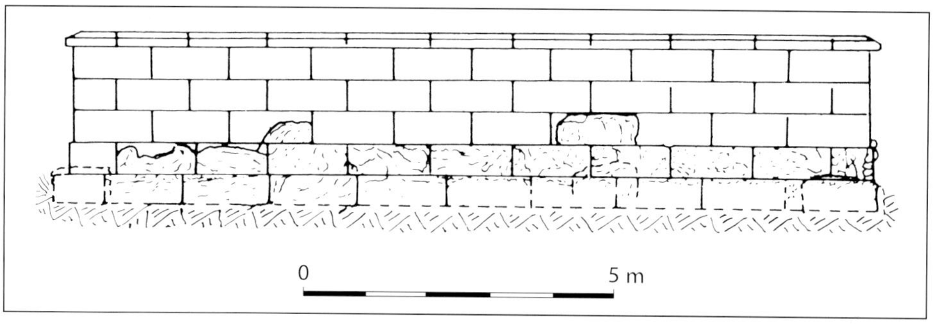

ABB. 39. Athen, Kerameikos. Klassischer Grabbau (B) an der Nordseite der Heiligen Straße (430/420): Rekonstruktionszeichnung der Front.

Grabbau B an der Nordseite der Heiligen Straße im Kerameikos (430/420):
Der älteste erhaltene Grabbau aus der Zeit des Wiedereinsetzens der attischen Grabreliefs

So sind etwa im Kerameikos die heute unscheinbaren Reste eines bedeutenden klassischen Grabbaus (ABB. 18) an der Nordseite der Heiligen Straße aus der Zeit um 430/420 bekannt[322]. Diese Architektur, Bau B, die im Westen von der Piräus-Straße, der Grabungsgrenze, überschnitten wird, fiel den gewaltsamen Veränderungen nach der für Athen fatalen Schlacht von Chaironeia (338)[323] zum Opfer und wurde »bis auf die unterste aufgehende Quaderreihe abgetragen, danach nicht wiederhergestellt, aber auch nicht überbaut«[324]. Dieser von K. Vierneisel 1961/1962 ausgegrabene klassische Grabbau »[…] ist ein langrechteckiger ummauerter Bezirk mit einer rund 13 m messenden Steinfassade aus weißen Porosquadern und mit aus Lehmziegeln aufgeführter seitlicher und rückwärtiger Fassung«[325]. Vier aufgehende Quaderschichten sind durch den Grabungsbefund gesichert[326] (ABB. 39). Als Bekrönung nahm der Ausgräber eines jener abgeschrägten Geisonprofile[327] an, wie sie aus Rhamnous bekannt sind und auch am Nikeratos-Grabmal (ABB. 42, 2; 43–44) Verwendung fanden. Vierneisel schloss eine Bekrönung des Baues im Kerameikos durch Stelen oder Grabvasen nach Lage des Grabungsbefundes aus und rekonstruierte eine Gesamthöhe der Front von etwa 3 m (ABB. 39): »Der Grabbau ist nach dem archäologischen Befund mit Sicherheit nicht mit Grabdenkmälern ausgestattet gewesen. Er stammt aus einer Zeit, da die Aufstellung von großen Grabreliefs noch nicht die Regel war«[328]. Damit »[…] handelt es sich um die früheste bekannte Anlage dieser Art im Kerameikos, die sogar derjenigen an der Gräberstraße [= Grabbau f: Kübler 1976, 86–90 Abb. 10; 185 f. Beil. 37–42; Knigge 1988, Nr. 17; Stroszeck 2014, Nr. 51; hier ABB. 40] noch vorausgeht. […] er ist der älteste der im Kerameikos erhaltenen klassischen Grabbauten«[329]. »Fundamente für Grabstelen wurden nicht nachgewiesen, dafür enthielt die Anlage aber die spätesten bekannten Opferrinnen und war deren Befund zufolge nicht bis zur Mauerkrone verfüllt«[330]. »Seine Datierung in die Jahre um oder nach 420 v. Chr. ergibt sich aus einer zugehörigen, unter der rückwärtigen Lehmziegelmauer liegenden reichhaltigen Opferrinne«[331]. Mit dieser Anlage besitzen wir aus den Jahren um 430/420, in denen sowohl die Grabbezirke als auch die klassischen Grabreliefs in Athen und Attika einsetzen, einen für diese Übergangszeit höchst bezeichnenden Befund. Der äußeren Anmutung nach handelt es sich um einen langrechteckigen, quaderförmigen und rundum geschlossenen Grabbau in attisch-archaischer Tradition, der jetzt im Inneren jedoch als nicht bis zur Mauerkrone verfülltes Temenos über einer Mehrfachbestattung mit reichen Beigaben gestaltet war. Vier Sarkophagbestattungen

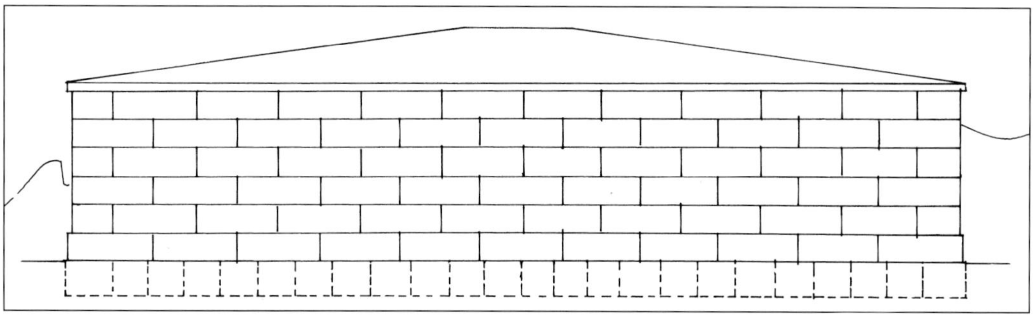

ABB. 40. Athen, Kerameikos. Klassischer Grabbau (f) an der Nordostseite der Gräberstraße (410/400): Rekonstruktionszeichnung der Front.

und zwei prächtig gefüllte Opferrinnen wurden gefunden[332]. Diese erste hybride Kombination von Elementen des Grabbaus und des Grabbezirks im Kerameikos ist offenkundig ein entwicklungsgeschichtliches Bindeglied, das zur Serie entwickelter attischer Grabbezirke klassischer Zeit[333] überleitet. Das Resümee des Ausgräbers Klaus Vierneisel lautet: »Er ist der älteste der im Kerameikos erhaltenen wie überhaupt der sonstwo überlieferten klassischen Grabbauten Athens«[334]. Diese Feststellung ist insofern zu relativieren, als sie ein schlagendes Beispiel für die beliebige Verwendung der Begriffe Grabbau und Grabbezirk in der älteren Forschung darstellt.

Der monumentale Lehmziegel-Grabbau e bzw. f und der Hügel O an der Gräberstraße im Kerameikos (410/400)

Der unserer Kenntnis nach nächste große Grabbau nach dem Wiedereinsetzen marmorner Grabdenkmäler im Jahrzehnt 440/430[335] und nach der Errichtung der soeben beschriebenen Anlage von der Nordseite der Heiligen Straße (Grabbau B) ist der in zwei Phasen angelegte monumentale Lehmziegelbau e bzw. f mit sekundär als Reparatur eingefügter Porosfront an der Nordostseite der Gräberstraße[336] (ABB. 40). Die Außenseiten trugen einen glatten Lehmverstrich, der auch den Sockel verkleidete[337]. »Trotz [der] Zerstörungen ist die Wirkung des Erhaltenen außerordentlich«[338]. Er überschneidet den Südwestrand des archaischen Grabhügels G aus der Mitte des 6. Jhs. und umschließt eine Fläche von 220 Quadratmetern. Bereits Kübler vermutete 1949: »Selbst die ausgedehnteste dieser Anlagen, ein Lehmziegelbau von 12 auf 15 m Seitenlänge aus dem Ende des 5. Jahrhunderts im Kerameikos [scil. Grabbau e bzw. f], scheint für einen Einzelnen errichtet und den wenigen im 4. Jahrhundert in die Erdfüllung eingelassenen nachträglichen Bestattungen nur Gastrecht zu gewähren«[339]. Dies macht ihn für unseren Zusammenhang besonders interessant. Die ursprünglich etwa 3,50 m hohe Front aus heute fast vollständig verwitterten Porosquadern ist auf einer Länge von 14,50 m nach Süden auf die Gräberstraße ausgerichtet[340] (ABB. 40). Die übrigen Wände bestanden in der Tradition des archaischen Grabbaus aus Lehmziegeln[341], deren Nordwestecke in einem tiefen Schacht hoch ansteht. Der große Bau umfasste mehrere Grabanlagen, u. a. einen Sarkophag mit ornamentverziertem Bronzekessel als Inhalt[342], der in Seide gehüllte Überreste des Toten barg. In der Nähe fand sich eine beispiellos reiche Opferstelle mit Hunderten kleiner Teller, Näpfchen und Kännchen vom Ende des 5. Jhs.[343]. »Die Zuweisung des Lehmziegelbaus an eine berühmte Familie ergibt sich vermutungsweise aus der Inschrift auf

ABB. 41, 1. Hellenikon (Attika). Spätklassischer Grabbau (350/330): Front nach Südwesten.

einer marmornen *trapeza* über dem Lehmziegelbau«[344]. Die viel diskutierte Identifizierung der Phase e dieses Grabbaus als Grablege der Familie des Alkibiades kann hier nicht erörtert werden.

Vom frühen 4. Jh. an werden dann erhebliche Teile des Kerameikos mit aufwendigen Grabbezirken bebaut, die von nun an das Erscheinungsbild der Nekropole maßgeblich prägen[345] und die freistehenden Grabbauten weitgehend verdrängen. Auch im ländlichen Attika der Spätklassik sind jetzt die Grabbezirke in hohem Maße charakteristisch, »wie die große Grabterrasse am Hymettos-Defilée bei Vari illustriert, die einen archaischen Grabhügel des 7. Jhs. v. Chr. modernisierte«[346].

Die Anlage von Hellenikon (350–320): Der attische Grabbau als Grabbezirk

Während im spätklassischen Kerameikos vor allem der Raummangel, die topographische Situation und die Tendenz zu Mehrfachbestattungen in Grabbezirken die Errichtung freistehender, monumentaler Grabbauten verhindert zu haben scheint, hat es außerhalb des athenischen Zentrums wie vor den ›Langen Mauern‹ zwischen Asty und Piräus und auf dem attischen Land eindrucksvolle Ausnahmen gegeben. Bei diesen exzeptionellen Anlagen handelt es sich zum Teil – wie *in nuce* bei der oben besprochenen Anlage (Grabbau B) von der Nordseite der Heiligen Straße im Kerameikos (ABB. 39) bereits erkennbar – um architektonisch hybride Verbindungen von Elementen des Grabbaus und des Grabbezirks in Kombination mit Grabreliefs und/oder rundplastischen Bildwerken in Anlehnung an Ehrenstatuen.

Ein prominentes Beispiel für diese Tendenz ist der monumentale Grabbau von Hellenikon[347] (ABB. 41, 1) an der Küste des Saronischen Golfes aus der zweiten Hälfte des 4. Jhs. Die sehr gut erhaltenen Reste mussten dem Ausbau des alten internationalen Flughafens von Athen weichen und wurden transloziert. Es handelt sich um eine sehr große, Π-förmige Anlage aus Konglomeratblöcken in Quadertechnik von 19,50 m Länge, 8,40 m Tiefe und einer erhaltenen Höhe von maximal 4,00 m. »Über der Euthynterie folgt der Toichobat aus plinthenartigen Blöcken, über dem die Schicht von Orthostaten leicht zurückspringt. Die darauf folgenden Quaderlagen nehmen in ihrer Höhe von unten nach oben ab. Die Mauerkrone fehlt auf allen drei Seiten«[348]. Hinter der Mitte der Frontseite befindet sich ein großer Monumentsockel von 2,80 m Breite, der sicher ein stattliches Grabdenkmal, sehr wahrscheinlich ein Naiskosrelief, trug. Neben der Mauerkrone fehlt diesem gänzlich freistehenden Bau aber erstaunlicherweise auch die rückwärtige Langseite[349], die von der antiken

ABB. 41, 2. wie Abb. 41, 1: Ansicht der offenen Rückseite von Osten.

Straße aus nicht einsehbar war. Kübler vermutete: »Die Rückseite war bei den riesigen Ausmaßen des Baues aus Ersparnisgründen nicht ausgeführt«[350]. Jedenfalls kann das Innere dieses an der Hinterseite völlig offenen Gevierts (ABB. 41, 2) keine höhere Erdauffüllung besessen haben, denn ohne eine rückwärtige Abstützung wäre diese alsbald erodiert. Von der Küstenstraße zwischen den Demen Aixione und Halimous[351] aus betrachtet muss dem antiken Passanten dieser monumentale Mauerblock tatsächlich als freistehender Grabbau und nicht als Grabbezirk erschienen sein. Erst ein Blick auf die Rückseite konnte zeigen, dass es sich um eine ganz auf die monumentale Fassadenwirkung zur Straße hin konzipierte Schauarchitektur handelte. Das hoch ummauerte Innere muss *de facto* ein Grabbezirk mit mehreren Bestattungen gewesen sein, deren alleiniges Zeugnis die Reste von zwei *pyrai* waren[352]. Offensichtlich durchdringen und verbinden sich in der Anlage von Hellenikon der archaische Typus des freistehenden Grabbaus in Quaderform und seine klassische Ableitung, der Π-förmige Grabbezirk. Die Anfänge dieser eklektischen Tendenz lassen sich – wie oben dargestellt – zeitgleich mit dem Aufkommen der ersten klassischen Grabbezirke um 430 nachweisen (ABB. 39. 40). Gegen Ende des 4. Jhs. verstärkte sich das Interesse an der hybriden Kombination etablierter Elemente der attischen Sepulkralarchitektur. Bedeutendstes Zeugnis dieser für den frühen Hellenismus in Athen durchaus charakteristischen Entwicklung ist das sog. Kallithea-Monument (ABB. 43–44).

Bevor dieser interessante Grabbau diskutiert werden kann, ist hier noch auf eine altbekannte Schwierigkeit hinzuweisen: Nach stilistischen oder gar typologischen Kriterien kann nicht sicher entschieden werden, ob mit der Gesetzgebung des makedonischen Statthalters in Athen, Demetrios von Phaleron[353], die Errichtung von Grabbezirken, Grabbauten und die Produktion der Grabreliefs tatsächlich sofort abbrach. Es mehren sich seit geraumer Zeit die Indizien, dass es in allen Gattungen der attischen Grabkunst Nachläufer gegeben hat. Während sich mit dieser Annahme ein vermeintlich sicherer *terminus ante quem* aufzulösen beginnt, entzerrt sich zugleich das traditionelle Bild einer äußerst rasanten Stilentwicklung der attischen Skulptur zwischen der Jahrhundertmitte und dem wahrscheinlichen Datum des Luxusverbotes im Jahre 317/316. Vor allem Wilfred Geominy hat auf stilgeschichtlichem Wege, aber auch mit historischen Argumenten versucht, eine Kontinuität bzw. ein Nachlaufen besonders qualitätvoller attischer Grabreliefs und freiplastischer Skulpturen aus monumentalen Naiskoi bis in das ganz späte 4., ja sogar das frühe 3. Jh. wahrscheinlich zu machen[354]. Dieses durchaus komplexe Problem kann hier nur erwähnt, aber nicht eingehender erörtert werden.

Das sog. Kallithea-Monument: Der Grabbau des Nikeratos von Histria/Istros (330/320): Eine eklektische Kombination von Grabbau, Grabbezirk, Grabnaiskos und Ehrenstatuen

Unter den stark veränderten geistes- und mentalitätsgeschichtlichen Bedingungen der Alexander- und frühen Diadochenzeit[355] und unter dem Eindruck des rasch zum Weltwunder avancierten Maussolleions von Halikarnassos[356], an dem attische Künstler maßgeblich beteiligt waren, entstand mit dem sog. Kallithea-Monument ein Grabmal, das die typologischen Traditionen von attischem Grabbau und Grabbezirk eklektisch miteinander kombinierte und weitere innovative Elemente spätklassisch-frühhellenistischer Sepulkralkunst einbezog (ABB. 43–44). Seine wichtigsten Charakteristika sollen hier kurz angesprochen werden.

1968 wurden auf einem Grundstück im Athener Stadtteil Kallithea, zwischen dem Zentrum und dem Piräus gelegen, großformatige Fragmente eines monumentalen Grabnaiskos und seines hohen Unterbaues gefunden[357]. Das Grabmal stand nach den Angaben des Ausgräbers Elias Tsirivakos ursprünglich vor dem rechten Turm eines Tores im Nordschenkel der ›Langen Mauern‹[358]. Weitere Nachforschungen führten zur Auffindung von zahlreichen Architekturteilen aus Kalkstein und Marmor, drei Relieffriesblöcken mit Amazonenkampf, fünf Relieffriesplatten mit offenbar antithetisch angeordneten Tiergruppen, drei rundplastischen Statuen und einer vollständig erhaltenen zweizeiligen Grabinschrift[359]. Nach den äußerst summarischen Darlegungen des Ausgräbers gehören alle Fragmente – mit Ausnahme zweier in den Maßen abweichender Marmorteile – einem einzigen großen Grabmonument an, das von Tsirivakos sowohl zeichnerisch als auch aus den originalen Fragmenten im Piräus-Museum rekonstruiert wurde[360]. Mit der Arbeit von J. Israel liegt jetzt erstmals eine ausführliche Behandlung vor, die allerdings ohne Autorisierung von griechischer Seite entstand[361]. Daher fehlen bedauerlicherweise auch weiterhin alle Angaben zu den näheren Umständen der Auffindung des Grabbaus.

Über Jahre wurde das Denkmal im Piräus-Museum in drei separat aufgestellten Ensembles gezeigt (ABB. 42, 1–2)[362], was im Blick auf die museale Präsentationsgeschichte antiker Architektur durchaus von Interesse ist: Auf einer modernen einstufigen Krepis stand der Orthostatensockel mit dem linken und rechten Eckblock im Original und drei ergänzten Blöcken an der Frontseite dazwischen (ABB. 42, 1). Auf die Wiederherstellung der zwei Quaderschichten über dem Orthostatensockel hatte man verzichtet und stattdessen den Amazonomachie-Fries direkt über der Orthostatenreihe angeordnet. Darüber folgte das an seiner Oberseite abgeschrägte Horizontalgeison und die mit jeweils zweiteiligem Fuß- und Abschlussprofil gegliederte Basis des Naiskos mit der Grabinschrift. Rechts daneben stand auf einem modernen Sockel der zweite, kleinere Teil der gestuften Basis mit dem Raubkatzen-Fries, darüber dann das Π-förmige Bathron mit den beiden freistehenden, prostylen ionischen Säulen, der vollständigen rechten Ante des Naikos, dem unteren Rest der linken Ante und vor der Rückwand aus dunklem hymettischen Marmor die drei Rundskulpturen des Grabnaikos (ABB. 42, 2). Das Epistyl wurde unter den Fenstern der gegenüberliegenden Raumseite auf vier Stahlträgern präsentiert[363]. Diese sehr unanschauliche Aufstellung ließ das eindrucksvolle Monument nicht zur Wirkung kommen und wurde mittlerweile durch einen Wiederaufbau des gesamten Grabbaus in nahezu voller Höhe ersetzt[364]. Der zur Verfügung stehende Ausstellungsraum ist zwar viel zu niedrig – das Epistyl des Naiskos reicht bis an die Decke –, aber schönes Seitenlicht von rechts bringt den prächtigen Grabbau im gegebenen Rahmen gut zur Geltung[365]. Bei dieser Gelegenheit hat man auch zwei fragmentierte Originalblöcke der Quaderschicht über der Orthostatenreihe in die Rekonstruktion einfügen können.

1: Krepis, Orthostatensockel, Amazonomachie-Fries, Horizontalgeison und Naiskossockel.

2: Oberteil des Naiskossockels, Tierfries, Π-förmiges Bathron und die erhaltenen Teile des Naiskos mit den Grabstatuen.

ABB. 42, 1–2. Piräus, Arch. Mus. Spätklassischer Grabbau von Kallithea (330/320): Erstaufstellung als Teilrekonstruktion in den 1980er Jahren.

Nach dem Wiederaufbau im Museum, dem verschiedene zeichnerische Wiederherstellungsversuche[366] vorangingen (ABB. 44), handelt es sich um ein etwa 8,30 m hohes Grabmonument. Eine dreistufige Krepis trägt einen hohen Kalksteinsockel, der aus einer Orthostatenzone und zwei darüber liegenden Quaderschichten besteht. Den oberen Abschluss des Sockelbaus bildet ein profilbekrönter Amazonomachie-Fries, der wiederum ein zweistufiges Bathron trägt[367]. Dieser gegliederte Sockel besteht aus einer unteren profilierten Basisplatte mit der Grabinschrift und einer zweiten schmaleren Stufe, die einen an drei Seiten umlaufenden Tierfries in flachem Relief zeigt. Darüber folgt dann die Π-förmige Basis des Grabnaiskos[368]. In diesem Naiskos[369] standen nach Ausweis der Plinthen die drei mitgefundenen Marmorstatuen[370]. Die Grabinschrift auf der unteren Stufe der Naiskosbasis benennt zwei von ihnen: Νικήρατος Πολυΐδο[υ] Ἰστριανός | Πολύξενος Νικηράτο[υ][371]. Das Ethnikon des Nikeratos, Sohn des Polyïdos, belegt dessen Herkunft aus Histria[372]. Gemeint ist die milesische Kolonie Istros/Histria südlich der Donaumündung an der Westküste des Schwarzen Meeres, die Herodot (6, 33) erwähnt. Seiner durch das Ethnikon bezeugten Herkunft nach war Nikeratos also zweifellos ein Metöke[373], der vielleicht im Getreidehandel[374] mit Athen zu jenem beträchtlichem Vermögen gelangt war, das ihm die Errichtung eines so aufwendigen Grabbaus ermöglichte.

Der breit gelagerte hohe Sockel als Basis eines einzelnen Grabmals, zudem für einen höchst ungewöhnlichen prostylen Naiskos mit drei rundplastischen Statuen (ABB. 46), wirft die Frage nach dem Ort des Monuments in der Traditionslinie attischer Grabbauten und Grabbezirke auf[375]. Hier zeigt sich, dass es auch für ein blockförmiges, 4,38 m hohes Podium (gemessen von der untersten Stufe der Krepis bis zur Oberkante des Horizontalgeisons[376]) im klassischen Athen und in Attika durchaus Parallelen gibt. Aus der zweiten Hälfte des 4. Jhs. ist der oben besprochene gewaltige Grabbau von Hellenikon[377] (ABB. 41, 1–2)

ABB. 43. Piräus, Arch. Mus. Spätklassischer Grabbau von Kallithea (330/320): Rekonstruktion aus Originalteilen und modernen Ergänzungen.

zu nennen, dessen erhaltene Mauerhöhe selbst ohne die verlorenen Bekrönungsblöcke noch 4 m beträgt. Zeitlich und typologisch noch näher steht dem Kallithea-Monument ein Grabdenkmal, das sich in seiner architektonischen Gliederung und dem Stil der beiden erhaltenen Skulpturen direkt anschließen lässt: Es ist der 1975 in Rhamnous aufgedeckte Grabbezirk des Diogeiton, dessen Frontmauer ebenfalls über 4 m hoch ist und der weiter unten noch näher zu betrachten sein wird.

Die genannten Parallelen unter den attischen Grabbauten der zweiten Hälfte des 4. Jhs. legen es nahe, den Sockel des Kallithea-Monuments aus der Entwicklung blockförmiger Grabbauten in Athen zu erklären. Der Einfluss des berühmten Maussolleions von Halikarnassos, dem das Kallithea-Monument zeitlich mit einigem Abstand folgt, mag in einem ganz allgemeinen Sinne den Trend zur Monumentalisierung attischer Grabbauten der zweiten Hälfte des 4. Jhs. befördert haben. Unmittelbar evident ist der Einfluss des antiken Weltwunders aber allenfalls im Blick auf die Position des Amazonomachie-Frieses als oberem Abschluss des

ABB. 44. wie Abb. 43: Rekonstruktionszeichnung des Baus als frei in der Landschaft stehendes Monument.

eigentlichen Grabbaus unter dem bekrönenden Naiskos (ABB. 43–44). Die Amazonomachie-Friese beider Monumente ähneln sich zwar in einzelnen Motiven, manchen stilistischen Details und in der Anordnung am Bau, kompositionell sind die Unterschiede jedoch kaum zu übersehen. Die Kallithea-Amazonomachie zeigt zahlreiche Wiederholungen, Pferdedarstellungen waren auf der Frontseite offenbar nicht berücksichtigt, und die Figuren sind unter Vernachlässigung eines größeren szenischen Zusammenhanges auf die einzelnen Blöcke gesetzt worden (ABB. 45). Die beschriebene Fundsituation macht es wahrscheinlich, dass das Kallithea-Monument einer Mauer vorgeblendet und damit von vornherein auf eine Frontalansicht angelegt war[378].

Die Statuen der beiden Verstorbenen, Vater und Sohn, mit den uns aus der Inschrift bekannten Namen Nikeratos und Polyxenos sowie der deutlich kleinere Diener stehen frontal ausgerichtet auf einem Bathron (ABB. 42, 2; 46) und haben direkt aus dem Naiskos auf die vorbeiführende Straße hinausgeblickt[379]. Diese Art der Aufstellung erinnert unmittelbar und wohl kaum zufällig an die Figurenanordnung großer Weih-

ABB. 45. Piräus, Arch. Mus. Spätklassischer Grabbau von Kallithea (330/320): Detail des Amazonomachie-Frieses.

geschenke der Zeit, wie etwa die des Daochos in Delphi (338–332)[380]. Der reiche Metöke Nikeratos aus Histria/Istros benutzt hier also ganz offensichtlich den zeitgenössischen Typus des selbstbewusst-repräsentativen Bürgerbildes, wie es in den Ehrenstatuen und den durch diese beeinflussten Grabreliefs der Politen formuliert worden war. Hier dokumentiert sich der stolze Anspruch auf Zugehörigkeit zur Bürgergemeinschaft, die nur von wenigen Metöken tatsächlich erreicht wurde. Dass die monumentale Formulierung solcher Ambitionen im zeitgenössischen Athen überhaupt geduldet wurde, erklärt sich unschwer durch die bedeutende, im Wortsinne überlebenswichtige Rolle reicher Metöken als gut vernetzte Händler in den schweren Versorgungskrisen des spätklassischen Athen.

Gerade die Entstehungszeit des Kallithea-Monuments zwischen 330 und 320 ist wirtschaftlich durch mehrere dramatische Engpässe in der Getreideversorgung[381] Athens und anderer griechischer Poleis gekennzeichnet. In dieser Situation kam den im Getreidehandel tätigen Metöken[382] tatsächlich eine eminente Bedeutung zu. Diese fand ihren unmittelbaren Niederschlag in einer großen Anzahl von Ehrungen, etwa für großzügige Getreidespenden dieser Leute an den Demos, wie sie durch eine ganze Anzahl fest datierter Inschriften bezeugt sind[383]. Der so ostentative, an zeitgenössische Ehrendenkmäler erinnernde Grabbau des Nikeratos könnte deshalb auch als Hinweis auf solche oder ähnliche Verdienste um die Stadt und ihre notleidende Bevölkerung zu verstehen sein.

Die Darstellung des Sohnes Polyxenos als athenischer Palästrit[384] in Begleitung des unverzichtbaren Pais (ABB. 46) unterstreicht die bereits für Nikeratos konstatierte normative Vorbildhaftigkeit des Bürgerbildes. In diese Richtung weist auch die epigraphische Evidenz. Viele Grabinschriften von Nicht-Athenern zeigen, dass die mit dem Privileg der Isotelie geehrten Metöken das Ethnikon – und damit den Verweis auf ihre Herkunft – in ihren Grabinschriften durch den neu gewonnenen Titel *isoteles* ersetzten. Dieser Umstand beleuchtet schlaglichtartig, »daß für den Metöken der Bürger das Vorbild war, er also, wenn er überhaupt an den Wandel seines Status dachte, in den Bürgerstand hineinstrebte und eine Alternative gar nicht im Blick hatte«[385]. Jochen Bleicken betont nachdrücklich die Vorbildfunktion der Vollbürger[386], deren privilegierten Status nur die wenigsten Metöken durch Verleihung des vollen Bürgerrechts tatsächlich erreichten[387]. Über-

ABB. 46. wie Abb. 42: Naiskos mit den Grabstatuen des Nikeratos, Polyxenos und eines Pais (v. l. n. r.).

deutlich spiegelt sich dies in der Ikonographie der spätklassischen attischen Grabdenkmäler wider. Fehlendes »Gruppen- und Identitätsbewußtsein«[388] ist deshalb zumindest ein Grund dafür, dass eine spezifische Selbstdarstellung der Metöken auf den attischen Grabdenkmälern nicht festzustellen ist.

Für die durchgängig zu beobachtende (offenbar bewusste und gezielte) Adaption ›bürgerlicher‹ Figuren- und Bildtypen[389] durch die Metöken spielten jedoch sicher auch gattungsimmanente Faktoren wie die generelle Abneigung der attischen Sepulkralkunst gegenüber individualisierenden Darstellungen eine große Rolle. Hinzu kommt, dass der Haupttätigkeitsbereich der Metöken, nämlich Handel und Handwerk, gerade im allgemeinen Bewusstsein der als vorbildhaft empfundenen Politen einen so niedrigen Rang einnahm, »daß diese Sphäre im Umkreis von Grab und Tod sich einer Wiedergabe entzog«[390]. Daran änderte auch die Tatsache nichts, dass zahlreiche ›banausische‹ Tätigkeiten von Bürgern, Metöken und Sklaven gemeinsam ausgeführt wurden[391]. In allen Gattungen der attischen Grabkunst wird daher allenfalls – und nur in Ausnahmefällen – durch ein attributiv der Darstellung hinzugefügtes Handwerksgerät auf die berufliche Tätigkeit des Verstorbenen hingewiesen[392]. Die ikonographisch auffälligste und interessanteste unter diesen

Ausnahmen ist wohl das sog. Charonrelief im Kerameikos[393], das offenbar wohlhabende Händler aus dem Schwarzmeergebiet zeigt, die als Metöken in Athen lebten[394].

Die überaus repräsentative Wirkung der Statuengruppe des Kallithea-Monuments wurde durch die ganz aus blaugrauem, wahrscheinlich hymettischem Marmor gearbeitete Rückwand, vor der sich die Statuen kontrastierend abheben, erheblich gesteigert (ABB. 46). Dies umso mehr, als die drei Statuen sicher polychrom gefasst waren und der dunkle Hintergrund in Verbindung mit der erheblichen Tiefe des Naiskos einen bühnenartige Effekt erzielt haben dürfte. Dieses schon für die Friesfiguren des Erechtheion belegte Arbeiten mit starken Farbkonstrasten[395] scheint auch beim karischen Maussolleion eine wichtige Rolle gespielt zu haben, denn dort sind dunkle Kalksteinplatten gefunden worden, die wohl als Hintergrund plastischen Schmucks am Sockelbau und/oder in der unteren Wandzone hinter der Peristase gedient haben dürften[396].

Marmorakroter und Fries von einem spätklassischen Grabbau (?) im Kerameikos (350/330)

1984 hat Ursula Knigge acht Fragmente eines im Kerameikos gefundenen Frieses von großer bildhauerischer Qualität veröffentlicht, den sie mit guten Gründen einem Grabbau zuweist[397]. Die Fragmente waren 1976 bei der Untersuchung des Grabbezirks des Theonichos und der Mnesarete[398] im Kerameikos westlich des sog. Querwegs gefunden worden (ABB. 47, 1–4). Sie stammen aus einer diesen Bezirk deckenden Oberflächenschicht aus Marmorsplittern[399]. Zusammen mit den Friesfragmenten wurden neun rundplastische Bruchstücke vegetabiler Form entdeckt, die sich zu einem 80 cm hohen Akroter[400] zusammenfügen ließen. Alle Fragmente bestehen aus demselben sehr feinkörnigen Marmor. Da auf den Figuren des Kämpferfrieses Reste von Bemalung erhalten sind, muss die zugehörige Architektur vollendet worden sein. Der Fries kann sich, nach dem hervorragenden Erhaltungszustand der Oberfläche zu urteilen, nicht lange im Freien befunden haben. Gleicher Zustand, Marmor und Fundort machen die Zusammengehörigkeit der Fragmente von Akroter und Fries sehr wahrscheinlich. »Da der Bezirk des Theonichos nach dem Grabluxusgesetz des Demetrios von Phaleron entstand, kann das aufwendige Denkmal mit der Anlage nicht in Verbindung gebracht werden«[401].

Das ca. 80 cm hohe Akroterion ist zeichnerisch rekonstruiert worden[402] und spielt im hier diskutierten Zusammenhang insofern eine Rolle, als es zeigt, dass die aufwendigeren Grabbauten nicht nur durch die Verwendung freistehender ionischer Säulen – wie beim Kallithea-Monument[403] und beim Diogeiton-Naiskos[404] – an zeitgenössische Sakralarchitektur angeglichen waren. Auch Knigge dachte zunächst an einen solchen Grabbau, später dann an die Zugehörigkeit zu einem Grabnaiskos[405]. Freiplastische Akrotere und Relieffriese sind für attische Grabnaiskoi bislang allerdings in keinem Fall belegt, wobei Friese an den Podien monumentaler Grabbauten nachweislich vorkamen (ABB. 45). Unwahrscheinlich ist hingegen die Vermutung von Stroszeck, dass die als Hochrelief ausgearbeiteten Relieffragmente aus dem Kerameikos von einer Basis stammen könnten[406], denn eine solche Relieftiefe wäre für Basen höchst ungewöhnlich[407].

Erhalten sind acht Friesbruchstücke von mindestens sieben Kämpfern[408]. Die Höhe des aus den Bruchstücken gewonnenen Frieses dürfte rund 30 cm betragen haben. Vom oberen Abschluss ist nichts erhalten, unten zeigen die oben abgerundeten Plinthen (K 6 und 7: ABB. 47, 2)[409], dass kein Ornament angearbeitet war. Die Körper der Krieger waren vollständig, wenn auch in unterschiedlicher Tiefe, mit dem Grund verhaftet, die Gliedmaßen blieben zumeist von der Fläche gelöst. Die Fragmente K 1, K 4 und K 7[410] (ABB. 47, 1)

1: Mit Helm und Rundschild gerüsteter Krieger.

2: Plinthe mit Felsgrund und zwei nackten Füßen.

3–4: Torsi eines gepanzerten Kriegers und eines Mannes mit Chiton.

ABB. 47. Athen, Kerameikos Inv. P 1379. Fragmente vom Kampffries eines unbekannten Grabbaus (?) (350/330).

zeigen starke Überschneidungen der heftig bewegten Kämpfer. Die Plinthen von K 6 und K 7 (ABB. 47, 2) lassen erkennen, dass der Kampf offenbar auf felsigem Grund stattfand. Der fragmentarische Zustand des Frieses erlaubt keine nähere Bestimmung oder gar Deutung des Geschehens. Gesichert sind barfüßige Fußkämpfer (ABB. 47, 2) und Reiter, Gepanzerte (ABB. 47, 3) und Ungepanzerte (ABB. 47, 4). Bruchstücke weiblicher Figuren sind nicht erhalten, doch ist nicht ausgeschlossen, dass die Fragmente K 5 und K 6[411] Reste von Amazonen sind. Knigge zog auf dieser unsicheren Basis mit Recht die mythologische Deutung auf eine Amazonomachie einer historischen Interpretation vor, denn Kampffriese des späten 5. und des 4. Jhs. geben überwiegend Amazonenkämpfe wieder. Auch der Fries des Nikeratos-Monumentes[412] (ABB. 43–45) sowie der eng verwandte Friesblock im Nationalmuseum 3614[413] (ABB. 48) – wohl von einem anderen monumentalen Grabbau in der Art desjenigen von Kallithea – zeigen Kämpfe zwischen Griechen und Amazonen. Nach den zitierten Vergleichen dachte Knigge an eine Entstehung zwischen etwa 350 und 330 und folgerte, dass Akroter und Fries »gemeinsam einen Grabbau geschmückt haben, für den Vergleichbares aus Attika lediglich im bisher unveröffentlichten Grabbau von Kallithea erhalten geblieben ist«[414].

Friesblock von einem athenischen Grabbau (340/330)

Weitere Friesblöcke mit Kampfszenen, die in Athen ohne ihren ursprünglichen architektonischen Kontext gefunden wurden, sind hier anzuschließen. Sie stammen sehr wahrscheinlich ebenfalls von monumentalen Grabbauten des ausgehenden 4. Jhs. Dies gilt insbesondere für den bereits erwähnten, gut erhaltenen Friesblock im Archäologischen Nationalmuseum[415] (ABB. 48), dessen Exzerpt einer Amazonomachie mit jener des

ABB. 48. Athen, Arch. Nat. Mus. Inv. 3614. Spätklassischer Friesblock mit Amazonomachie von einem Grabbau in Athen (340/330).

Kallithea-Monumentes (ABB. 45) eng verwandt ist. Nach den abweichenden Maßen kann der Reliefblock aber nicht zu jenem Bau gehört haben. In der Mitte ist ein nackter Krieger mit hohem korinthischem Helm, den ein prächtiger Busch ziert, dargestellt. Unter seinem argivischen Schild hängt vom linken Arm sein Gewand herab. Er stürmt im Ausfallschritt nach links mit dem Schwert in der Rechten gegen eine Amazone vor, die sich mit einer hoch erhobenen Pelta in der Linken zu schützen versucht. Rechts bewegt sich eine zweite Amazone in Vorderansicht nach links; sie wendet sich um und weicht offensichtlich vor einem Krieger zurück, der auf dem rechts anschließenden Block dargestellt war und gegen sie vorging. Auf der Oberseite des Blockes befinden sich Klammerlöcher, die die Verbindung zu den beidseitig anschließenden Friesblöcken sicherten.

Weitere Reste von attischen Friesen jener Epoche sind mit den genannten Stücken verglichen worden. Doch haben neuere Forschungen gezeigt, dass einige von ihnen nicht zu Grabbauten gehört haben können. So müssen nach der eingehenden Untersuchung von Thomas Schäfer[416] Fragmente eines frühhellenistischen Schlachtfrieses von der Akropolis, dessen Bruchstücke auf verschiedene Sammlungen verteilt sind, aus der Diskussion ausscheiden. Das zugehörige Denkmal könnte an einen Sieg der Athener über die Makedonen im späten 4. oder frühen 3. Jh. erinnert haben[417]. Auch die bekannte Reliefmetope mit einer Gruppe trauernder Frauen im Athener Nationalmuseum stammt wohl nicht – wie früher angenommen – von einem Grabbau. H. R. Goette konnte sie überzeugend mit einem choregischen Monument an der Tripodenstraße verbinden[418].

Jedenfalls darf man im Blick auf die im Kerameikos gefundenen Fragmente eines marmornen Kampffrieses (ABB. 47, 1–4) und den großen Reliefblock mit Amazonenkampf im Athener Nationalmuseum (ABB. 48) zuversichtlich annehmen, dass das Kallithea-Monument kein singuläres und nach Ausweis der literarischen Überlieferung[419] erst recht keines der spektakulärsten Grabdenkmäler des frühhellenistischen Athen war. In dieses eindrucksvolle Bild fügen sich weitere lebensgroße, rundplastische Statuen aus attischen Grabnaiskoi des späten 4. Jhs., die Giorgos I. Despinis zusammengestellt und ausführlich kommentiert hat[420].

Das sog. Kallithea-Monument und Fragmente ähnlicher Sepulkralbauten im Kontext der attischen Grabarchitektur

In der Forschungsdiskussion zu den griechischen Grabbauten spätklassisch-frühhellenistischer Zeit hat das Maussolleion von Halikarnassos als vermeintliches Vorbild[421] schon immer eine Schlüsselrolle gespielt[422]. Doch hat Valentin Kockel zeigen können, dass das karische Weltwunder nicht der Beginn einer architektonischen Entwicklung, sondern nur eine Nebenform war, die aus verschiedenen Gründen kaum direkte Nachfolger fand[423]. In letzter Zeit ist durch die Forschungen von Frank Rumscheid in Milas/Mylasa[424] und die Entdeckung des dortigen ›Proto-Maussolleion‹ mit dem spektakulären Reliefsarkophag des Hekatomnos[425], dem Vater des Maussollos, auch klar geworden, in welcher Tradition das Maussolleion von Halikarnassos tatsächlich steht. Juliane Israel hat die Ausprägung und Rezeption mehrgeschossiger Podiumsgrabbauten in der Art des Maussolleion unlängst als eine primär kleinasiatische, unter achämenidischem Einfluss in der Persis entstandene Grabform »zwischen Pasargadai und Athen« ausführlich dargestellt[426]. Diese Entwicklungslinie spielt für die attischen Grabbauten und Grabbezirke keine große Rolle – wie schon ein Größenvergleich klarmachen kann[427].

Wie weiter oben bereits argumentiert, steht das Kallithea-Monument im spätklassischen Attika nur scheinbar isoliert da[428]. Neben den soeben angeführten Fragmenten wahrscheinlich ähnlicher Bauten besteht typologisch ein Zusammenhang mit den sehr hohen Frontmauern bzw. Fassaden einiger Grabbezirke des späten 4. Jhs. Besonders gut vergleichbar ist der 1975 gefundene *peribolos* des Diogeiton an der großen Gräberstraße zwischen dem Nemesis-Heiligtum und der Festung in Rhamnous[429] (Abb. 49–51). Wegen seiner bis zu 4,16 m hoch aufragenden Grabbezirksmauer muss er hier in die Betrachtung einbezogen werden.

Der monumentale Grabbezirk des Diogeiton in Rhamnous (330/320)

Der Grabbezirk des Diogeiton liegt unmittelbar nördlich des Heiligtums auf der rechten, östlichen Seite der Straße (Abb. 49–51)[430] und markiert einen der Höhepunkte in der Monumentalisierung attischer Grabbezirke der Spätklassik[431]. Seine fassadenartig der steilen Straßenböschung vorgebaute Sockelarchitektur wurde von den Ausgräbern sorgfältig rekonstruiert. Die von Vassilis Ch. Petrakos zweifelsfrei aus den in Sturzlage aufgefundenen Architekturteilen[432] wiederhergestellte Grabanlage besteht aus einem 6,50 m breiten und 4,16 m hohen Sockel, der drei Grabdenkmäler trug (Abb. 50). Der Sockelbau zeigt über einer gestuften Euthynterie die übliche Gliederung mit einer Orthostatenschicht, darüber fünf Läuferschichten, von denen die oberste mit in geglättete Rechteckfelder eingetragenen Grabinschriften versehen war (Abb. 50). Als oberer Abschluss des Sockels erscheinen die üblichen abgeschrägten Bekrönungsblöcke. Auf diesem hohen Sockel fällt neben der ganz links aufgestellten Namenstele der Familie[433] und einem großformatigen, aber schlecht erhaltenen Naiskosrelief[434] über der Mitte des Baus vor allem der große Naiskos auf der rechten Seite mit seinen freistehenden ionischen Säulen ins Auge[435] (Abb. 51, 1). Eine zweistufige Basis, die wie im Falle des Kallithea-Monuments den eigentlichen Naiskos besonders hervorhebt, fehlt hier. Identisch ist hingegen der Aufbau des Naiskos, der ebenfalls auf einem Π-förmigen Bathron ruht. Die Säulen tragen ein sehr flaches ionisches Epistyl, das im Gegensatz zu dem des Kallithea-Monuments den für die ionische Ordnung kanonischen Zahnschnitt aufweist, aber nur zwei Faszien besitzt.

Von der ursprünglichen Skulpturenausstattung des Naiskos sind zwei Figuren sehr gut erhalten (Abb. 51, 2). Links steht vor der Rückwand die lebensgroße Gewandstatue einer Frau, bei der es sich um die Ehegattin

ABB. 49. Rhamnous (Attika). Spätklassischer Grabbezirk des Diogeiton (330/320): wiederaufgebaute Frontseite an der Gräberstraße.

ABB. 50. wie Abb. 49: Rekonstruktionszeichnung der Front mit drei Grabdenkmälern.

Abb. 51, 1. wie Abb. 49: Naiskos mit rundplastischen Säulen und den beiden erhaltenen Grabstatuen.

Abb. 51, 2. wie Abb. 49: Mantelstatue der Gattin des Diogeiton und deren Dienerin mit einer Fußbank.

des inschriftlich auf dem Architrav verzeichneten Grabbesitzers Διογείτων Καλλίου Ῥαμνούσιος[436] handeln muss. Die Figur mit rechtem Stand- und linkem Spielbein erscheint in Frontalansicht, ihr Kopf war nach Ausweis des fast vollständig erhaltenen Halses direkt auf den Betrachter gerichtet. Der rechte Arm ist vor dem Bauch angewinkelt und fest in den Mantel gehüllt, während der linke Unterarm nur leicht angehoben ist. Die Frau trägt über einem relativ dünnen, bis auf den Boden reichenden Chiton als Untergewand einen langen, schweren Mantel, den zahlreiche Schräg- und Steilfalten gliedern. Glatt spannt dieser sich über dem nach vorn geschobenen linken Spielbein. Noch deutlich erkennbar ist, dass der Mantel über den Kopf gezogen war, ein Motiv, das Statuen und Reliefs der attischen Sepulkralkunst häufig belegen. Der rechte, ganz vom Mantelstoff umspannte Arm ist waagerecht vor den Bauch geführt, um ein Ende der Stoffbahn zu halten. Die Hand des linken, tiefer gehaltenen Armes fasst den Rand des schweren Mantelstoffes und rafft ihn zu einem Bündel tiefer Steilfalten. Die Frau hat das Gewand also angehoben, um sich in seitlicher Bewegung auf einen Stuhl (Diphros) zu setzen, der im freien Bereich rechts von ihr stand und heute verloren ist[437]. Die Abhängigkeit der Grabstatue von Werken aus der Spätzeit bzw. Nachfolge des Praxiteles[438], wie etwa von der ›Großen Herkulanerin‹[439], und die große Nähe zum sog. Letzten Grabrelief[440] machen eine Datierung des Naiskos in die Jahre zwischen 330 und 320 sehr wahrscheinlich. Untermauert wird dieser Datierungsvorschlag durch die zweite erhaltene Skulptur, die 1,40 m hohe Statue einer Dienerin[441], die zwischen der linken Säule und der Ante steht und eine Fußbank in den Händen hält. Sie trägt einen Peplos mit langem Überfall und doppelter Gürtung. Deren oberer Verlauf besteht aus einem Band, das unter den Achseln her über die Schultern geführt ist und sich auf dem Rücken kreuzt. Das lange Gewand, die auffällige Kreuzgürtung auf dem Rücken, die Haube (*sakkos*) auf dem Kopf und die in den Händen gehaltene Fußbank charakterisieren sie eindeutig als Dienerin. Mit dieser Assistenzfigur eng verwandt ist die sehr ähnliche und ebenfalls rundplastische Dienerin aus einem monumentalen attischen Grabnaiskos im Metropolitan Museum of Art in New York[442], die sich ihrerseits gut mit dem Urkundenrelief von 323/322[443] vergleichen lässt.

Bei anderen großformatigen, jedoch nicht prostylen Grabnaiskoi sind Sklavinnen und Sklaven regelmäßig in sehr flachem Relief auf den Innenseiten der Anten wiedergegeben[444]. Insgesamt ergibt sich für die Skulpturen aus dem Naiskos des Diogeiton im Vergleich mit denen des Kallithea-Monuments eine – relativ gesehen – spätere Datierung, d. h. wohl in die Jahre unmittelbar vor dem Luxusverbot. Zusammenfassend lässt sich, auch im Blick auf die literarische Überlieferung[445] zu vergleichbaren Anlagen, sagen, dass sowohl das Kallithea-Monument als auch der Rhamnounter Grabbezirk des Diogeiton im spätklassisch-frühhellenistischen Athen keinesfalls Ausnahmeerscheinungen gewesen sein können.

Während der prostyle, sehr tiefe und somit rundplastischen Skulpturen Platz bietende Naiskos gewissermaßen die kleinstmögliche Form eines Tempels darstellt[446] und zwanglos aus den Monumentalisierungstendenzen des attischen Grabreliefs der ausgehenden Spätklassik abzuleiten ist, steht der hohe Sockel des Kallithea-Monumentes tatsächlich nur auf den ersten Blick in der direkten Nachfolge des Maussolleion in Halikarnassos[447] und der lykischen Grabtempel, deren prominentester Vertreter das gegen 390–380 entstandene Nereiden-Monument von Xanthos ist[448]. Kockel verwies bereits vor geraumer Zeit auf die im Format zwar etwas kleineren, aber im Prinzip sehr ähnlichen Fassadenmauern der Grabbezirke an der Heiligen Straße von Rhamnous[449], aber auch anderwärts in Athen und Attika. Diese stehen in der Tradition von attischen Grabbezirken klassischer Zeit, die gegen 430/420 einsetzen und flexibel einer spezifischen Geländesituation eingefügt wurden. Zahlreiche eindrucksvolle Beispiele lassen sich anführen[450]. Bereits erwähnt wurde, dass andere Ausstattungselemente des Kallithea-Monuments wie insbesondere der Amazonomachie-Fries[451] (Abb. 45) als oberer Abschluss des Podiums und der Tierfries[452] (Abb. 43–44) unter dem Naiskos vom Maussolleion inspiriert sein könnten. Damit ist das Kallithea-Monument – wie oben begründet – formal als eklektisch anzusprechen. Der mehr als 4 m hohe Sockelbau des Diogeiton-Naiskos (Abb. 49–50) steht noch deutlich in der Nachfolge breit gelagerter Stütz-, Terrassen- oder Umfassungsmauern attischer Grabbezirke. Er deutet aber durch seine große Höhe und kompakte Formgebung wie auch der Sockel des Kallithea-Monuments eine Entwicklung an, die letztlich in der Traditionslinie autonomer, freistehender architektonischer Körper wie des blockförmigen Lehmziegel-Grabbaus aus dem 6. und 5. Jh. steht. Auf solche Weise wurden nach der Mitte des 4. Jhs. Unterbauten für veritable Grabtempel entwickelt, deren Semantik klar auf die Heroisierung der in ihnen dargestellten Verstorbenen ausgerichtet war. In der Nachfolge besonders prächtiger attischer Naiskosreliefs stehend entspricht der enorm tiefe Diogeiton-Naiskos in Rhamnous mit seinen freiplastischen ionischen Säulen eindeutig jenem des ›Grabtempels‹ von Kallithea. Allerdings erscheint er nicht isoliert auf seinem Sockelbau, sondern im ländlich abgelegenen Rhamnous noch mit einem traditionellen Naiskosrelief und einer konventionellen Namenstele vergesellschaftet (Abb. 50). Auch der Naiskos des Diogeiton gibt rundplastische Skulpturen auf einem Bathron stehend wieder, was den Vorübergehenden wohl auch in diesem

Fall an die Präsentation zeitgenössischer Ehrenstatuen und Figurengruppen erinnern sollte[453]. So können Kallithea-Monument und Diogeiton-Naiskos als zwei verwandte, experimentelle Entwicklungsstufen auf dem Weg zum freistehenden Podiumsgrabbau verstanden werden, denn sie kombinieren in eklektischer Manier die Elemente von Grabbezirk und Grabbau.

Gerade die vielen, z. T. sehr wohlhabenden Metöken Athens bedienten sich offenbar *ad libitum* aus dem reichen typologischen und ikonographischen Repertoire der klassischen Grabkunst wie aus einem Setzkasten und ließen dabei verständlicherweise auch Vorbilder aus ihren Herkunftsregionen einfließen[454]. Entsprechendes gilt bezeichnenderweise für die Ausstattung ihrer Heiligtümer im klassischen Athen[455].

Die Monumentalisierung des Unterbaus/Podiums spätklassischer attischer Grabarchitekturen ist typologisch also weniger (oder allenfalls indirekt) durch Abhängigkeiten von kleinasiatischen oder achämenidischen Vorbildern[456] begründet als vielmehr zwanglos und stringent aus der attischen Tradition zu erklären. Inhaltlich wird sie durch den in der Alexanderzeit stark forcierten Gedanken motiviert sein, den Toten herauszuheben, zu entrücken oder ihn zu heroisieren[457]. Die im Falle des Kallithea-Grabmals (Abb. 43–44) und des Diogeiton-Naiskos (Abb. 50. 51, 1) zumindest angedeutete Verbindung von Grab und Tempel ist jedenfalls der Ausdruck einer gewandelten religiösen Mentalität, denn im frühen Hellenismus wird die alte Trennungslinie zwischen den Göttern und den Heroen, d. h. Verstorbenen, immer mehr verwischt[458]. Diese Tendenz lässt sich an der Peripherie Attikas schon kurz nach der Mitte des 5. Jhs. nachweisen[459], kommt jedoch erst in der Alexanderzeit wieder voll zum Tragen.

Der historisch-gesellschaftliche Hintergrund des spätklassischen Gräberluxus in Athen und Attika

Die soeben betrachteten Denkmäler bzw. deren Fragmente sowie die an anderer Stelle ausführlich diskutierte literarische Überlieferung[460] beleuchten einige charakteristische Aspekte der sozialen und wirtschaftlichen Verhältnisse im Athen des späten 4. Jhs. Es ist wohl kein Zufall der Überlieferung, dass unter den Bauherren besonders aufwendiger Grabarchitekturen mehrfach die im Handel mit und in Athen zu Reichtum gekommenen Fremden nachweisbar sind. Vielen Metöken und *xenoi* waren aus ihrer Heimat bedeutend monumentalere und ikonographisch anspruchsvollere Formen der Grabrepräsentation als die in Athen üblichen bekannt[461]. Hinzu kam sicher ein an der Selbstdarstellung athenischer Vollbürger orientierter Nachahmungseffekt, der sich durch die Übernahme ikonographischer Schemata des Bürgerbildes durch Fremde ja zweifelsfrei nachweisen lässt[462]. Aus dieser Imitation scheint sich dann im Falle der finanzkräftigen Fremden sehr bald das Bestreben zur Übertrumpfung der bürgerlichen Vorbilder entwickelt zu haben.

Daher liegt der Schluss nicht fern, dass vor allem solch aufwendige Konstruktionen wie der Grabbau, den Harpalos für Pythionike bei Athen errichten ließ, das Grabluxusverbot des Demetrios von Phaleron provozierten[463], indem sie eine von der Bevölkerung akzeptierte Begründung für eine solche Maßnahme lieferten. Die häufiger erhaltenen, auch nicht gerade kleinen Grabnaiskoi wie die eines Aristonautes[464], Alexos[465], Hierokles[466] oder Diogeiton werden als auslösende Faktoren für das Luxusverbot vor diesem Hintergrund nur eine untergeordnete Rolle gespielt haben. Ihre Bedeutung für das Verbot ist von der älteren Forschung stark überschätzt worden.

Die literarisch überlieferten monumentalen Grabmäler spiegeln zudem deutlich die Selbsteinschätzung und den Repräsentationsanspruch ihrer Erbauer wider. Adolf Heinrich Borbein[467] hat mit Recht betont, wie das Hervortreten einzelner Bürger gegenüber der Polisgemeinschaft in solchen Denkmälern eine letzte Steigerung erfährt. In ebendieser Weise wurden die unverhüllten Privatdeifikationen der Zeit nach Alexanders Tod (323) vorbereitet. Auch das Phänomen der bürgerlichen Ehrenstatue, deren Zahl sich vom frühen Hellenismus an explosionsartig vergrößert, ist in diesem Zusammenhang zu sehen[468]. Ganz besonders sinnfällig wird der Trend zur Privatapotheose im exzeptionellen Vorgehen des Harpalos. Die Überhöhung des Verstorbenen war »als eine Vorstellung der Oberschicht zugleich Bestandteil des allgemeinen Denkens der Zeit«[469].

Von einer tatsächlichen Heroisierung oder gar Vergöttlichung lässt sich jedoch vor 323 nur in ganz wenigen Fällen sprechen[470]. Als offenbar eindeutiger Fall kennzeichnet die Errichtung des Pythionike-Grabmals durch Harpalos die von Demetrios von Phaleron 317/316 angetroffene Situation. Deutlich greifbar wird der Versuch der Erbauer solcher ›Grabtempel‹, dem Betrachter den Anspruch des Toten auf einen heroischen oder gar göttlichen Rang auf eine sehr suggestive, auf zahlreiche Assoziationen abzielende Weise zu vermitteln.

Das Grabluxusgesetz des Demetrios von Phaleron (317/316)

Die Gesetzgebung des verhassten makedonischen Statthalters in Athen markiert eine tiefe Zäsur in der Entwicklungsgeschichte der attischen Sepulkralkultur. Die monumentalen Grabbezirke und die eindrucksvolle Serie der attischen Grabreliefs aus Hoch- und Spätklassik fanden – abgesehen von einigen Nachläufern und vereinzelten hellenistischen Stelen des 2. und 1. Jhs.[471] – ihr definitives Ende bzw. lebten erst in der Kaiserzeit[472] wieder auf. Der attische Grabbau überstand jedoch in verwandelten Formen auch diesen scharfen Einschnitt und existierte bis in spätrömische Zeit fort[473].

Demetrios von Phaleron reagierte auf die hier anhand der literarisch und archäologisch überlieferten Denkmäler skizzierte Situation mit mindestens zwei durch Cicero (de leg. 2, 27, 66) überlieferten Bestimmungen[474]. Neben die keinesfalls neue, sondern sogar auf die solonische Gesetzgebung zurückgreifende Anordnung, Bestattungen nur vor Tagesanbruch durchzuführen[475], trat eine präzise formulierte Festlegung der Formen und Maße für die nunmehr zu verwendenden Grabmäler[476]. Drei bescheidene Monumenttypen, die sich in ihrem Kleinformat vielleicht an die nach dem kleisthenischen Grabluxusverbot noch geduldeten Namensteine[477] u. ä. anlehnten, wurden dekretiert (Abb. 52, 1). Erlaubt waren nur noch eine Säule von höchstens drei Ellen (*columella tribus cubitis ne altior*), ein Marmortisch (*mensa*) oder ein kleines Opferbecken (*labellum*), dessen Identität nach wie vor unklar ist. Vor allem tausende Exemplare der *columellae*[478] belegen, wie nachdrücklich die Gesetzgebung des Demetrios in die Praxis umgesetzt wurde[479] (Frontispiz; Abb. 52, 2). Verstöße gegen die neuen Bestimmungen, die es – im Hinblick auf die stilistisch durchaus mögliche Datierung einzelner Grabdenkmäler aus verschiedenen Gattungen in die Zeit bald nach 317 – gegeben haben muss[480], wurden wahrscheinlich mit einem Bußgeld geahndet[481]. Der enge Anschluss an die Grabluxusverbote Solons und des Kleisthenes[482] unterstrich die Verankerung der Maßnahmen in der ›alten‹ Demokratie, und dies mag zu ihrer weiteren Einhaltung auch nach dem Sturz des Demetrios beigetragen haben[483]. »Nachdem der Schaden für die Handwerker einmal eingetreten war und damit ein Hauptmotiv gegen das Gesetz zumindest an Druck eingebüßt hatte, hat sie [scil. die nach 307 in Athen erneut etablierte Demokratie[484]] es übernommen, und es ist bekanntlich noch Jahrhunderte in Geltung geblieben«[485].

ABB. 52, 1. Athen. Idealtypische Darstellung der von Demetrios von Phaleron (317/316) dekretierten Grabmälertypen.

ABB. 52, 2. Athen, Kerameikos. Attische *columellae* bzw. *kioniskoi* aus Hellenismus und Kaiserzeit, seit 1957 auf der Südterrasse im Kerameikos gesammelt.

Gerade durch den Umstand, dass etliche reiche Metöken durch die neuen Maßnahmen besonders betroffen waren, konnte sich Demetrios wahrscheinlich der Zustimmung der weniger wohlhabenden Mehrheit der Bevölkerung sicher sein. »Das Luxusgesetz diente ihm dazu, mächtige Familien an öffentlicher Selbstdarstellung und damit verbundener politischer Einflußnahme zu hindern. Dies lag auch im Interesse der seinem Sturz 307 folgenden Demokratie«[486].

Für unser Thema relevant sind neben der Frage nach der eigentlichen Motivation auch das Problem einer genaueren Datierung der Gesetzgebung des Demetrios mit ihren Maßnahmen gegen übertriebenen Luxus im Leben der Frauen, bei religiösen Feierlichkeiten und im Grabkult. Dass diese legislativen Maßnahmen an den Anfang der Herrschaft des Demetrios gehören, ist nicht nur mit höchster Wahrscheinlichkeit anzunehmen, sondern wird durch das feste Datum für eine der überlieferten Veränderungen gesichert[487]: Die von Demetrios eingesetzten bzw. mit neuen weiterreichenden Kompetenzen versehenen »Nomophylakes«[488] gehören vorwiegend in das Amtsjahr 317/316, als Demetrios Anfang 317 nach Nikanors Seesieg über Kleitos an die Macht kam[489]. Da die Gesetzeswächter wahrscheinlich gleichzeitig mit den neuen zu überwachenden Bestimmungen in ihr Amt eingeführt worden sind, kann das Grabluxusverbot mit einiger Zuversicht in das Jahr 317/316 oder sehr kurz danach datiert werden.

Was die besondere historische Motivation des Grabluxusverbotes angeht, so wurde auf die Monumentalisierungstendenzen in der Entwicklung der Grabbauten, Grabbezirke und Naiskoi sowie die auf diese Weise zum Ausdruck kommende ›Heroisierung‹ der Verstorbenen als einer augenfälligen Auswuchserscheinung bereits hingewiesen. Hans-Joachim Gehrke hat es 1978 unternommen, die Maßnahmen des Demetrios gegen übertriebenen Luxus im Leben der Frauen, bei religiösen Feierlichkeiten und im Bestattungswesen als demokratische Konzessionen im Gesamtzusammenhang einer makedonisch kontrollierten Politik des Demetrios zu interpretieren, für die dessen philosophische, durch den Peripatos geprägte Überzeugungen – anders als bis dahin meist angenommen[490] – nicht primär ausschlaggebend waren[491]. Gehrke betont, dass die autokratische Herrschaftsform des Demetrios von Phaleron den Vorstellungen und Erwartungen der ärmeren Schichten und damit der Mehrzahl der makedonenfeindlichen Anhängerschaft der ›klassischen‹ Demokratie wohl kaum entsprach und so Konflikte mit den Nutznießern der Herrschaft des Demetrios, vor allem mit den begüterten Makedonenfreunden, entstehen mussten. Eine deutlich gegen die Reichen gerichtete Maßnahme, wie das Verbot des ja mit hohen finanziellen Aufwendungen verbundenen Gräberluxus, musste daher geeignet sein, Demetrios zumindest in diesem Punkt populär zu machen. Denn »[...] dass sich die Reichen durch die besonders aufwendigen Bestattungen auch postum noch als die Überlegenen zeigten und sich den Göttern gegenüber gleichsam einen Vorsprung verschafften, war den Ärmeren seit jeher ein Dorn im Auge«[492]. Nikolaus Himmelmann meinte dagegen: »Man kann nur schwer eine Maßnahme für demokratisch halten, die von einem Tage auf den anderen eine große Gruppe von Handwerkern brotlos machte«[493]. Dass dies tatsächlich geschah, zeigt das fast völlige Verschwinden auch der Weih- und Urkundenreliefs seit dem Ende des 4. Jhs.[494].

Neben den politischen werden für Demetrios jedoch auch – in der Tradition Lykurgs – volkswirtschaftliche Gründe[495] eine gewichtige Rolle gespielt haben, denn das für den Gräberluxus aufgewandte Geld wird zwangsläufig für öffentliche Aufgaben, die zum guten Teil immer noch von den Reichen zu übernehmen waren[496], gefehlt haben. Auch sprechen die inschriftlich belegten Überschüsse in der Staatskasse für eine auf Sparsamkeit bedachte Ausgabenpolitik des Demetrios von Phaleron[497]. Dessen Sepulkralgesetzgebung hatte sicher die Folge, dass private Geldmittel, die zuvor in den Gräberluxus geflossen waren, nun für andere Zwecke verwendet werden konnten. In diesem Zusammenhang ist zutreffend festgestellt worden, dass gerade am Ende des 4. Jhs. die choregischen Weihgeschenke[498] bzw. ihre Träger immer aufwendiger architektonisiert wurden und geradezu experimentelle Formen entstanden. Ein wesentlicher Grund für diese Entwicklung scheint gewesen zu sein, dass die Choregie und bald darauf die sie ersetzende Agonothesie[499] eine geradezu ideale öffentliche Bühne schuf, auf der sich bürgerlicher Repräsentationswille nunmehr im Dienste der Polis in reich ausgestalteten Monumenten vor der Öffentlichkeit entfalten konnte. Mit prominent platzierten Weihgeschenken siegreicher Choregen, die von Einzelpersonen – insbesondere von Politikern mit großen finanziellen Resourcen – weiterhin aufgestellt werden durften, entstand ein zusätzlicher Anreiz auch für weniger Wohlhabende. Bei der Übernahme solcher Leiturgien scheinen sich jedoch nicht Wenige alsbald übernommen zu haben, so dass in der Folge die Doppel-Agonothesie entstand. Zumindest bis in das frühe dritte Jahrhundert konnte man sich auf diese Weise vor seinen Mitbürgern auszeichnen.

Zusammenfassend ist festzuhalten, dass solch aufwendige und repräsentative Grabdenkmäler wie das Kallithea-Monument (Abb. 43–44) und die noch weitaus pompöseren *polytalanta mnemeia*[500] der literarischen Überlieferung das Grabluxusverbot des Demetrios von Phaleron recht eigentlich provoziert haben werden. Dabei war die Entwicklung in Richtung auf einen übersteigerten Gräberluxus offenbar keineswegs auf die Polis Athen selbst beschränkt. Davon kann die nach Hans Lohmann größte jemals in Attika festgestellte

Grabterrasse im Charaka-Tal, die er als Nr. 14 bezeichnet hat[501], eine lebendige Vorstellung geben: Die 23 m lange Front dieses Grabbezirks war ganz aus Marmor errichtet und gewiss eine höchst kostspielige Angelegenheit, die an das *mnema* erinnert, das ein gewisser Diogeiton um 409 für Diotos zum Preis von 5000 oder 2500 Drachmen errichten ließ. Selbst die niedrigere Summe entspräche noch dem Preis eines komfortablen bis luxuriösen athenischen Eigenheims[502]. Die aufwendige Grablege im Charaka-Tal barg nach dem Grabungsbefund[503] anscheinend nur einen einzelnen schlichten Steinsarkophag[504], wie er im klassischen Attika häufiger anzutreffen ist[505]. Es handelt sich nach den Beigaben um eine Bestattung aus dem letzten Viertel des 4. Jhs.

Sowohl die literarische Überlieferung zu den *polytalanta mnemeia*[506] als auch die hier diskutierten Denkmäler zeigen also, dass die gesellschaftliche Entwicklung Athens im 4. Jh. zumindest in einigen Fällen die Anlage von Grabarchitekturen für Privatpersonen ermöglichte, die über Form und Format der traditionellen, wie gesehen auch schon recht stattlichen Grabbezirke und Grabbauten noch sehr weit hinausgingen[507].

In Athen und Attika war die rasch fortschreitende Architektonisierung und Monumentalisierung ›bürgerlicher‹ Grabmonumente mit dem Luxusverbot effektiv beendet. Nun wurden im frühen Hellenismus außerhalb Attikas Bautypen ausgeprägt, die – vermittelt durch zahlreiche Zwischenglieder – noch entsprechende Architekturen der späten römischen Republik und der frühen Kaiserzeit in Italien und den Provinzen nachhaltig beeinflusst haben[508].

Das Monumental-Relief mit Pferd und Reitknecht vom Larissa-Bahnhof: Teil eines frühhellenistischen Grabbaus (?) für einen heroisierten Toten aus der Zeit der Makedonen-Herrschaft in Athen (323–307)

Neben dem Kallithea-Monument (Abb. 43–44) und den wenigen, aber hochinteressanten literarischen Testimonien[509] sind es monumentale und äußerst qualitätvolle Reste ursprünglich sicher sehr viel größerer Denkmäler, die uns eine Ahnung vom hypertrophen Luxus der frühhellenistischen Grabbauten Athens vor und wohl auch noch nach dem Gesetz des Demetrios vermitteln können. Vielleicht muss damit gerechnet werden, dass sich makedonische Funktionäre oder ihre athenischen Parteigänger – wenn es um Grabdenkmäler für ihresgleichen ging – nicht an die neuen Luxusbeschränkungen hielten oder halten mussten[510]. Jedenfalls gibt das spektakuläre Relief[511] eines prächtigen Pferdes[512] mit ungemein naturalistisch gebildeter Pantherfellschabracke[513] aus der weiteren Umgebung des Athener Larissa-Bahnhofs[514], das von einem deutlich als Afrikaner charakterisierten Sklaven nur mühsam im Zaum gehalten werden kann (Abb. 53, 1–4), Anlass zu solchen Vermutungen: »Das Relief wurde im Jahre 1948 in Athen bei der Platia Kolonos an der Ecke der Straße Adrianoupoleos und Boreiouepeirou gefunden. Die beiden Platten, aus denen es ursprünglich zusammengesetzt war, bildeten die Langseiten eines Grabes, das von dem Ausgräber M. Ch. Kotzias in spätantike und frühchristliche Zeit datiert wird. Bis zu dieser Zeit und Verwendung dürften die beiden Reliefplatten über der Erde und an ihrem ursprünglichen Ort gewesen sein, der vermutlich nicht allzu weit vom Ort ihrer späteren Verwendung und Auffindung entfernt war. Der Fund wurde bei Ausschachtung für die Fundamente eines modernen Hauses gemacht. Der Marmor ist pentelisch, wie vor allem am Kopf des Pferdes und im Bruch der Schnauze deutlich wird«[515].

Das schon seit Jahrzehnten im Saal 28 des Athener Nationalmuseums ausgestellte Monument zeigt ein nach rechts bewegtes, schweres, äußerst lebendig dargestelltes Pferd[516], das unruhig sein linkes Vorderbein anhebt. Auf dem massigen Rücken des Tieres liegt ein detailliertes, großes Pantherfell, dessen Kopf mit

ABB. 53, 1. Athen, Arch. Nat. Mus. Inv. 4464. Frühhellenistisches Monumentalrelief mit Pferd und Reitknecht vom Larissa-Bahnhof (323–307): Gesamtansicht.

geschlossenen (leeren) Augen über den Bug des Pferdes herabhängt[517] (ABB. 53, 2). Ganz am rechten Rand des Reliefs befindet sich in einer tiefer gelegenen Ebene ein wohl als Schwarzafrikaner zu deutender kraushaariger Pferdeknecht[518] (ABB. 53, 4), dessen Haar und Hautpartien nicht – wie früher angenommen – mit schwarzer Farbe bemalt waren[519]: »Der Junge hat eine violettblau gefasste Haut und orangerotes Haar«[520]. Er hebt mit der rechten Hand die plastisch wiedergegebene Peitsche[521], mit der linken führt er wohl »einen Teil der Zügel«[522] an das Maul des Pferdes. Er trägt den kurzen, für viele Sklavenbilder typischen Ärmelchiton[523] und hohe, eng anliegende Stiefel[524]. Oberhalb der Kruppe des Pferdes befinden sich auf dem Reliefgrund die deutlichen Spuren eines aufgemalten makedonischen Helmes[525]. Clarissa Blume hat bei Untersuchung der polychromen Fassung des Reliefs zudem einen aufgemalten Schild, ein Goryt und (wahrscheinlich) ein Kurzschwert nachweisen können[526]. Die gesamte Vorderpartie des Pferdes und der verhältnismäßig kleine Kopf sind in

ABB. 53, 2–4. Athen, Arch. Nat. Mus. Inv. 4464. Frühhellenistisches Monumentalrelief: Details des Pferdes und des Reitknechtes sowie Schrägansicht von rechts.

extremem Hochrelief gearbeitet (ABB. 53, 2–4). Die Reste der antiken Farbfassung hat zunächst Walter Herwig Schuchhardt[527] ausführlich beschrieben und Blume[528] unlängst für die Polychromie hellenistischer Plastik eingehend ausgewertet, wobei wichtige neue Beobachtungen gemacht werden konnten.

Schuchhardts Datierung des Denkmals in das spätere 2. Jh.[529] hat mit Recht eine kritische Resonanz gefunden. J. Bergemann[530] konnte in einer Analyse der Chronologie antiker Pferdeplastiken seit dem 5. Jh. zeigen, dass dieses vielleicht eindrucksvollste Pferdebild der griechischen Marmorskulptur typologisch und stilistisch auf der Stufe des Alexandersarkophages[531] steht und damit sicher frühhellenistisch zu datieren ist. Bereits Semni Karusu erschien das Relief »als ein Werk der Übergangszeit zum Hellenismus, das aber noch mit der Tradition der letzten attischen Grabstelen verbunden ist«[532]. Die von Karusu angenommene Verwendung als Verkleidung einer großformatigen Statuenbasis schloss Alfred Mallwitz nach seiner Interpretation der technischen Indizien aus.

Den technischen Befund der beiden Reliefplatten hat Mallwitz in seinem Anhang IV zur Publikation Schuchhardts[533] untersucht, um die Frage nach der ursprünglichen Form des Monumentes zu klären. Ob mit dem Relief ein vollständiges oder ein aus mehreren Teilen bestehendes Denkmal vorliegt, können die von Mallwitz sorgfältig beschriebenen technischen Eigenheiten jedoch nicht definitiv beantworten, denn: »Nur eins geht mit hinreichender Sicherheit hervor: Die Verbleiung ihrer Unterseiten schließt aus, daß die Platten als Verkleidung eines großen Sockels gedient haben. In solchem Fall wären sie als architektonische Elemente mit den Unterseiten verdübelt, auf der Oberseite mit dem dahinter gelegenen Mauerwerk verklammert gewesen. Damit entfällt die von Thema und Komposition her naheliegende Lösung, die Platten könnten die rechte Seite eines größeren Monumentes geschmückt haben, dessen Front, mit der verlorenen Darstellung des Toten als dem Hauptthema des Frieses, rechtwinklig an die Platte B anschloß. Dagegen scheint außerdem das flüchtig angelegte Kraushaar und der ebenso summarisch gearbeitete Rücken des Negerjungen wie auch die Vorderseite des linken Pferdebeines zu sprechen, die insgesamt nicht durch eine Figur der anstoßenden Platte hätten verdeckt werden können«[534]. Damit bleiben immer noch vier Möglichkeiten für die Rekonstruktion: Entweder setzte sich das Relief nur nach links oder nur nach rechts oder zu beiden Seiten oder zu keiner Seite fort. Mallwitz neigte – vor allem aus kompositionellen Überlegungen – zur letzteren Möglichkeit und setzte das Relief versuchsweise in einen monumentalen Naiskosrahmen. Mit Schuchhardt hielt er die m. E. abwegige Deutung als Grabmal eines Pferdes für durchaus denkbar[535].

Gegen eine Interpretation als in sich vollständige Darstellung und Pferdegrabmal lassen sich eine ganze Reihe vor allem ikonographischer Argumente anführen: Es gibt zwar steinerne Grabmäler für Tiere im antiken Athen[536], aber keine, die im künstlerischen und materiellen Aufwand auch nur annähernd vergleichbar wären. Allenfalls einige attische Stierbilder der Spätklassik aus sepulkralem Kontext zeigen eine ähnliche bildhauerische Qualität[537]. Zudem steht die ungemein veristische, ja geradezu packende Charakterisierung eines Pferdesklaven (Abb. 53, 1–4) ikonographisch eindeutig in der Tradition von Assistenzfiguren auf den nur wenig älteren Antenreliefs[538] großer attischer Grabnaiskoi – unter denen sich[539] ebenfalls ein pferdeführender afrikanischer Diener[540] findet. Das Bildschema wird also kaum für sich allein gestanden haben. Da das künstlerisch ungemein ambitionierte Monument zudem wohl weder dem Sklaven noch dem Pferd gegolten haben kann, müssen wir von einem ursprünglich größeren Darstellungszusammenhang ausgehen. Für eine solche Annahme spricht natürlich zuallererst die Pantherfellschabracke[541] (Abb. 53, 1–2. 4), die das feurige Ross eindeutig als Reittier einer besonders hochgestellten Person[542] ausweist, der das Monument gewidmet gewesen sein wird und die sicher auch wiedergegeben war. Dass es sich dabei um ein Grabdenkmal für einen heroisierten Verstorbenen[543], einen Makedonen zumal, gehandelt haben muss, belegt der im plakativen Großformat gemalte makedonische Helm[544] über der Kruppe des Pferdes (Abb. 53, 1. 4), denn einzelne Helme tauchen plastisch oder in Malerei schon seit frühklassischer Zeit regelmäßig vor der Hintergrundfläche klassischer und hellenistischer, ja sogar kaiserzeitlicher Heroenreliefs auf[545]. Entsprechendes gilt für den gemalten, jetzt von Blume rechts neben dem Helm nachgewiesenen Rundschild[546]. Die Darstellung von Helm und Schild ist in diesem Zusammenhang keineswegs verwunderlich, denn besonders kriegerische Heroen tragen auf Weihreliefs gelegentlich einen Helm, so etwa der attische Nationalheld Theseus auf dem bekannten attischen Weihrelief des Sosippos im Louvre[547], und emblematisch aufgefasste Schilde erscheinen immer wieder auf Heroenreliefs. In diesem Sinne ist dann sicher auch das Pferd als ein am Ende des

4. Jhs. längst vollkommen geläufiges Heroenattribut[548] zu verstehen. Dazu fügt sich auch, dass die Pferde von Heroen auf Weih- wie auch Grabreliefs für heroisierte Tote regelmäßig von Dienern oder Sklaven geführt werden[549]. Hält man diese ikonographischen Argumente[550] für stichhaltig, wird man annehmen, dass sich die Darstellung nach links – was auch der so unschön ›abgeschnittene‹ Schweif[551] des Pferdes (ABB. 53, 1) wahrscheinlich macht – und vielleicht auch nach rechts mit einer weiteren Szene ähnlicher Größe fortgesetzt hat. In jedem Fall muss der heroisierte Verstorbene, dem das prächtige Denkmal galt, dargestellt gewesen sein. Wie man sich die gesamte Szenerie ungefähr vorzustellen hat, vermögen einige Pferdeführerszenen auf klassischen Votivreliefs[552] für Reiterheroen oder auch auf einem unmittelbar zeitgenössischen attischen Urkundenrelief[553] von 318/317 anzudeuten.

Abschließend stellt sich natürlich die Frage nach der architektonischen Gestalt des ursprünglichen Monuments. Ein schon mehrfach erwogener Grabnaiskos[554] wird es wegen des nach dem oben Gesagten sicher anzunehmenden friesartigen Querformats der Darstellung von 5–6 m Breite kaum gewesen sein. Zumindest sind solche großformatigen Naiskoi bislang ebenso wenig bekannt geworden wie vergleichbare Reliefdarstellungen im Hintergrund einer rundplastischen Statue des Verstorbenen vor einem solchen Bild, wie sie für deutlich kleinere Naiskoi der Zeit dokumentiert sind[555]. Viel eher in Betracht kommt m. E. die Anbringung an der Langseite eines großen blockartigen Grabbaus, denn dass es auch im hellenistischen Athen noch Grabbauten des alten quaderförmigen Typs gab, beweist das gut erhaltene und etwa 5 m breite Monument des Philon aus Phaleron am Südrand der Heiligen Straße im Kerameikos (ABB. 63), das im späten 3. Jh. errichtet wurde und weiter unten noch zu betrachten sein wird.

Die spätklassisch-frühhellenistischen *mensae* des Cicero: Der Grabbau als steinernes Grabmal

Auch wenn es mit sehr hoher Wahrscheinlichkeit in Relief- und Rundplastik noch Nachläufer klassischer Grabskulptur – wie das soeben betrachtete Pferderelief vom Larissa-Bahnhof – in Athen und Attika gegeben hat, ändert das nichts an der Tatsache, dass das Gesetz des Demetrios bald einen tiefen Einschnitt und Traditionsbruch herbeiführte, nachdem in den attischen Nekropolen fast nichts mehr so war wie zuvor. Dieser Hiatus wirft die selten gestellte, zuletzt von S. Houby-Nielsen und N. Himmelmann formulierte Frage nach der nur schwer erklärlichen Radikalität des Luxusverbotes auf. »Maßvolle Beschränkungen, unter denen z. B. Stelen mit unterlebensgroßen Figuren möglich geblieben wären, hätten für den Zweck ausgereicht«[556]. Auf der Suche nach einer Antwort muss zunächst ein Blick zurück in das 4. Jh. geworfen werden, denn Demetrios agierte ja unter den Bedingungen der frühhellenistischen Zeit, und diese konditionierten seine Maßnahmen. So zeigt sich bei näherer Betrachtung, dass es im Kerameikos spätestens seit etwa 350 eine spürbare Gegenströmung zur immer größeren Prachtentfaltung in vielen Grabbezirken gegeben hat. Deutlich lässt die archäologische Überlieferung eine Rückbesinnung auf traditionelle Grabriten und bescheidenere, aber für den Totenkult besonders relevante Grabmonumente erkennen, die formal neu interpretiert wurden. Auch ein erstaunlicher, stark retrospektiv geprägter Wandel der Grab- und Bestattungssitten mit dem Wiederauftauchen von Opferplätzen[557] und Opferrinnen[558] sowie der erneuten Verwendung von Aschenurnen[559] und der Errichtung kleiner Grabhügel mit bekrönenden *columellae* in der Spätklassik (ABB. 55) ist von S. Houby-Nielsen in einem wichtigen Beitrag treffend als »Revival of Archaic Funerary Practices in the Hellenistic and Roman Kerameikos«[560] bezeichnet worden. Diese rückwärtsgewandte Veränderung wird im Blick auf die Grabbauten durch das Aufkommen der sog. Marmor-Grabtische seit der Mitte des 4. Jhs. veranschaulicht.

ABB. 54. Athen, Kerameikos. Archaischer Grabhügel, sog. Rundbau am Eridanos, mit monumentaler Umfassungsmauer des 4. Jhs.: Gesamtansicht.

ABB. 55. Athen, Kerameikos. Grabbezirk XII. Frühhellenistischer, stuckierter Grabhügel mit *columella* der Dorkas aus Sikyon (frühes 3. Jh.).

Nicht nur in den spätklassisch-frühhellenistischen *trapezai* lebt der freistehende blockförmige Grabbau fort, sondern ebenso in den hellenistischen und kaiserzeitlichen Grabarchitekturen aus Bruchstein und Lehmziegeln in Quader- und Rundform, die bis in spätrömische Zeit nachzuweisen sind. Hinzu treten weitere retrospektive Phänomene im Kerameikos wie etwa die Neuinszenierung eines großen archaischen Tumulus – des sog. Rundbaus am Eridanos –, der im 4. Jh. durch eine monumentale halbkreisförmige Stützmauer als altehrwürdiges Denkmal besonders hervorgehoben wurde[561] (Abb. 54), oder die Errichtung zweier runder Grabbauten des 4. Jhs. an der südlichen Gräberstraße von Rhamnous[562], von denen der kleinere nachweislich über einer Einzelbestattung angelegt wurde[563]. Diese monumentalen Rundbauten finden ihre Entsprechung in den kleinen durch Putzauftrag stabilisierten Grabhügeln mit *columellae*[564] (Abb. 55) im spätklassischen und hellenistischen Kerameikos sowie auf dem attischen Land[565]. Demetrios und seine Berater haben diese geradezu archaisierenden Tendenzen[566] aufgenommen und in ihrer seltsam radikalen Gesetzgebung verarbeitet, als es darum ging, die fürderhin erlaubten Formen von Grabmälern zu definieren und zu dekretieren. »An Stelle der Grabstelen setzt Demetrios die Säulen, auf die der Name des Toten geschrieben werden sollte, die aber zur bildnerischen Ausschmückung kaum verleiten konnten. Mit rücksichtsloser Konsequenz hat der Philosoph damit die attische Grabkunst unterbunden und die Stele gleichsam zu ihrer anfänglichsten und eigensten Funktion zurückgeführt, das Andenken des Toten der Nachwelt zu erhalten. Bezeichnend scheint mir aber auch die Wahl der anderen beiden Formen, des Beckens und des Tisches. Oder sollte es ein Zufall sein, daß der gelehrte Staatsmann, der Antiquar, gerade zwei Formen herausgreift, deren Ursprung in dem Glauben und Kultus der ältesten Zeit liegt?«[567].

mensae / *trapezai* / Grabtische

Für die Entwicklungsgeschichte des attischen Grabbaus seit der Mitte des 4. Jhs. sind zunächst die eben genannten spätklassischen, zwischen 360 und etwa 320 mit knapp vierzig Exemplaren im Kerameikos nachgewiesenen, quaderförmigen Marmorblöcke von besonderem Interesse (Frontispiz; Abb. 52, 1; 56–59, 2; 60–61). Sie weisen fast ausnahmslos die Namensinschrift eines einzelnen Verstorbenen auf und werden in der archäologischen Literatur nach Cicero, de leg. 2, 66 lateinisch als *mensae*, graezisiert als *trapezai* und verdeutscht als Grabtische[568] bezeichnet. Die von Cicero verwendete Bezeichnung wurde in der Forschung in der Regel übernommen, aber stets nur auf die vergleichsweise wenigen Marmorblöcke bezogen, die vor allem im Kerameikos erhalten sind[569]. Hier soll hingegen plausibel gemacht werden, dass der Begriff wohl auch auf die ursprünglich zahlreichen hellenistischen und kaiserzeitlichen Grabbauten aus Lehmziegeln und Bruchstein in Quaderform zu beziehen sein dürfte.

Bei den attischen Marmor-*trapezai* sind verschiedene Varianten zu unterscheiden: 1. Der schmucklose Block mit Namensinschrift (Abb. 57, 1–2), 2. Blöcke mit umlaufender Profilierung am Sockel und am oberen Rand (Abb. 56, 1–2; 58. 59, 1–2) und 3. Blöcke mit Satteldach, angedeuteten Giebeln und Akroteren (Abb. 60–61). Regelmäßig tragen diese *trapezai* Marmorloutrophoren (Abb. 59, 1–2) bzw. Marmorlekythen[570] – als monumentalisierte Umsetzung keramischer Prototypen[571] – sowie in wenigen Fällen kleine Grabstelen[572]. In diesen unterschiedlichen Formen der *mensae* bzw. *trapezai* leben der monumentale archaische Grabbau aus mit Stuck gefestigter Erde, Lehmziegeln oder Bruchsteinen, aber auch die kleinformatigeren Lehmziegelquader des 5. Jhs. als steinerne Grabmonumente über (meist) einer Einzelbestattung fort[573]. Dies erkannte – oder besser ahnte – zuerst Richard Delbrück[574] bereits im Jahre

ABB. 56, 1. Athen, Kerameikos. Grabbezirk XV südlich der sog. Eckterrasse (Grabbezirk I) mit der spätklassischen *trapeza* des Iatrokles und der Philinna (360/340).

ABB. 56, 2. wie Abb. 56, 1: nördliche Langseite der spätklassischen *trapeza* des Iatrokles und der Philinna (360/340) mit den Namensinschriften.

1900, als er folgerte: »[…] so scheint auch die Form der *mensae* hergenommen zu sein von Bauten der hier besprochenen Art [scil. Grabbauten aus Lehmziegeln oder Bruchsteinen], die sich für die Marmorkünstler zu schönen Basen umformten, mit Standfläche, Profilen und schützender Platte ausgestattet. Denn Altäre sind die *mensae* nicht; von denen haben sie weder die äussere Ausstattung mit Voluten, noch besonders die Proportionen«[575]. Kübler griff den Gedanken Delbrücks auf: »Er [scil. der Grabtisch] wurde in dem blockförmigen Steinmal auf niedrigem Fundamentsockel wiedererkannt, das seit der Spätzeit des 4. Jhs. v. Chr. in der attischen Nekropole häufig begegnet, und man sieht in diesem mit Recht den Vertreter der dritten Erscheinungsform des attischen Grabmals, des Erdmales, dessen Nachwirkung neben dem Grabsäulchen und dem Spendegefäß noch erwartet werden muß«[576]. Schon Alexander Conze hatte diese Interpretation im 1922 postum erschienenen, vierten und letzten Band seines großen Corpuswerkes »Die attischen Grabreliefs« zustimmend zitiert[577], und noch 1992 kommt Rudolf H. W. Stichel zu dem Schluss: »Das in der Forschung bisher als ›Trapeza‹ bezeichnete kastenförmige Grabmonument kann als steingewordener, kleiner Grabbau verstanden werden […]«[578]. Die tatsächliche Richtigkeit dieser Deutung beweist eine schon 1979 gemachte, aber bislang kaum gewürdigte Neuentdeckung im Kerameikos, nämlich die Auffindung des sog. Philoumene-Blocks[579] im Grabbezirk XIII auf der Eckterrasse (Abb. 57, 1–2). Bevor auf dieses für unseren Zusammenhang wichtige Denkmal näher eingegangen werden kann, muss noch erwähnt werden, dass Jochen R. A. Twele bereits 1975 nachweisen konnte, dass von den 41 *trapezai* aus dem Kerameikos allenfalls drei Exemplare in die Zeit nach dem Luxusverbot des Demetrios datiert werden können[580]. Hingegen schätzt Twele die bei Cicero genannten und zweifelsfrei als solche zu identifizierenden *columellae* auf etwa 4.000 (!) hellenistische und kaiserzeitliche Vertreter in Athen und Attika[581]. Ihre Verwendung lässt sich bist in das 6. Jh. n. Chr. belegen[582]. Während Stichel unter einigermaßen gewaltsamer Umdeutung der Monumentbezeichnungen die Aussage des Cicero in ihr Gegenteil verkehren möchte und übersetzt: »Er [scil. Demetrios von Phaleron] wollte nämlich nicht, daß etwas über der Erdaufschüttung aufgestellt werde, sei es eine Stele – außer wenn sie nicht höher als 3 Ellen war oder eine Relief- (oder Bild-)platte oder ein Steingefäß«[583], schlägt Twele eine Übersetzung vor, die der archäologischen Überlieferung entspricht – aber einem klassischen Zirkelschluss gefährlich nahekommt: »Nothing should be built above the mound of earth except a small column no more than three cubits in height, either (supported by) a *mensa* or (re-using) a *labellum*«[584]. Wie oben bereits angedeutet, soll hier wahrscheinlich gemacht werden, dass unter den *mensae* des Cicero nicht nur die wenigen Grabtische aus Marmor zu verstehen sind, sondern vor allem deren hellenistische und kaiserzeitliche Pendants aus Lehmziegeln und Bruchstein, von denen leider die allermeisten dem klassizistisch motivierten Furor der ersten Ausgräber des Kerameikos zum Opfer gefallen sind[585]. Sollte diese Vermutung zutreffen, hätte Demetrios von Phaleron mit den *columellae* und *mensae* zwei Denkmaltypen gewählt, von deren Bekanntheit bei den und Akzeptanz durch die meisten Athener er zuversichtlich ausgehen konnte. Säulchen und Grabtisch reduzierten zwar – wie sicher von Demetrios intendiert – die Möglichkeiten zur Selbstrepräsentation in der Nekropole auf ein absolutes Minimum, als Monumente für den Totenkult waren sie jedoch mehr als nur akzeptabel. Dies wird besonders durch den bevorzugten Dekor beider Gattungen verdeutlicht. Die *columellae* zeigen nämlich häufig stilisierte Kränze bzw. Tänien, mit denen seit alters her die Grabmäler geschmückt wurden[586]. Zudem sind beide Arten von Grabmonumenten immer wieder mit Lekythen und Loutrophoren (Abb. 59, 1–3) als den im Grabkult besonders wichtigen Symbolgefäßen dekoriert[587].

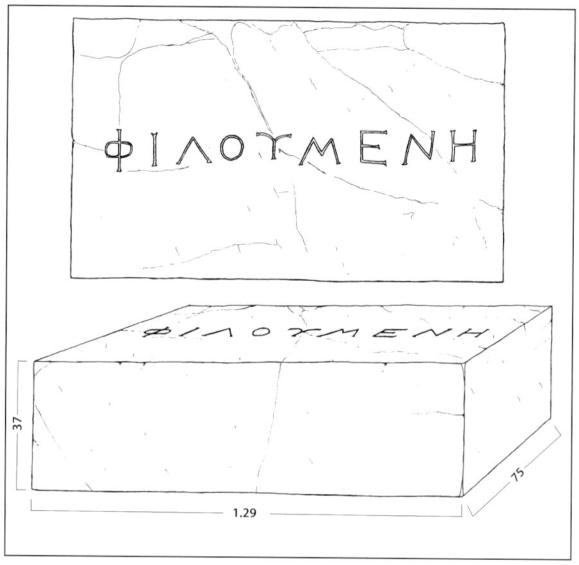

ABB. 57, 1–2. Athen, Kerameikos. Grabbezirk XIII (Messenier): Spätklassische *trapeza*, sog. Philoumene-Block (350/340). Grabungsbefund und Zeichnung.

Der Philoumene-Block im Grabbezirk der Messenier im Kerameikos (um 340)

Die einfachste Form einer spätklassischen Marmor-*trapeza* im Kerameikos repräsentiert der sog. Philoumene-Block aus dem Grabbezirk der Messenier (XIII)[588]. Das in seiner Schlichtheit eindrucksvolle Denkmal aus Kalkstein ist 1,29 m lang, 0,75 m breit und 0,37 m hoch (ABB. 57, 1–2). Es ist an allen Seiten sorgfältig geglättet und trägt auf der Oberseite die geradezu monumental aufgefasste Namensinschrift Φιλουμένη (Philoumene), die fast die gesamte Länge des Blocks einnimmt und nach den Buchstabenformen in die 340er Jahre zu datieren ist[589] (ABB. 57, 2). »Der Quader lag *in situ* auf zwei in die Grube 107 (Me 56) eingelassenen Blöcken [...] unter dem Relief mit der sitzenden Frau. Seine Lage über dem Sarkophag 107 (Me 56) und seine einst sichtbare Aufschrift dürften ihn als ein einer *trapeza* ähnliches Grabmonument für die Tote in Sarkophag 107 (Eck 56) kennzeichnen«[590].

Unmittelbar östlich des Philoumene-Blocks schließen im Bezirk der Messenier am Südweg des Kerameikos (Grabbezirk XIII) drei nebeneinanderliegende *trapezai* mit unterschiedlich fein ausgeprägten Randprofilen aus dem frühen 3. Viertel des 4. Jhs. an[591] (ABB. 58). »Die zum Südweg ausgerichtete Schmalseite trägt jeweils die Inschrift für den Verstorbenen. [...]. Eingerichtet wurde der Grabbezirk um 350 und bald darauf, vielleicht 338, bereits wieder zerstört. Etwa zwanzig Jahre später hat man den Grabbezirk wiederhergestellt«[592]. Von diesen drei Monumenten ist bei der *trapeza* des Parthenios[593], Sohn des Philoxenos, aus Messene auch die zugehörige Ornament-Loutrophoros erhalten[594] (ABB. 59, 1–2.), während die beiden anderen Grabtische des Philoxenos und des Dion nach Ausweis der erhaltenen Marmorfüße (ABB. 58) wahrscheinlich in Stein monumentalisierte Lekythen trugen. Diese quaderförmigen *trapezai* sind sorgfältig gearbeitet und nach einem einheitlichen Entwurf gestaltet[595]. *Pars pro toto* treten uns in diesen drei Denkmälern dreier Messenier – für einen Vater sowie zwei seiner Söhne – die quaderförmigen Lehmziegel-Grabbauten archaischer und

ABB. 58. Athen, Kerameikos. Grabbezirk XIII (Messenier): drei spätklassische *trapezai* von Messeniern (350/340).

klassischer Zeit in der abstrahierenden Gestalt kleinformatiger Marmorarchitekturen entgegen. Wiederum sind sie Grabmale über einer Einzelbestattung. Wie schon die kleinen stuckierten Erdmale des 7. und die großen Lehmziegelblöcke des 6. Jhs. tragen auch die spätklassischen *trapezai* häufig Grabkultgefäße, die nun aber – wie der ihnen als Basis dienende Baukörper und dessen Fundament – in Stein transponiert worden sind. »Wie auf den Erdhügeln mit und ohne Steinmale die Totenspenden dargebracht wurden und auf den Grabbauten des 7. und 6. Jahrhunderts die Nachfolger der alten Spendegefäße oder Schmuck sich aufgestellt fanden, sind auch auf den blockförmigen Grabtischen der Lekythenbilder Totengaben niedergelegt. Ganz entsprechend tragen die marmornen Grabtische, die am Ende des 4. Jhs. die Grabbauten ablösen, gelegentlich Marmorgefäße, die allerdings bis auf die Füße verloren sind«[596].

Dass es sich bei den ob ihrer Schlichtheit wenig beachteten *trapezai* tatsächlich um das Denkmal selbst und nicht – wie bisweilen angenommen – nur um die Basis[597] für ein solches handelt, ergibt sich eindeutig aus folgenden Indizien:

1. Der einleitend betrachtete Philoumene-Block im Messenier-Bezirk (ABB. 57, 1–2) aus den Jahren um 340 stellt gewissermaßen die undekorierte Urform einer Marmor-*trapeza* dar, deren monumentale Namensinschrift auf der Oberseite belegt, dass es sich hier nicht um einen Sockel, sondern um ein eigenständiges Grabmal für eine Einzelbestattung handelt. Die anderen o. g. Ausprägungen der *trapeza* sind lediglich Variationen dieser Grundform, von denen die Blöcke mit Giebeldach deren Architekturcharakter – in Anlehnung an die Formgebung zeitgenössischer Steinsarkophage – unzweifelhaft verdeutlichen (ABB. 60–61).

2. Die auf etlichen *trapezai* angebrachten rundplastischen Marmorlekythen und -loutrophoren (ABB. 59, 1–2) erklären sich aus der traditionellen Aufstellung von keramischen Grabkultgefäßen auf Grabbauten. Eigen-

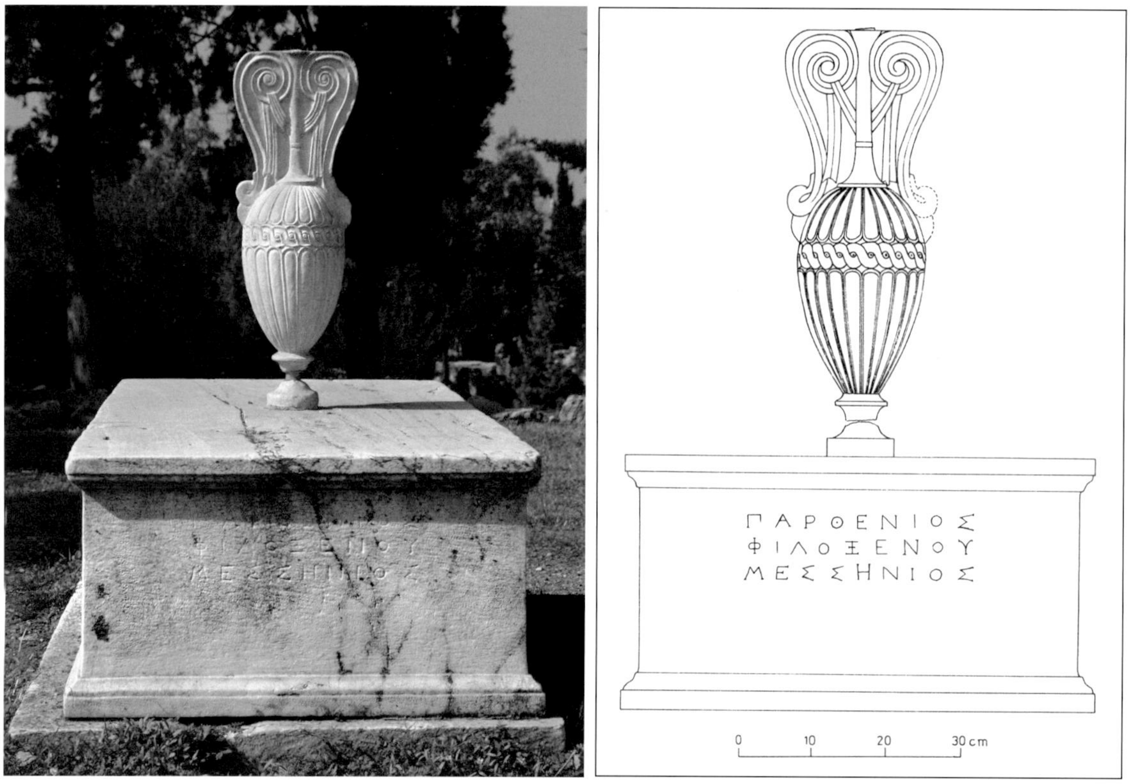

ABB. 59, 1–2. Athen, Kerameikos. Grabbezirk XIII (Messenier): spätklassische *trapeza* des Parthenios aus Messene mit Ornamentloutrophoros (350/340). Originale *trapeza* mit Abguss der Loutrophore und Zeichnung.

ständige kleinformatige Basen mit und ohne Reliefschmuck für steinerne Grabkultgefäße sind mehrfach nachgewiesen und stellen eine von den *trapezai* völlig unabhängige Form dar[598].

3. Die meisten *trapezai* tragen die Namensinschrift des unter ihr Bestatteten an der Schmal-, aber gelegentlich auch an der Langseite (s. ABB. 59, 1–2 bzw. ABB. 56, 1–2) und geben sich auch dadurch als selbständige Grabmäler zu erkennen. Wie bereits ihre archaischen Prototyen (z. B. Grabbau k; s. o. bes. ABB. 6–8) hatten auch die *trapezai* demnach Schauseiten, wandten sich also an den vorübergehenden Betrachter.

Während die meisten Grabtische – wie jene im Messenier-Bezirk (ABB. 58) oder die *trapeza* des Iatrokles und der Philinna[599] (ABB. 56, 1–2) – als schlichte Marmorquader mit einem an Unter- und Oberseite zwei- oder mehrgliedrig umlaufenden Profil ausgeführt sind[600], geben sich einige Exemplare ganz eindeutig als in Stein gehauene Architekturnachbildungen, als Darstellungen von Grabbauten also, zu erkennen. Hier ist besonders die 1910 im Kerameikos gefundene, in die südliche Ufermauer des Eridanos verbaute *trapeza* Conze Nr. 1768[601] aus pentelischem Marmor zu nennen (ABB. 60). Dieses Grabmal besitzt zwei flache Giebel mit leicht eingetieften Tympana, im Umriss angedeuteten First- und Eckakroteren sowie einem sorgfältig ausgearbeiteten Satteldach mit streifenförmiger Andeutung der Ziegeldeckung und einem schmalen Dachfirst. An

ABB. 59, 3. Athen, Kerameikos. Kioniskoi des Apollodoros, Sohn des Sotos, aus dem Demos Rhamnous (IG II/III² 7331; PAA 143180; Ende 1. Jh.) und des Noumenios, Sohn des Oinophilos (PAA 721455; kaiserzeitlich) mit einer Loutrophore im Bildfeld.

den Traufen beider Langseiten sind jeweils fünf Stirnziegel (Antefixe) plastisch angedeutet. Die vier Seitenflächen des Quaders sind geglättet und undekoriert. Ein schlichtes Doppelprofil umläuft die Standfläche.

Eine zweite Marmor-*trapeza* mit Satteldach ist das deutlich aufwendiger gestaltetet Grabmal des Pytheas, Sohn des Sosidemos, aus dem Demos Alopeke (ABB. 61), einem prominenten Athener Bürger aus dem Umfeld Lykurgs[602]. Wie bei den meisten *trapezai* ist die Namensinschrift auf einer Schmalseite des Blockes angebracht. Ein lesbisches Kyma umläuft die Standfläche, ein ionisches Profil vermittelt zwischen Oberkante und Dach. Beide genannten Monumente sind massive Blöcke und damit keine Sarkophage, sondern Grabmäler in der Form eines Grabbaus, deren tektonische Gestaltung sich an jene der zeitgenössischen griechischen Sarkophage anlehnt[603], die ihrerseits architektonische Vorbilder aufgreifen. Während die archaischen Lehmziegel-Grabbauten Athens und Attikas regelhaft Flachdächer besaßen, wiesen bereits die kleinformatigen Exemplare des 5. Jhs. nach Ausweis zahlreicher Grabbilder auf den attisch-weißgrundigen Lekythen der Klassik häufig flach geneigte Satteldächer auf (ABB. 13)[604] – wie die beiden soeben beschriebenen Marmor-*trapezai* (ABB. 60–61). Zu den block- oder würfelförmigen Lehmziegel-Grabbauten mit flachen Giebeldächern in klassischer Zeit[605] dürften steinerne Reliefs wie der oben bereits erwähnte Züricher Grabgiebel[606] (ABB. 14) gehört haben.

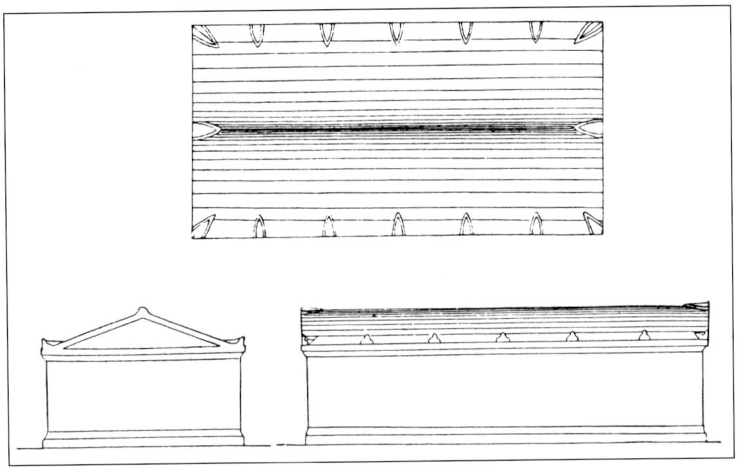

Abb. 60. Athen, Kerameikos. Spätklassische (?) *trapeza* mit Satteldach, einst verbaut in der südlichen Ufermauer des Eridanos.

Abb. 61. Athen, Kerameikos. Frühhellenistische *trapeza* des Pytheas von Alopeke mit Satteldach (330/320?).

Wie wir an den drei Beispielen aus dem Messenier-Bezirk (Abb. 58) gesehen haben, trugen die spätklassischen und hellenistischen Marmorquader nach dem Vorbild der Grabbauten archaischer und klassischer Zeit regelmäßig Grab(kult)gefäße in rundplastischer Form oder stellten solche an ihren Langseiten in kleinen Relieffeldern dar[607]. Auch kleinformatigen Grabstelen[608] konnten die Grabtische bisweilen als Basis dienen. Tatsächlich lebte das traditionelle figürliche Reliefbild im 3. und 2. Jh. noch in Gestalt einiger weniger Bildfeldstelen[609] sowie in drastisch verkleinerter Form auf einigen *trapezai* fort[610]. Insgesamt verdeutlicht dieser interessante Befund, dass die alte und primäre Idee des Grabbaus als Grabmal auch in hellenistischer Zeit noch lebendig war. Es liegt auf der Hand, dass die seit der Wende vom 7. zum 6. Jh. bekannten freistehenden Grabbauten in Quader- und Würfelform in spätklassischer bzw. frühhellenistischer Zeit als eine altehrwürdige, archaisierende Repräsentationsform betrachtet wurden, die ähnlich wie die heroisierenden Tendenzen im frühen attischen Grabrelief[611] unter dem Konformitätsdruck der klassischen Demokratie marginalisiert wurden, um dann erst in der Alexanderzeit wieder aufzutauchen[612].

Der offenkundige Rückgriff auf das Vorbild des archaischen Grabbaus als einer durch Tradition und kultische Bedeutung geadelten Denkmalform passt hervorragend zur restaurativ-retrospektiven Stimmung, die im Athen des letzten Drittels des 4. Jhs. offenbar vorherrschte (Lykurg, Demosthenes)[613]. Im Angesicht der makedonischen Dominanz schaute man wehmütig auf die vergangene Größe Athens in klassischer Zeit zurück. In diesem mentalitätsgeschichtlichen Bezugsrahmen betrachtet wird auch plausibel, warum man das Grabluxusgesetz des Demetrios von Phaleron nach dem Ende der makedonischen Besatzung Athens nicht einfach wieder außer Kraft gesetzt hat[614]: Ganz offenkundig entsprach die drastische Neuregelung des athenischen Sepulkralwesens mit den jetzt ausgewählten, altertümelnden Monumenttypen dem nostalgisch-klassizistischen Zeitgeist im frühhellenistischen Athen.

ABB. 62. Athen, Kerameikos. Frühhellenistisches kastenförmiges Grabmal mit Stucküberzug und Steinpfeiler (300–250).

Die frühhellenistische *trapeza* des Philodemos und der Leontion im Kerameikos (Anfang 3. Jh.)

Zu den wenigen frühhellenistischen Marmor-*trapezai* im Kerameikos gehört das am Südrand der Heiligen Straße *in situ* erhaltene Denkmal des Philodemos aus dem Demos Hamaxanteia und seiner Frau Leontion aus Milet[615]. Die Inschriften sind auf deren Langseite zur Straße hin angebracht, nehmen also Bezug auf die zahlreichen Passanten auf der Straße nach Eleusis. Das schlichte Grabdenkmal wurde im frühen 3. Jh. aufgestellt.

Frühhellenistische kastenförmige Stuckmale mit Steinpfeiler im Kerameikos (3. Jh.)

Den wenigen hellenistischen Marmor-Grabtischen im Kerameikos sind die in unserem Zusammenhang ganz besonders interessanten kastenförmigen Stuckmale mit Steinpfeiler (ABB. 62) im Kerameikos an die Seite zu stellen. Ein sehr gut erhaltenes Monument aus dieser Gruppe hat Carl Curtius bereits 1871 folgendermaßen beschrieben[616]: »Dicht daneben befindet sich [...] ein Grab mit Kalkbewurf (No. 49), das die Form eines jetzigen Sarges hat. Dasselbe ist von Osten nach Westen 1,59 m lang, im Westen 0,90 m breit, im Osten schmaler und 0,50 m hoch. Wahrscheinlich lag daher der Todte mit dem Kopfende nach Westen, so dass sein Antlitz nach Osten der aufgehenden Sonne zugekehrt war. Auf der Oberfläche des Grabmals, 0,34 m von dem westlichen Ende entfernt, befindet sich eine viereckige Stele, von der jedoch nur die untere Hälfte noch an Ort und Stelle steht, während die obere abseits gefunden und jetzt angefügt ist. Die Inschrift lautet: ΑΘΗΝΟΔΩΡΟΣ ΠΙΘΕΥΣ«[617]. Diese Stuckmale repräsentieren offenkundig eine wohl kostengünstige Alternative zu den *trapezai*. »Das 1,98 m lange, 64 cm breite rechteckige Stuckmonument mit dem Grabpfeiler der [M]ΑΝΙΑ aus hymettischem Marmor und ein kleiner würfelförmiger Pfeiler aus dem gleichen Stein mit Inschrift ΕΡΓΑΣΙΩΝ ΠΗΛΟΥΣΙΟΣ westlich des Grabbaus [scil. des Philon von Phaleron; ABB. 63] und auf weniger tiefem Niveau gehören zu Grabbezirken des 4. Jh. v. Chr.«[618]. Den deutlich archaisierenden Charakter dieser kastenförmigen Stuckmale erkannte bereits Kübler: »Dagegen sind wenigstens aus dem 4., vielleicht auch erst 3. Jahrhundert [scil. den Grabtischen] verwandte Spätglieder dieser bescheidenen Reihe erhalten, niedrige rechteckige, oben flache Kasten aus Erde und Bruchsteinen, mit Stuck überzogen und mit geböschten Seitenwänden in der Länge des jeweils zugehörigen, tief darunter befindlichen Einzelgrabes.

Diese Kasten haben sogar die älteste Art der Verbindung des rechteckigen niederen Erdmales mit dem Steinmal bewahrt. An der einen ihrer Schmalseiten steht oben auf der Deckfläche ein kleiner Steinpfeiler, der Nachfahre der groben Steinblöcke an oder auf dem flachen Erdaufwurf über den Gräbern des 9. und 8. Jahrhunderts«[619].

Der hellenistische Grabbau des Philon aus dem Demos Phaleron im Kerameikos

Neben den Marmor-*trapezai* (ABB. 52, 1–2; 56–61) und den kastenförmigen Stuckmalen (ABB. 62) hat es im hellenistischen Kerameikos aber auch noch großformatige Grabbauten gegeben, von denen zumindest einer, der des Philon aus dem Demos Phaleron (ABB. 63), relativ gut erhalten ist. Unmittelbar westlich des großen Grabhügels G, unter dem sich der früharchaische Grabbau k[620] aus den 570er Jahren befindet, liegt an der Südseite der Heiligen Straße nach Eleusis der große Grabbau des Philon aus hellenistischer Zeit[621]. »Die Datierung ist durch die Übereinstimmung des Niveaus und das mit eingemauerte Fragment eines megarischen Bechers gegeben«[622]. »Er wurde von einem Straßenniveau aus errichtet, das bereits wesentlich höher lag, als das klassische Gehniveau, auf dem der Besucher heute die Heilige Straße beschreitet. Die unteren Schichten sind daher [modern] mit Zement gefestigt worden, um den Grabbau vor dem Abrutschen zu schützen. Der Bau hat ein Fundament aus Konglomeratgestein, auf dem eine Euthynterie-Stufe aus großen Kalksteinblöcken ruht. Die etwa 5 m lange Front besteht ganz aus hymettischem Marmor: Über einer Stufe erhebt sich auf einem niedrigen Sockel eine Orthostatenwand aus vier Platten von ca. 1 m Höhe, die von seitlichen Pilastern abgeschlossen wird. Im Raum des Bezirks hinter der Front befinden sich die beiden Ecksteine vom oberen Abschlussprofil der Fassade. Fünf Kioniskoi, die die Gräber der Familie kennzeichneten, sind dort südlich der Frontmauer aufgestellt«[623]. Eingerichtet wurde der Bezirk im späten 3. Jh. von Philon aus dem Demos Phaleron für seinen Sohn Demarchos, dessen Kolumelle[624] erhalten ist, ebenso wie jene für seine beiden verheirateten Töchter[625]. Auch dieses interessante Denkmal hat bereits Kübler in seiner Geschichte des attischen Grabbaus berücksichtigt: »Ein Marmorbau an der Heiligen Straße im Kerameikos aus dem 3. Jahrhundert v. Chr., [...] begnügt sich in nur geringer Abweichung vom älteren 4. Jahrhundert der Kargheit und Strenge des 3. Jahrhunderts gemäß mit einer glatten Hauptwand. Die Seitenwände treten nur als schwächliche Anten vor, und auf die Andeutung einer Rückseite ist ganz verzichtet. Den oberen Abschluß bildete ein vielfach und hart profiliertes Gesims, von dem einige Blöcke erhalten sind. Wie seit alters liegen die Gräber tief unter dem Bau. Die hierin sich aussprechende Grundbedeutung des Grabbaus als Mal über dem Grab bleibt [...] gewahrt [...]«[626]. Der wiederum quaderförmige Grabbau des Philon wirkt von der Heiligen Straße aus wie eine monumentalisierte *trapeza*, verbindet aber wie seine Vorgänger aus klassischer Zeit – insbesondere der Grabbau von Hellenikon (ABB. 41, 1–2) – in eklektischer Weise die Anmutung eines Grabbaus mit der Funktion eines Grabbezirks für die Mehrfachbestattungen einer Familie.

Leider lassen sich keine weiteren sicher in hellenistische Zeit zu datierenden Grabbauten größeren Formats im Kerameikos anführen. Diese Tatsache spiegelt jedoch mitnichten den tatsächlichen archäologischen Befund wider, sondern hat traurige forschungsgeschichtliche Gründe, denn man muss sich »[...] vergegenwärtigen, daß die hellenistischen Straten bereits durch die Ausgrabungen des 19. Jahrhunderts weitgehend zerstört waren«[627]. Leider gilt dies ganz besonders auch für die nun abschließend zu betrachtenden Grabanlagen aus der Kaiserzeit.

ABB. 63. Athen, Kerameikos. Hochhellenistischer Grabbau des Philon aus dem Demos Phaleron an der Südseite der Heiligen Straße (spätes 3. Jh.).

Die sog. Stuckgrabbauten. Archaisierende Lehmziegel-Grabbauten der Kaiserzeit im Kerameikos

»[…] erst in spätrömischer Zeit machte man den alten Typus [scil. des Grabbaus aus Lehmziegeln] durch solide Ausführung in grossen Massen wiederum zum Luxusbau«[628]. Tatsächlich sind im kaiserzeitlichen Kerameikos südlich der Gräberstraße auf der sog. Südterrasse[629] – meist über Einzelgräbern, aber gelegentlich auch über Mehrfachbestattungen – großformatige, längsrechteckige, stuckierte und bemalte Grabbauten aus Lehmziegeln und Bruchstein errichtet worden[630]. Von dieser sehr charakteristischen Grabmalform wurden im späten 19. Jh. zehn Bauten entdeckt[631]. Kein einziger von ihnen ist heute mehr sichtbar, denn die meisten sind nach ihrer Ausgrabung undokumentiert abgetragen worden, um die tieferen Schichten ›aus guter Zeit‹ freilegen zu können[632]: »Bis Ende des 19. Jahrhunderts waren unzählige Gräber der römischen und hellenistischen Zeit [scil. im Kerameikos] in mehreren Kampagnen bis auf das spätklassisch-frühhellenistische Niveau herab fast vollständig und wohl weitgehend ohne jegliche Dokumentation abgeräumt«[633], und weiter: »So erfreulich dieses Ergebnis [scil. die Entdeckung der archaischen Nekropole im Kerameikos] für die Archäologie im Allgemeinen war, hatte es doch für die Erforschung der hellenistischen Nekropole fatale Folgen. Denn von nun an standen, nicht ganz zu Unrecht, alle Untersuchungen im Banne dieser frühen Funde, von denen die Ausgrabung wesentlich bestimmt wurde«[634].

ABB. 64, 1. Athen, Kerameikos. Südterrasse mit den heute zerstörten kaiserzeitlichen Grabbauten ›Brueckner 1909, Nr. 37‹ (Kornelia aus Milet) und ›Nr. 38‹ unmittelbar nördlich des Temenos der Hekate. Historische Aufnahme (vor 1909).

In den einschlägigen Publikationen zum Kerameikos ist also nur ein sehr kleiner Ausschnitt des ehemals aus der Kaiserzeit Vorhandenen greifbar. Unter den einigermaßen dokumentierten Anlagen sind für unseren Zusammenhang besonders zwei Grabbauten von Interesse, in deren nach Norden zur Gräberstraße gerichtete Schmalseiten marmorne Grabreliefs eingesetzt waren[635].

Der kaiserzeitliche Grabbau der Kornelia aus Milet im Kerameikos (1./2. Jh. n. Chr.)

Im Gräberareal auf der sog. Südterrasse[636] wurden Ende des 19. Jhs. »drei kastenförmige Stuckbauten Nr. 37–39 und die Basis 40« ausgegraben[637], wohl aus dem späten 1. bzw. 2. Jh. n. Chr. (ABB. 64, 1; Nr. 37 links und Nr. 38 rechts der Hydrophoren-Stele). Von diesen Grabbauten war der laut Delbrück »fleischrot«[638] stuckierte, blockförmige Grabbau der Kornelia[639] mit an der Vorderseite sekundär[640] eingelassenem Grabrelief[641] am besten erhalten (ABB. 65, 1–2): »Das Individuelle des Denkmales ist, dass es an seiner Nordseite eine breite Nische trägt, ihre Schwelle und Seitenwandungen sind stuckiert, nach innen schließt ein Porosblock an, in den eine rechteckige Nische an Grösse und Tiefe entsprechende Höhlung (zur Aufnahme eines Reliefs) eingearbeitet ist«[642]. Der im Kern aus Feldsteinen gemauerte Bau maß 1,52 m in der Länge, 95 cm in der Breite und stand noch bis zu einer Höhe von 84 cm. »Das zugehörige Grab, aus Marmorplatten zusammengesetzt, befindet sich 1,40 m darunter«[643]. Dieser hochinteressante Befund zeigt beispielhaft, wie unkompliziert sich ein kleinformatiges Marmorrelief stabil in eine solche Lehmziegelkonstruktion integrieren ließ[644]. Das leider schon lange verschollene Relief der nach rechts gewandt auf einem Diphros sitzenden Kornelia aus Milet[645] (ABB. 65, 1) aus dem 2. Viertel des 1. Jhs. n. Chr.[646] war in einer Nische an der Vorderseite des Grabbaus angebracht und wurde bei Errichtung der Anlage von oben in zwei ausgesparte Falze

ABB. 64, 2. wie Abb. 64, 1: Grabbau ›Brueckner 1909, Nr. 37‹ der Kornelia aus Milet.

ABB. 64, 3. wie Abb. 64, 1: Grabbau ›Brueckner 1909, Nr. 38‹.

ABB. 65, 1–2. wie Abb. 64, 2: Grabbau der Kornelia aus Milet, Grabungsfoto und Zeichnung des heute zerstörten Befundes.

oder Nute eingefügt. Ganz entsprechend wird man größere Ton-Pinakes archaischer Zeit (ABB. 24. 25. 27. 29. 30), die man nicht wie die kleinformatigen Exemplare (ABB. 26. 28. 31) mit Metallstiften sichern konnte, in die Grabbauten des späten 7. und des 6. Jhs. eingesetzt haben.

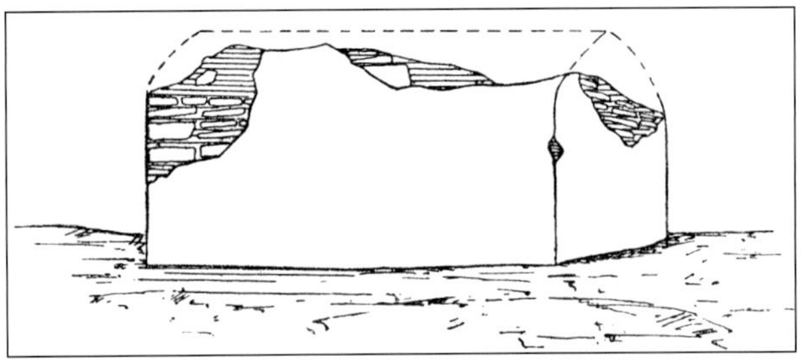

ABB. 66. Athen, Kerameikos. Südterrasse, kaiserzeitlicher Grabbau (›Brueckner 1909, Nr. 38‹); Zeichnung des heute zerstörten Befundes.

Die kaiserzeitlichen Grabbauten Nr. 38 und Nr. 39 auf der sog. Südterrasse im Kerameikos

Ein dem Monument der Milesierin Kornelia unmittelbar benachbarter, mit gelblichem Stuck überzogener Grabbau Nr. 38[647] war bei der Auffindung noch fast vollständig erhalten (ABB. 64, 1, rechts der Hydrophoren-Stele; ABB. 64, 3; 66). Bei Abmessungen von 1,77 m Länge und 98 cm Breite sowie 94 cm Höhe hatte man den Kern des Grabmals »sorgfältig aus flachen Ziegeln mit viel Kalk aufgemauert, der, an der unteren Kante umbiegend, auf eine Strecke über den Erdboden griff«[648]. Dies ist ein Befund, der schon bei den archaischen Grabbauten von Vourva[649] (ABB. 2, 1–3) und den flachen Grabhügeln mit hellenistischen und frührömischen *columellae*[650] (ABB. 55) im Kerameikos belegt ist. Von identischer Form, »aber im oberen Teile zerstört«, wurde der unmittelbar benachbarte Grabbau Nr. 39 von den Ausgräbern angetroffen, die aber noch die Maße von 1,34 m Länge und 88 cm Breite ermitteln konnten. »Der Boden darumher fiel nach allen Seiten ab und war wie das Monument von Stuck überzogen«[651].

Der kaiserzeitliche Grabbau des Pannoniers Daphnos im Kerameikos

»Der grösste und besterhaltene aller dieser Grabbauten endlich liegt im südlichsten Teile der Nekropole, ein Bau, der in seinen Gesamtproportionen, mit seinen niedrigen Seitenwänden und dem hoch geschwungenen Dach sich dem Aufbau der frührömischen Bauten nähert«[652] (ABB. 67; links mit dem Relief ABB. 69 an der Stirnseite). Der Grabbau des Daphnos[653] ist stattliche 2,60 m lang, 1,60 m breit und 1,00 m hoch, wobei nur 40 cm auf die niedrigen Seitenwände entfallen (ABB. 68). Dieses bereits 1890 ausgegrabene Monument befand sich ebenfalls auf der sog. Südterrasse des Kerameikos, und zwar in deren Westhälfte etwa 20 m vor der angrenzenden Hofmauer (ABB. 67). Auch dieser langgestreckte Bau mit dem hochgeschwungenen Dach war mit schützendem Stuck in gelbroter Farbe überzogen[654]; er befindet sich heute wieder unter der Erde[655] oder ist zerstört. An seiner nordöstlichen Schmalseite war mittig die unscheinbare Giebelstele mit der Namensinschrift des aus Pannonien stammenden Daphnos eingefügt, die wie ein archaisches Grabepigramm den Vorbeigehenden grüßend anspricht[656] (ABB. 69). Auch an diesem Beispiel zeigt sich, dass kleinere Reliefs, Inschrifttafeln oder tönerne Pinakes ohne Probleme bündig in die Fassade eines Grabbaus aus Bruchsteinen und/oder Lehmziegeln integriert werden konnten.

Alfred Brueckner hat seine Sicht auf diese kaiserzeitlichen Denkmäler im 1909 erschienen Grundlagenwerk »Der Friedhof am Eridanos« mit der zeittypischen Abneigung gegen (fast) alles Römerzeitliche in Griechenland folgendermaßen zusammengefasst: »Dazu [...] drängen sich auf den Terrassen um den Bezirk der Hekate die Gräber in knappen Raum. [...]. In langen Reihen standen die plumpen Säulchen, [...] daneben nicht minder ungefüge die kastenförmigen Stuckbauten mit gewölbtem Dache, die Nachkömmlinge

ABB. 67. Athen, Kerameikos. Südterrasse, Westhälfte mit dem römisch-kaiserzeitlichen Grabbau des Pannoniers Daphnos (›Brueckner 1909, Nr. 34‹); historische Aufnahme (vor 1909).

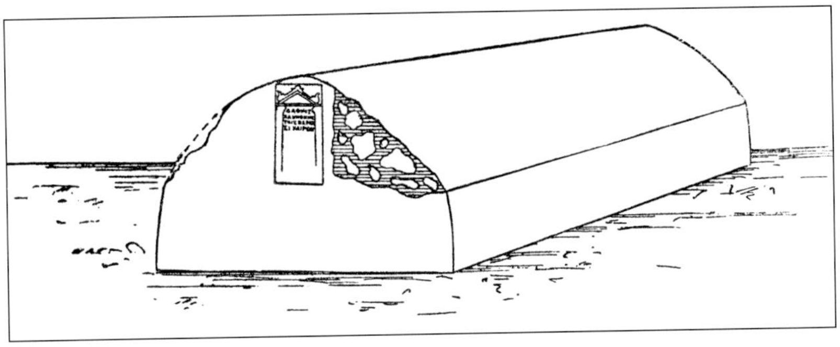

ABB. 68. wie Abb. 67: Zeichnung des heute zerstörten Befundes.

ABB. 69. wie Abb. 67: Zeichnung der Inschrifttafel an der nordöstlichen Schmalseite des Grabbaus.

der stuckverkleideten Tumuli [hier ABB. 55], [...] vereinzelt waren daran auch bescheidene Marmorplatten mit dem Namen oder ein kleiner Naiskos mit dem Bilde des Verstorbenen eingefügt [hier ABB. 68–69]. [...]. Für die Kümmerlichkeit des Friedhofes in später Römerzeit ist bezeichnend, wie zu jeder Mauer und jedem Grabmal das Material aus den alten Trümmern zusammengelesen ist«[657].

Aus heutiger Perspektive bietet sich m. E. ein anderes Bild, das nicht primär von Kümmerlichkeit und spätrömischem Niedergang, sondern von erstaunlicher Kontinuität und absichtsvoller Rezeption älterer Prototypen bestimmt ist. Denn die hier beschriebenen Grabbauten der Kaiserzeit stellen als Grabmäler offenkundig eine bewusste, weit zurückgreifende Bezugnahme auf die ebenfalls stuckierten, bemalten, blockförmigen, mit eingelassenen Reliefs oder Pinakes geschmückten und über Einzelbestattungen errichteten Grabbauten archaischer und klassischer Zeit dar. Es ist nachgerade verblüffend, dass Delbrück[658] bereits im Jahre 1900 anhand der wenigen damals bekannten attischen Grabbauten diese Entwicklungslinie klar gesehen und sogar ihren Ursprung im späten 7. Jh. richtig erkannt hat: »Es ist ferner möglich, noch für das siebente Jahrhundert die besprochene Denkmalform [scil. den blockförmigen Lehmziegel-Grabbau in Attika] zu belegen; unter dem Tumulus von Vourva fand sich ein rechteckiger Bau aus Lehmziegelmauern 4 m zu 2,5 m gross [hier ABB. 2, 1–3], im Innern mit Schutt gefüllt, aussen mit Lehmputz überzogen, oben durch eine Deckschicht aus Lehm geschützt, die in einen Ablauf endet und mit Feldsteinen belastet ist«[659]. Kübler schloss sich 1949 dieser Einschätzung Delbrücks an: »Der Lebendigkeit dieser Vorstellung [scil. vom Grabbau] verdanken selbst noch im 3. und 4. Jahrhundert n. Chr. die spätesten Nachfolger jener mehr als ein halbes Jahrtausend älteren Kastenmale, gemauerte stuckierte Kästen derselben Grundform, doch mit leicht gewölbter Dachfläche, ihre kümmerlichen schmückenden Malereien, Reliefs und Inschriftplatten. Diese spätesten Male beschließen die nur in Umrissen faßbare Geschichte des attischen Grabbaus hellenistischer und römischer Zeit«[660].

Kaiserzeitliche Grabbauten aus Stein im Kerameikos

Neben den Grabbauten aus Lehmziegeln und Bruchstein in archaischer und klassischer Tradition hat es seit dem 1. Jh. im Kerameikos vor dem Dipylon und am Südrand der Heiligen Straße auch Grabbauten aus Stein in originär römisch-italischer Ausprägung gegeben[661], »von denen heute nur noch Fundamente erhalten sind«[662]. Offenbar wurden all diese Monumente für die hastige Errichtung der Heruler-Mauer im Jahre 267 n. Chr. nahezu vollständig abgetragen[663]. Nach dem Urteil von Catharina Flämig lassen sich Form und typologischer Ort dieser Grabbauten – mit Ausnahme zweier ummauerter Bezirke[664] – »in Anbetracht des rudimentären Erhaltungszustandes« nicht mehr bestimmen. Die Reste dieser Denkmäler vor dem Dipylon sind in jüngerer Zeit gründlich erforscht[665] und auch in den Katalog der Dissertation von Flämig aufgenommen worden[666]. Mit dieser Arbeit liegt endlich ein monographischer Überblick zur »Grabarchitektur der römischen Kaiserzeit in Griechenland« vor[667]. Von drei weiteren steinernen Grabbauten der Kaiserzeit im Kerameikos sind Teile der Substruktionen am Südrand der Heiligen Straße erhalten[668]. Einer dieser Bauten scheint die Form eines Altars besessen zu haben. Obwohl also der Erhaltungszustand der kaiserzeitlichen Grabbauten in Stein insgesamt sehr zu wünschen übrig lässt, kann doch gesagt werden, dass sie in ihrer Formgebung für die hier verfolgte Fragestellung nicht zu berücksichtigen sind. Dies gilt auch für den mit Abstand berühmtesten und am besten erhaltenen Grabbau der Kaiserzeit in Athen, das 114/116 n. Chr. errichtete Philopappos-Monument[669] auf dem Mouseion-Hügel gegenüber der Akropolis.

Forschungsgeschichtlich betrachtet sind die nach Vorformen im 7. Jh. seit der Zeit um 600 geläufigen blockförmigen Grabbauten aus Lehmziegeln ein Phänomen, das in der archäologischen Forschung aus folgenden Gründen stark in den Hintergrund geraten, ja nahezu vergessen worden ist:

1. Das Erscheinungsbild des Kerameikos ist nach wie vor durch die klassischen Grabbezirke und das typologisch vielfältige Spektrum archaischer und klassischer Grabstelen und -reliefs aus Marmor bestimmt;

2. dominieren die vom Luxusverbot erzwungenen Schrumpfformen der zahllosen *columellae* und wenigen *mensae* das Bild von den Grabmälern im Kerameikos des Hellenismus und der Kaiserzeit. Ciceros *labellae* suchte man lange Zeit vergeblich – es gibt sie im Denkmälerbestand ganz offenkundig nicht[670].

3. ist das Bild des kaiserzeitlichen Kerameikos jetzt durch die vorzügliche Aufarbeitung der regelmäßig auf klassisches Formengut rekurrierenden Grabreliefs römischer Zeit durch Derk von Moock[671] bestimmt;

4. ist von den hellenistischen und kaiserzeitlichen Grabbauten des Kerameikos im heutigen Archäologischen Park so gut wie nichts mehr zu sehen. Dafür sind nicht allein denkmalpflegerische Maßnahmen verantwortlich, sondern etliche Grabbauten sind von den ersten Ausgräbern des Kerameikos mit kaum verhohlener Missachtung betrachtet, alsbald abgetragen und damit für immer zerstört worden.

Zusammenfassung: Der Kerameikos als Museum seiner Geschichte

Anders als in der Forschung bislang dargestellt, besteht zwischen den klassischen Grabbezirken – respektive Grabterrassen oder *periboloi* – und den seit der Zeit um 600 nachweisbaren freistehenden, quaderförmigen Grabbauten aus Lehmziegeln und/oder Bruchstein (ABB. 1; 2, 1–3) ein kategorialer und semantisch relevanter Unterschied. Diese wenig beachtete Denkmälergattung besitzt eine eigene Tradition, die bis weit in die Kaiserzeit (ABB. 64–68) reicht. Über Einzelgräbern errichtet und als freistehend konzipiert sind die Grabbauten von den zahlreichen ummauerten, entwicklungsgeschichtlich jüngeren und meist als Grabbezirke bezeichneten Strukturen des späten 5. und 4. Jhs. typologisch zu unterscheiden. Aus der formativen Phase attischer Grabarchitektur ist im Kerameikos mit dem gegen 570 errichteten Grabbau k eine Anlage nahezu unversehrt erhalten (ABB. 5–10). Zahlreiche archäologische Zeugnisse wie Reste der Bemalung auf den stuckierten Außenwänden, metopenartige Marmorreliefs (ABB. 22), die attisch-schwarzfigurigen *pinakes* (ABB. 24–32), Fragmente von Rundskulpturen (ABB. 3) sowie großformatige Tongefäße für den Totenkult (ABB. 6. 11. 12) von den Flachdächern der archaischen Grabbauten erlauben eine weitgehende Rekonstruktion ihrer ursprünglichen Gestalt – zumindest in idealtypischer Form. Die Mitwirkung einiger der großen Meister der attisch-schwarzfigurigen Vasenmalerei (Lydos, Amasis, Exekias u. a.) bei der Ausschmückung prominenter Lehmziegel-Grabbauten im archaischen Kerameikos ist ein deutliches Indiz dafür, dass diese aufwendigen Denkmäler einer gesellschaftlichen Elite galten, wofür auch die exponierte Lage dieser Anlagen spricht (z. B. Grabbau k; s. ABB. 5. 6. 10).

Im Laufe seiner langen Entwicklung hat der vor allem im Kerameikos belegte archaische, klassische, hellenistische und kaiserzeitliche Grabbau beständig neue Metamorphosen seiner blockartigen Grundform durchlaufen und auf diese Weise drei einschneidende Gesetzgebungen zum Gräberluxus überstehen bzw. sich diesen erfolgreich anpassen können.

Während der freistehende blockförmige Grabbau aus Lehmziegeln das gesamte 6. Jh. hindurch in Athen und Attika in etlichen Exemplaren nachweisbar ist (ABB. 1–12), erscheint er seit frühklassischer Zeit sowohl in der monumentalen (ABB. 18) als auch in der bildlichen Überlieferung der attisch-weißgrundigen Lekythen in verkleinerter Quader- oder Würfelform (ABB. 17) und weiterhin als Träger von Grabkultgefäßen und Skulpturen (ABB. 13). Bereits vor dem Einsetzen der attischen Grabreliefs der Klassik und dem zeitgleichen Aufkommen größerer Grabbezirke im Jahrzehnt 440/430 werden im Kerameikos erste Anlagen errichtet, die den monumentalen Podiumscharakter des Grabbaus mit der neuen Konzeption eines Grabbezirks als Temenos zur Aufnahme von Mehrfachbestattungen verbinden (Grabbau B; ABB. 18. 39. 40). Diese hybriden Bauten erfahren dann in spätklassischer Zeit eine eindrucksvolle Monumentalisierung als Steinarchitekturen (Grabbau von Hellenikon; ABB. 41, 1–2). Am Ende dieser Entwicklung stehen aufwendige Anlagen in der Art des sog. Kallithea-Monuments (ABB. 43–44), die diese eklektische Tendenz auf die Spitze

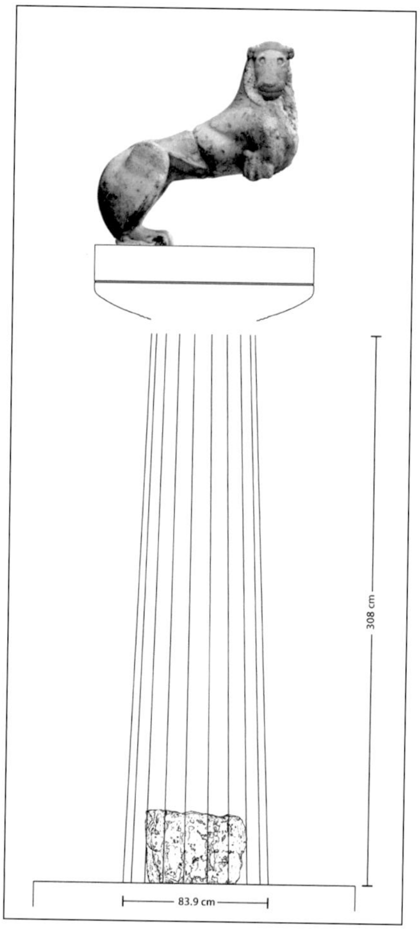

ABB. 70. Athen, Kerameikos Inv. A 677/P 1698. Frühharchaische Grabsäule dorischer Ordnung mit Löwenskulptur (620/610); Rekonstruktion G. Kuhn.

treiben, indem sie Grabbau, Grabbezirk, großformatige Naiskoi und an Ehrenstatuen erinnernde Grabstatuen miteinander kombinieren. Aus der literarischen Überlieferung geht zudem hervor, dass es noch deutlich prächtigere *polytalanta mnemeia* gegeben haben muss. Dieser zunehmend selbstläufigen Entwicklung setzte dann das Luxusverbot des Demetrios von Phalereon (317/316) ein abruptes Ende. Zeitgleich wird im 4. Jh. die Traditionslinie des archaischen Grabbaus auch im sehr viel bescheideneren Format der *trapezai* fortgeführt (ABB. 52. 56–59), deren Charakter als in Marmor umgesetzte Einzelgrabmäler nach architektonischem Vorbild bereits vor mehr als einem Jahrhundert erkannt wurde (ABB. 60–61). Die auch für den so wichtigen Totenkult bedeutsame Grundform der *trapezai*, auf deren flachen Oberseiten Trank- und Speiseopfer für die Verstorbenen dargebracht wurden, erfahren dann im Kerameikos sowohl in hellenistischer Zeit (Grabbau des Philon von Phaleron; ABB. 63) als auch unter römischer Herrschaft eine erneute Monumentalisierung in Gestalt der heute nahezu gänzlich zerstörten sog. Stuckgrabbauten der Kaiserzeit aus Lehmziegeln und Bruchstein (ABB. 64–69). Diese letzte Erscheinungsform des attischen Grabbaus wurde wie schon ihre archaischen Prototypen wiederum mit Stuckierung der Außenwände, figürlicher und ornamentaler Bemalung derselben sowie Reliefs und Inschriften versehen (ABB. 65, 1–2; 68–69).

Den hellenistischen und kaiserzeitlichen Grabbauten standen die viel zahlreicheren – weil sicher auch erschwinglicheren – kleinformatigen Grabsäulen, die *columellae* des Cicero (ABB. 52, 1. 2; 72), tausendfach zur Seite. Diese im Athener Epigraphischen Museum und von den Ausgräbern seit 1957 auf der ›Südterrasse‹ des Kerameikos in einem Kiefernwäldchen in großer Zahl versammelten *columellae*[672] (Frontispiz; ABB. 52, 2), waren wie die *trapezai*[673] keine neue Form, denn der Typus der Grabsäule reicht im Kerameikos mit einer unlängst von Gerhard Kuhn überzeugend rekonstruierten Löwen-Säule bis in früharchaische Zeit (620/610) zurück[674] (ABB. 70). Auch in der klassischen Nekropole hat man in einigen Fällen nachweislich Säulen über Gräbern errichtet[675] (ABB. 71, 1–2), und auch das nur literarisch überlieferte Grab des 338 verstorbenen Isokrates war durch eine Säule von 30 Ellen (ca. 9 m) Höhe bezeichnet, die eine Grabsirene von 7 Ellen (ca. 2 m) Höhe trug[676]. In ihrer prägnanten hellenistischen Formgebung, wie sie beispielsweise der bereits 1870 im Kerameikos gefundene Kioniskos des Schauspielers Hieronymos aus den Jahren vor 250 zeigt[677] (ABB. 72), ist dieser Typus der attischen Grabsäule dann bis in die Spätantike nur noch minimal verändert und immer wieder verwendet worden.

ABB. 71, 1–2. Athen, Kerameikos. Grabbezirk des Eubios von Potamos (XIX) mit spätklassischer Grabsäule dorischer Ordnung mit Loutrophorosfuß für Bion und Archikles (I 276; Mitte 4. Jh.).

Der Grabbau in seinen verschiedenen Erscheinungsformen und die Grabsäule sind somit die traditionsreichsten und langlebigsten Denkmäler des attischen Totenkultes – ein gutes Jahrtausend haben sie das Erscheinugsbild des Kerameikos und anderer Nekropolen Athens und Attikas geprägt. Beide Denkmälertypen erfüllten auf ihre – offenkundig als ideal empfundene – Weise die primären Anforderungen der Hinterbliebenen an ein Grabmal: Markierung und Schutz des Grabes vor der Störung durch Nachbestattungen sowie unmittelbare Relevanz als Objekte des Totenkultes. Auf den Grabbauten wurden Trank- und Speiseopfer dargebracht und dieser Ritus in Gestalt keramischer oder steinerner Gefäße (ABB. 11; 59, 1–2) monumentalisiert; die Grabsäulen hingegen wurden mit Kränzen, Tänien und Loutrophorenreliefs (ABB. 59, 3) geschmückt und deren Formen charakteristischerweise ebenfalls ›versteinert‹ (ABB. 72).

ABB. 72. Athen, Epigraph. Mus. Inv. 10895. Frühhellenistischer Kioniskos des Schauspielers Hieronymos mit der originalen Basis; aus dem Kerameikos (IG II/III² 11710; kurz vor 250).

Einige Grundzüge der hier knapp zusammengefassten Genese des attischen Grabbaus ahnten schon die ersten Ausgräber im Kerameikos (Delbrück 1900; Brueckner 1909), die jedoch damals noch in weitgehender Unkenntnis der archaischen Anlagen nur eine hypothetische Ableitung vorschlagen konnten. Der mittlerweile siebzig Jahre alte Aufsatz des verdienstvollen Kerameikos-Ausgräbers Karl Kübler hatte bereits wichtige Erkenntnisse zur Geschichte des attischen Grabbaus geliefert, von denen einige hier aufgegriffen, bestätigt, fortgeführt, manche aber auch widerlegt oder abgewandelt werden konnten. Es verdient besonders hervorgehoben zu werden, dass Kübler[678] die fast ein Jahrtausend umspannende Kontinuität der athenischen Grabbau-Konzeption bereits erkannte, indem er zusammenfassend in der für ihn typischen verklausulierten Art formulierte: »[Es] bildet Athen in seinem Festhalten an der Urform des rechteckigen Erdmales und an dessen alter Bedeutung als Grabtisch, in der schrittweisen Ausgestaltung seines ›Grabbaus‹ einen eigenen bis in spätrömische Zeit überschaubaren Bereich, von dem aus auch für die Deutung verwandter außerattischer Grabbauten sich Möglichkeiten eröffnen«[679]. Küblers bisweilen sprunghaft-unsystematische, sprachlich oft regelrecht verwirrende Art der Darstellung wurde hier wiederholt kritisiert – mitnichten in der Absicht, seine wissenschaftlichen Verdienste zu schmälern. Ganz im Gegenteil muss hervorgehoben werden, dass Kübler seine enorm umfang- und ergebnisreichen Kerameikos-Grabungen im Archäologischen Institut der Universität Tübingen trotz des kriegsbedingten Verlustes wichtiger Unterlagen konsequent aufgearbeitet und in einer jahrzehntelangen Kraftanstrengung ausführlich veröffentlicht hat[680]. Vor diesem Hintergrund ist es enttäuschend, dass nach wie vor die Grabungen in der klassischen Nekropole nur teilweise, und jene in der hellenistischen und kaiserzeitlichen Nekropole in der Kerameikos-Reihe noch nicht zusammenfassend vorgelegt worden sind[681]. Versuche wie der hier unternommene werden durch diesen Umstand nicht nur erschwert, sondern sicher auch durch Fehleinschätzungen belastet, die bei einer besseren Publikationslage hätten vermieden werden können.

Dennoch dürfte folgendes Fazit zutreffen: Obwohl sich seine architektonische Erscheinungsform in gut eintausend Jahren beständig wandelte und bisweilen auch eklektische bzw. hybride Verbindungen von Grabbau und Grabbezirk auftraten, ist der Charakter des blockförmigen attischen Grabbaus als Grabmal über einer Einzelbestattung und Kristallisationspunkt permanenten Grabkultes zu keinem Zeitpunkt in Vergessenheit geraten. Erst das Ende der Antike und das Christentum haben dieser spezifisch attischen Form der Erinnerung an und Kommunikation mit den Verstorbenen als einem Akt permanenter Selbstvergewisserung[682] den Boden für immer entzogen.

Anschrift des Autors:
Prof. Dr. Andreas Scholl, Antikensammlung, Staatliche Museen zu Berlin, Geschwister-Scholl-Str. 6, 10117 Berlin
E-Mail: a.scholl@smb.spk-berlin.de

Literaturverzeichnis

Außer den in den Richtlinien des Deutschen Archäologischen Institutes angegebenen Sigeln und Abkürzungen <https://www.dainst.org/publikationen/publizieren-beim-dai/richtlinien> werden hier folgende verwendet:

Banou – Bournias 2014 — E. S. Banou – L. K. Bournias, Kerameikos (Athen 2014).

Bergemann 1997 — J. Bergemann, Demos und Thanatos. Untersuchungen zum Wertesystem der Polis im Spiegel der attischen Grabreliefs des 5. und 4. Jhs. v. Chr. und zur Funktion der gleichzeitigen Grabbauten (München 1997).

Bergemann 1999 — J. Bergemann, Gräber, Grabbauten, Grabbezirke. Nekropolen und Geschichte zehn Jahre nach »Burial and Ancient Society«, AM 114, 1999, 39–48 Abb. 1–3 Taf. 6.

Berns – Huguenot 2020 — Ch. Berns – C. Huguenot (Hrsg.), Griechische Monumentalgräber. Regionale Muster und ihre Rezeption im ägäischen Raum in klassischer und hellenistischer Zeit (Hamburg 2020).

Bleicken 1994 — J. Bleicken, Die athenische Demokratie [2](Paderborn 1994).

Blume 2015 — C. Blume, Polychromie hellenistischer Skulptur. Ausführung, Instandhaltung und Botschaften I–II (Petersberg 2015).

Boardman 1955 — J. Boardman, Painted Funerary Plaques and Some Remarks on Prothesis, BSA 50, 1955, 51–66 Taf. 1–8.

Borbein 1973 — A. H. Borbein, Die griechische Statue des 4. Jahrhunderts v. Chr. Formanalytische Untersuchungen zur Kunst der Nachklassik, JdI 88, 1973, 43–212 Abb. 1–98.

Brands – Maischberger 2012 / 2016 — G. Brands – M. Maischberger (Hrsg.), Lebensbilder. Klassische Archäologen und der Nationalsozialismus 1–2 (Rahden 2012. 2016).

Breder 2013 — J. Breder, Attische Grabbezirke klassischer Zeit (Wiesbaden 2013).

Breder 2013a — J. Breder, Zur Architektur attischer Grabbezirke klassischer Zeit, in: Sporn 2013, 29–44 Abb. 1–10.

Brueckner 1909 — A. Brueckner, Der Friedhof am Eridanos bei der Hagia Triada zu Athen (Berlin 1909).

Cicero, de leg. — Marcus Tullius Cicero, Über die Rechtlichkeit (*de legibus*). Übersetzung, Anmerkungen und Nachwort von K. Büchner (Stuttgart 1989).

Clairmont, CAT — Chr. W. Clairmont, Classical Attic Tombstones I–VI (Kilchberg 1993–1995).

Closterman 1999 — W. E. Closterman, The Self-Representation of the Family. The Function of Classical Attic Peribolos-Tombs (Ann Arbor 1999).

Conze I–IV — A. Conze, Die attischen Grabreliefs I–IV (Berlin 1893–1922).

Cook 2004 — B. F. Cook, Relief Sculpture of the Mausoleum at Halicarnassus (Oxford 2004).

Davies 1971 — J. K. Davies, Athenian Propertied Families, 600–300 B.C. (Oxford 1971).

Delbrück 1900 — R. Delbrück, Über einige Grabhügel bei Agia Triada, AM 25, 1900, 292–305 Abb. 1–9.

Despinis 1963 — G. I. Despinis, Επιτύμβιοι τράπεζαι μετ' αναγλύφων παραστάσεων, AEphem 1963, 46–68 Taf. 3–4.

Despinis 2002 — G. I. Despinis, Αττικοί επιτύμβιοι ναΐσκοι του 4ου αι. π. Χ. με αγάλματα. Μια πρώτη προσέγγιση, in: D. Damaskos (Hrsg.), Αρχαία ελληνική γλυπτική. Αφιέρωμα στη μνήμη του γλύπτη Στέλιου Τριάντη, MusBenaki Suppl. 1 (Athen 2002) 209–231 Abb. 1–25.

Despinis – Kaltsas 2014 — G. I. Despinis – N. Kaltsas (Hrsg.), Εθνικό Αρχαιολογικό Μουσείο. Κατάλογος γλυπτών I 1. Γλυπτά των αρχαϊκών χρονών από τον 7ο αιώνα έως 480 π. Χ. (Athen 2014).

Diepolder 1931 — H. Diepolder, Die attischen Grabreliefs des 5. und 4. Jahrhunderts v. Chr. (Berlin 1931).

Dimitriadou 2019 — E. M. Dimitriadou, Early Athens. Settlements and Cemeteries in the Submycenaean, Geometric, and Archaic Periods (Los Angeles 2019).

Doronzio 2018 — A. Doronzio, Athen im 7. Jahrhundert v. Chr. Räume und Funde der frühen Polis (Berlin – Boston 2018).

Dragendorff 1903 — H. Dragendorff (Hrsg.), Theraeische Graeber, Thera. Untersuchungen, Vermessungen und Ausgrabungen in den Jahren 1895–1902 (Berlin 1903).

Eckstein 1958 — F. Eckstein, Die attischen Grabmälergesetze (Cicero de legibus 2, 59 ff.), JdI 73, 1958, 18–29.

Eliopoulos 2009 — Th. Eliopoulos, The Kerameikos Archaeological Museum (Athen 2009).

Engels 1998 — J. Engels, Funerum sepulcrorumque magnificentia. Begräbnis- und Grabluxusgesetze der griechisch-römischen Welt mit einigen Ausblicken auf Einschränkungen des funeralen und sepulkralen Luxus im Mittelalter und in der Neuzeit (Stuttgart 1998).

Errington 1986 — M. Errington, Geschichte Makedoniens. Von den Anfängen bis zum Untergang des Königreiches (München 1986).

Fedak 1990 — J. Fedak, Monumental Tombs of the Hellenistic Age. A Study of Selected Tombs from the Pre-Classical to the Early Imperial Era, Phoenix Suppl. 27 (Toronto 1990).

Flämig 2007 — C. Flämig, Grabarchitektur der römischen Kaiserzeit in Griechenland (Rahden 2007).

Floren 1987 — J. Floren, Die geometrische und archaische Plastik, in: W. Fuchs – J. Floren, Die griechische Plastik I, HdArch (München 1987).

Frielinghaus – Stroszeck – Valavanis 2019 — H. Frielinghaus – J. Stroszeck – P. Valavanis (Hrsg.), Griechische Nekropolen. Neue Forschungen und Funde (Möhnesee 2019).

Furtwängler 1902 — A. Furtwängler, Über ein griechisches Grabrelief, AbhMünchen XXII 1 (München 1902) 99–105 mit einer Falttafel.

Gabelmann 1979 — H. Gabelmann, Römische Grabbauten der frühen Kaiserzeit (Aalen 1979).

Gabelmann 1996 — H. Gabelmann, Pantherfellschabracken, BJb 196, 1996, 11–39 Abb. 1–6.

Garland 1982 — R. S. J. Garland, A First Catalogue of Attic Peribolos Tombs, BSA 77, 1982, 125–176 Abb. 1–13.

Gehrke 1978 — H.-J. Gehrke, Das Verhältnis von Politik und Philosophie im Wirken des Demetrios von Phaleron, Chiron 8, 1978, 149–193.

Geominy 2007 — W. Geominy, The Daochos Monument at Delphi. The Style and Setting of a Family Portrait in Historic Dress, in: P. Schultz – R. von den Hoff (Hrsg.), Early Hellenistic Portraiture. Image, Style, Context (Cambridge 2007).

Geominy 2007a — W. Geominy, Die allmähliche Verfestigung hellenistischer Stilformen (280–240 v. Chr.), in: P. C. Bol, Geschichte der griechischen Bildhauerkunst III. Hellenistische Plastik (Mainz 2007) 43–101.

Goette 1993 — H. R. Goette, Athen – Attika – Megaris. Reiseführer zu den Kunstschätzen und Kulturdenkmälern im Zentrum Griechenlands (Köln 1993).

Goette 2000 — H. R. Goette, Ὁ ἀξιόλογος δῆμος Σούνιον. Landeskundliche Studien in Südost-Attika (Rahden 2000).

Goette 2009 — H. R. Goette, Images in the Athenian Demosion Sema, in: O. Palagia (Hrsg.), Art in Athens during the Peloponnesian War (Cambridge 2009) 188–206 Abb. 39–51.

Graen 2011 — D. Graen (Hrsg.), Tod und Sterben in der Antike. Grab und Bestattung bei Ägyptern, Griechen, Etruskern und Römern (Stuttgart 2011).

Greco 2014 — E. Greco, Topografia di Atene. Sviluppo urbano e monumenti dalle origini al III secolo d.C. 4. Ceramico, Dipylon e Accademia (Athen – Paestum 2014).

Habicht 1995 — Ch. Habicht, Athen. Die Geschichte der Stadt in hellenistischer Zeit (München 1995).

Heilmeyer – Maßmann 2014 — W.-D. Heilmeyer – W. Maßmann, Die ›Berliner Göttin‹. Schicksale einer archaischen Frauenstatue in Antike und Neuzeit (Lindenberg 2014).

Hildebrandt 2006 — F. Hildebrandt, Die attischen Namenstelen. Untersuchungen zu den Stelen des 5. und 4. Jahrhunderts v. Chr. (Berlin 2006).

Himmelmann 1999 — N. Himmelmann, Attische Grabreliefs, Nordrhein-Westfälische Akademie der Wissenschaften, Geisteswissenschaften, Vorträge G 357 (Opladen – Wiesbaden 1999).

Houby-Nielsen 1995 — S. Houby-Nielsen, ›Burial language‹ in Archaic and Classical Kerameikos, ProcDanInstAthen 1, 1995, 129–191.

Houby-Nielsen 1998 — S. Houby-Nielsen, Revival of Archaic Funerary Practices in the Hellenistic and Roman Kerameikos, ProcDanInstAthen 2, 1998, 127–146 Abb. 1–9.

Huber 2001 — I. Huber, Die Ikonographie der Trauer in der griechischen Kunst (Mannheim – Möhnesee 2001).

Israel 2013 — J. Israel, Zum Grabmal von Kallithea – kleinasiatische Bautraditionen im spätklassischen Athen, in: Sporn 2013, 55–68 Abb. 1–7.

Israel 2016 — J. Israel, Mehrgeschossige Podiumsgrabbauten (550–330 v. Chr.). Ausprägung und Rezeption einer kleinasiatischen Grabform zwischen Pasargadai und Athen, AMS 81 (Bonn 2016).

Jeppesen 1992 — K. K. Jeppesen, Tot operum opus. Ergebnisse der dänischen Forschungen zum Maussolleion von Halikarnass seit 1966, JdI 107, 1992, 59–102 Taf. 19–32.

Kaltsas 2002 — N. Kaltsas, Sculpture in the National Archaeological Museum, Athens. Catalogue (Athen 2002).

Karusu 1969 — S. Karusu, Archäologisches Nationalmuseum. Antike Skulpturen. Beschreibender Katalog (Athen 1969; Nachdr. Athen 1974).

Kaupert 1884 — J. A. Kaupert, Karten von Attika (Berlin 1884).

Kistler 1998 — E. Kistler, Die ›Opferrinne-Zeremonie‹. Bankettideologie am Grab, Orientalisierung und Formierung einer Adelsgesellschaft in Athen (Stuttgart 1998).

Knigge 1976 — U. Knigge, Der Südhügel, Kerameikos IX (Berlin 1976).

Knigge 1980 — U. Knigge, Der Rundbau am Eridanos, in: W. Koenigs – U. Knigge – A. Mallwitz, Rundbauten im Kerameikos, Kerameikos XII (Berlin 1980).

Knigge 1984 — U. Knigge, Marmorakroter und Fries von einem attischen Grabbau?, AM 99, 1984, 217–234 Taf. 36–39.

Knigge 1988 — U. Knigge, Der Kerameikos von Athen. Führung durch Ausgrabungen und Geschichte (Athen 1988).

Knigge 2006 — U. Knigge, Ein Grabmonument der Alkmeoniden im Kerameikos, AM 121, 2006, 127–163 Abb. 1–4 Taf. 17–20.

Kockel 1983 — V. Kockel, Die Grabbauten vor dem Herkulaner-Tor in Pompeji (Mainz 1983).

Koenigs 1973 — W. Koenigs, Ein archaischer Rundbau, in: Scheibler 1973, 29 f. Abb. 28. 29.

Koenigs 1980 — W. Koenigs, Ein archaischer Rundbau, in: W. Koenigs – U. Knigge – A. Mallwitz, Rundbauten im Kerameikos, Kerameikos XII (Berlin 1980).

Kosmopoulou 2002 — A. Kosmopoulou, The Iconography of Sculptured Statue Bases in the Archaic and Classical Periods (Madison, Wisconsin 2002).

Kovacsovics 1990 — W. K. Kovacsovics, Die Eckterrasse an der Gräberstraße des Kerameikos, Kerameikos XIV (Berlin 1990).

Kübler 1942 — K. Kübler, Kerameikos, Ergebnisse der Ausgrabungen. Die Frühzeit, in: H. Berve (Hrsg.), Das neue Bild der Antike I. Hellas (Leipzig 1942) 35–50 Abb. 1–81.

Kübler 1949 — K. Kübler, Der attische Grabbau, MdI 2, 1949, 7–22 Taf. 1–7.

Kübler 1959 — K. Kübler, Die Nekropole des späten 8. bis frühen 6. Jahrhunderts, Kerameikos VI 1 (Berlin 1959).

Kübler 1970 — K. Kübler, Die Nekropole des späten 8. bis frühen 6. Jahrhunderts, Kerameikos VI 2 (Berlin 1970).

Kübler 1973 — K. Kübler, Eine archaische Grabanlage vor dem Heiligen Tor und ihre Deutung, AA 1973, 172–193 Abb. 1–22.

Kübler 1976 — K. Kübler, Die Nekropole der Mitte des 6. bis Ende des 5. Jahrhunderts, Kerameikos VII 1 (Berlin 1976).

Kunze-Götte – Tancke – Vierneisel 1999 — E. Kunze-Götte – K. Tancke – K. Vierneisel, Die Nekropole von der Mitte des 6. bis zum Ende des 5. Jahrhunderts. Die Beigaben, Kerameikos VII 2 (München 1999).

Kurtz – Boardman 1971 — D. C. Kurtz – J. Boardman, Greek Burial Customs (London 1971).

Kurtz – Boardman 1985 — D. C. Kurtz – J. Boardman, Thanatos. Tod und Jenseits bei den Griechen (Mainz 1985).

Lauter 1986 — H. Lauter, Die Architektur des Hellenismus (Darmstadt 1986).

Lohmann 1993 — H. Lohmann, Atene. Ἀτήνη. Forschungen zur Siedlungs- und Wirtschaftsstruktur des klassischen Attika (Köln 1993).

Maderna 2011	C. Maderna, Tod und Leben an attischen Gräbern der klassischen Zeit, Thetis 18, 2011, 40–68 Abb. 1–38.
Marchiandi 2011	D. Marchiandi, I periboli funerari nell'Attica classica. Lo specchio di una ›borghesia‹ (Athen – Paestum 2011).
Matz 1928	F. Matz, Hellenistische und römische Grabbauten, Die Antike 4, 1928, 266–292.
Meyer 1989	M. Meyer, Die griechischen Urkundenreliefs, AM Beih. 13 (Berlin 1989).
Mommsen 1997	H. Mommsen, Exekias I. Die Grabtafeln (Mainz 1997).
Mommsen 2019	H. Mommsen, Vier Fragmente einer Grabtafelserie, in: Ch. Reusser – M. Bürge (Hrsg.), Exekias hat mich gemalt und getöpfert, Ausstellungskatalog Zürich (Zürich 2019).
von Moock 1998	D. W. von Moock, Die figürlichen Grabstelen Attikas in der Kaiserzeit. Studien zur Verbreitung, Chronologie, Typologie und Ikonographie (Mainz 1998).
Morris 1992	I. Morris, Monuments to the Dead. Display and Wealth in Classical Greece, in: I. Morris, Death-Ritual and Social Structure in Classical Antiquity (Cambridge 1992) 128–155 Ab. 27–36.
Müller 1993	M. Müller, Grabmal und Politik in der Archaik, in: W. Hoepfner – G. Zimmer (Hrsg.), Die griechische Polis. Architektur und Politik (1993) 58–75 Abb. 1–5.
Nakayama 1982	N. Nakayama, Untersuchung der auf weißgrundigen Lekythen dargestellten Grabmäler (Freiburg/Br. 1982).
PAA	J. S. Traill, Persons of Ancient Athens (Toronto 1994–2012).
Petrakos 1999. 2020	V. Ch. Petrakos, Ο δήμος του Ραμνούντος I. II (Athen 1999), V. VI (Athen 2020).
Richter 1961	G. M. A. Richter, The Archaic Gravestones of Attica (London 1961).
Richter 1968	G. M. A. Richter, Korai. Archaic Greek Maidens. A Study of the Development of the Kore Type in Greek Sculpture (London 1968).
Richter 1970	G. M. A. Richter, Kouroi. Archaic Greek Youths. A Study of the Development of the Kouros Type in Greek Sculpture [3](London 1970).
Rügler 1989	A. Rügler, Das Grabmal des Philetos. Zu den attischen Grabstelen römischer Zeit, AM 104, 1989, 219–234 Taf. 38–41.
Schade – Altekamp 2007	K. Schade – S. Altekamp (Hrsg.), »Zur Hölle«. Eine Reise in die antike Unterwelt, Ausstellungskatalog Berlin (Berlin 2007).
Scheibler 1973	I. Scheibler, Die archaische Nekropole. Mit einem Anhang von W. Koenigs, Kerameikos-Heft 3 (Athen 1973).
Schmaltz 1970	B. Schmaltz, Untersuchungen zu den attischen Marmorlekythen (Berlin 1970).
Schmaltz 1983	B. Schmaltz, Griechische Grabreliefs (Darmstadt 1983).
Schörner – Goette 2004	G. Schörner – H. R. Goette, Die Pan-Grotte von Vari (Mainz 2004).
Scholl 1993	A. Scholl, Das ›Charon-Relief‹ im Kerameikos, JdI 108, 1993, 353–373 Abb. 1–8 Taf. 1–3.
Scholl 1994	A. Scholl, ΠΟΛΥΤΑΛΑΝΤΑ ΜΝΗΜΕΙΑ. Zur literarischen und monumentalen Überlieferung aufwendiger Grabmäler im spätklassischen Athen, JdI 109, 1994, 239–271 Abb. 1–17.

Scholl 1996 — A. Scholl, Die attischen Bildfeldstelen des 4. Jhs. v. Chr. Untersuchungen zu den kleinformatigen Grabreliefs im spätklassischen Athen, AM Beih. 17 (Berlin 1996).

Scholl 1998 — A. Scholl, Die Korenhalle des Erechtheion auf der Akropolis. Frauen für den Staat (Frankfurt/M. 1998).

Scholl 2002 — A. Scholl, Geschlossene Gesellschaft. Die Bewohner des klassischen Athen in den Bildern und Inschriften ihrer Grabdenkmäler, in: Antikensammlung Berlin (Hrsg.), Die griechische Klassik. Idee oder Wirklichkeit, Ausstellungskatalog Berlin (Mainz 2002) 179–190 Abb. 1 Nr. 77–87 Abb.

Scholl 2006 — A. Scholl, ΑΝΑΘΗΜΑΤΑ ΤΩΝ ΑΡΧΑΙΩΝ. Die Akropolisvotive des 8. bis frühen 6. Jhs. v. Chr. und die Staatswerdung Athens, JdI 121, 2006, 1–173 Abb. 1–55.

Scholl 2007 — A. Scholl, Hades und Elysion. Bilder des Jenseits in der Grabkunst des klassischen Athen, JdI 122, 2007, 51–79 Abb. 1–19 Farbtaf. 2.

Scholl 2018 — A. Scholl, Aigina, Megara, Salamis. Zur Heroisierung des Verstorbenen im frühen attischen Grabrelief der Klassik, JdI 133, 2018, 187–239 Abb. 1–29.

Scholl 2019 — A. Scholl, Weihgeschenk – Statussymbol – Historisches Zeugnis. Zur Bedeutung der Votivskulpturen des späten 6. Jhs. v. Chr. auf der Athener Akropolis, in: O. Palagia – E. P. Sioumpara (Hrsg.) From Hippias to Kallias. Greek Art in Athens and Beyond 527–449 BC (Athen 2019) 14–29 Abb. 1–5.

Scholl 2020 — A. Scholl, Antikensammlung Berlin. Meisterwerke antiker Skulptur. Altes Museum. Neues Museum. Pergamonmuseum (München 2020).

Schuchhardt 1978 — W. H. Schuchhardt, Relief mit Pferd und Negerknaben im National-Museum in Athen N.M. 4464, AntPl 17 (Berlin 1978) 75–99 Abb. 1–27 Taf. 41–49.

Schwarzmaier – Scholl 2019 — A. Schwarzmaier – A. Scholl (Hrsg.), Die griechischen Rundskulpturen bis zum Hochhellenismus. Katalog der Skulpturen in der Antikensammlung der Staatlichen Museen zu Berlin II 1 (Petersberg 2019).

ΣΕΜΑ — B. N. Bardani – G. K. Papadopoulou (Hrsg.), Συμπλήρωμα των επιτυμβίων μνημείων της Αττικής [ΣΕΜΑ] (Athen 2006).

Sporn 2013 — K. Sporn (Hrsg.), Griechische Grabbezirke klassischer Zeit. Normen und Regionalismen. Akten des Internationalen Kolloquiums am Deutschen Archäologischen Institut, Abteilung Athen, 20.–21. November 2009, Athenaia 6 (München 2013).

Sporn 2013a — K. Sporn, Grabbezirke und Grabmarker im klassischen Griechenland. Typologie und Verbreitung, in: Sporn 2013, 261–282 Abb. 1–6.

Stähler 1983 — K. Stähler, Grabbau, in: RAC XII (1983) 397–429.

Staïs 1890 — B. Staïs, Ο τύμβος εν Βούρβα, AM 15, 1890, 318–329 Taf. 9–13.

Stampolidis – Oikonomou 2014 — N. Chr. Stampolidis – S. Oikonomou (Hrsg.), Beyond. Death and Afterlife in Ancient Greece, Ausstellungskatalog Athen (Athen 2014).

Stichel 1990 — R. H. W. Stichel, Die hellenistische Nekropole im Kerameikos von Athen und die Chronologie der hellenistischen Keramik, in: Β' Επιστημονική Συνάντηση για την Ελληνιστική Κεραμεική. Χρονολογικά προβλήματα της ελληνιστικής κεραμεικής. Πρακτικά, Ρόδος 22–25 Μαρτίου 1989 (Athen 1990) 39–43 Taf. 2–3.

Stichel 1992 — R. H. W. Stichel, Columella – Mensa – Labellum. Zur Form der attischen Grabmäler im Luxusgesetz des Demetrios von Phaleron, AA 1992, 433–440.

Stroszeck 2008 — J. Stroszeck, Römische Gräber und Grabbauten vor dem Dipylon, in: S. Vlizos (Hrsg.), Η Αθήνα κατά τη Ρωμαϊκή εποχή, MusBenaki Suppl. 4 (Athen 2008) 291–309 Abb. 1–26.

Stroszeck 2014 — J. Stroszeck, Der Kerameikos in Athen. Geschichte, Bauten und Denkmäler im archäologischen Park (Möhnesee 2014).

Stupperich 1977 — R. Stupperich, Staatsbegräbnis und Privatgrabmal im klassischen Athen (Münster 1977).

Tillios 2010 — A. Tillios, Die Funktion und Bedeutung der Reiter- und Pferdeführerdarstellungen auf attischen Grab- und Weihreliefs des 5. und 4. Jhs. v. Chr. (Oxford 2010).

Twele 1975 — J. R. A. Twele, *Columellam … aut mensam … aut labellum.* Archaeological Remarks on Cicero's De Legibus II 66, GettyMusJ 2, 1975, 93–98.

Vedder 1985 — U. Vedder, Untersuchungen zur plastischen Ausstattung attischer Grabanlagen des 4. Jhs. v. Chr. (Frankfurt/M. 1985).

Vierneisel 1963 — K. Vierneisel, Kerameikos-Grabung, ADelt 18, 1963, Chron 27–30 Plan 1–2.

Vierneisel 1964 — K. Vierneisel, Die Ausgrabungen im Kerameikos. Die Grabung in der Nekropole 1962, AA 1964, 420–467 Abb. 19–55.

Vierneisel 1964a — K. Vierneisel, Die Ausgrabungen im Kerameikos 1963, Heilige Straße, ADelt 19, 1964, Chron 38–42 Plan 1.

Vierneisel-Schlörb 1988 — B. Vierneisel-Schlörb, Klassische Grabdenkmäler und Votivreliefs, Glyptothek München. Katalog der Skulpturen III (München 1988).

Vlachou 2012 — V. Vlachou, Death and Burial in the Greek World, in: ThesCRA VIII (2012) 363–384.

Voutiras 1990 — E. Voutiras, ΗΦΑΙΣΤΙΩΝ ΗΡΩΣ, Egnatia 2, 1990, 123–173 Abb. 1–15.

Walter-Karydi 2015 — E. Walter-Karydi, Die Athener und ihre Gräber (1000–300 v. Chr.), Image & Context 14 (Berlin – Boston 2015).

Welwei 1992 — K.-W. Welwei, Athen. Vom neolithischen Siedlungsplatz zur archaischen Großpolis (Darmstadt 1992).

Wiesner 1938 — J. Wiesner, Das altgriechische Totenhaus im Lichte frühgeschichtlicher Volkstumsprobleme, ARW 35, 1938, 314–328.

Will 1983 — W. Will, Athen und Alexander. Untersuchungen zur Geschichte der Stadt von 338 bis 322 v. Chr. (München 1983).

Willemsen 1970 — F. Willemsen, Stelen, AM 85, 1970, 23–44 Abb. 1 Taf. 9–17 Beil. 3.

Woysch-Méautis 1982 — D. Woysch-Méautis, La représentation des animaux et des êtres fabuleux sur les monuments funéraires grecs de l'époque archaique à la fin du IVe siècle av. J.-C. (Lausanne 1982).

Zapheiropoulou 2013 — Ph. Zapheiropoulou, Stone Monuments as Grave Markers of Classical Times on Thera and Paros in the Cycladic Archipelago, in: Sporn 2013, 115–120 Abb. 1–11.

Abbildungsnachweis

Frontispiz: H. R. Goette. – Abb. 1: K. Kübler, nach Kübler 1959, 42 Abb. 11. – Abb. 2, 1: D-DAI-ATH-Attika 5. – Abb. 2, 2: nach Staïs 1890, 319 Abb. – Abb. 2, 3: nach Staïs 1890, Taf. 13, 1–2. – Abb. 3: D-DAI-ATH-KER 2710. – Abb. 4: U. Knigge auf der Grundlage von Kübler 1959, Beil. 19, 1. – Abb. 5: K. Kübler, nach Kübler 1959, Beil 34, 2. – Abb. 6. Zeichnung von K. Kübler, nach Kübler 1959, Beil. 36. – Abb. 7: D-DAI-ATH-KER 2311. – Abb. 8: D-DAI-ATH-KER 2301. – Abb. 9: D-DAI-ATH-KER 2419. – Abb. 10: D-DAI-ATH-KER 2427. – Abb. 11: D-DAI-ATH-KER 5862. – Abb. 12: K. Kübler, nach Kübler 1959, Beil. 35, 1. – Abb. 13: H. R. Goette. – Abb. 14: S. Hertig (Zürich). – Abb. 15. 16: Paris, Bibliothèque nationale de France Nr. 723749. Nr. 925412. – Abb. 17: J. Laurentius (Antikensammlung Berlin). – Abb. 18: G. Gruben (?), nach Vierneisel 1963, 28 Plan 2. – Abb. 19: H. R. Goette. – Abb. 20, 1: F. Kyrieleis nach R. Hootz (Hrsg.), Kunstdenkmäler in Griechenland. Ein Bildhandbuch (Darmstadt 1984) 487 Taf. 325. – Abb. 20, 2: nach Kurtz – Boardman 1985, 286 Abb. 97 (dort nach N. Zapheiropoulos, Prakt 1961, Taf. 163). – Abb. 21, 1: H. R. Goette. – Abb. 21, 2: C. Müller (Gießen) bei Kurtz –Boardman 1985, 287 Abb. 98. – Abb. 22: D-DAI-ATH-Chios 23. – Abb. 23: Copyright TAPA Athen – Museum photo. – Abb. 24: I. Geske (Antikensammlung Berlin). – Abb. 25: H. R. Goette. – Abb. 26: Bonn, Archäologisches Institut der Universität, Photothek. – Abb. 27: I. Geske (Antikensammlung Berlin). – Abb. 28: H. R. Goette. – Abb. 29: Bonn, Archäologisches Institut der Universität, Photothek. – Abb. 30: Open Access – Courtesy of the Metropolitan Museum of Art, New York. – Abb. 31: H. R. Goette. – Abb. 32: W. Koenigs, nach Koenigs 1980, 48 Abb. 28. – Abb. 33: W. Koenigs, nach Koenigs 1980, Beil. 19. – Abb. 34: D-DAI-ATH-KER 10318. – Abb. 35: D-DAI-ATH-KER 4352A. B. – Abb. 36, 1: D-DAI-ATH-KER 4353A. – Abb. 36, 2: K. Kübler, nach Kübler 1976, 13 Abb. 3. – Abb. 37, 1: G. Gruben, nach Vierneisel 1964a, 39 Abb. 1. – Abb. 37, 2. K. Vierneisel, nach Vierneisel 1964a, Taf. 36 a. – Abb. 38: H. R. Goette. – Abb. 39: nach Knigge 1988, 147 Abb. 142. – Abb. 40: K. Kübler, nach Kübler 1976, Beil. 40. – Abb. 41, 1: D-DAI-ATH-ATTIKA 446. – Abb. 41, 2: W. Oenbrink (Bamberg). – Abb. 42, 1–2: R. Stupperich (Eberbach am Neckar). – Abb. 43: H. R. Goette. – Abb. 44: nach Rekonstruktionszeichnung im Saal 8 des Archäologischen Museum im Piräus. – Abb. 45–46: H. R. Goette. – Abb. 47, 1–4: D-DAI-ATH-KER 12393. 10693. 10697. 10698 (G. Hellner). – Abb. 48–49: H. R. Goette. – Abb. 50: nach Petrakos 1999, I 362 Abb. 256. – Abb. 51, 1–2: H. R. Goette. – Abb. 52: R. Koldewey, nach Conze IV 9 Textabb. – Abb. 53, 1: H. R. Goette. – Abb. 53, 2: D-DAI-ATH-69.41 (G. Hellner). – Abb. 53, 3: H. R. Goette. – Abb. 53, 4: D-DAI-ATH-69.47 (G. Hellner). – Abb. 54: H. R. Goette. – Abb. 55: D-DAI-ATH-KER 22. – Abb. 56, 1–2: Foto H. R. Goette. – Abb. 57, 1: nach Kovacsovics 1990, Taf. 14, 1. – Abb. 57, 2: nach Kovacsovics 1990, 105 Abb. 54, 1. 2. – Abb. 58. 59, 1: H. R. Goette. – Abb. 59, 2: nach Kovascovics 1990, 109 Abb. 56. – Abb. 59, 3: H. R. Goette. – Abb. 60: nach Conze IV 14 Nr. 1768 Textabb. – Abb. 61: nach Marchiandi 2011, Taf. 16 Abb. 5, 5. – Abb. 62: nach Kübler 1949, Taf. 6, 2. – Abb. 63: D-DAI-ATH-KER 2170. – Abb. 64: D-DAI-ATH-KER 4. – Abb. 65, 1: D-DAI-ATH-BAUTEN 30. – Abb. 65, 2: nach Delbrück 1900, 301 Abb. 7. – Abb. 66: nach Delbrück 1900, 300 Abb. 6. – Abb. 67: D-DAI-ATH-KER 1. – Abb. 68–69: nach Delbrück 1900, 302 Abb. 8–9. – Abb. 70: G. Kuhn. – Abb. 71, 1: nach Brueckner 1909, 108 Abb. 68. – Abb. 71, 2–72: H. R. Goette.

Anmerkungen

Alle dreistelligen Jahreszahlen und die Jahrhundertangaben beziehen sich – wenn nicht ausdrücklich anders angegeben – auf die Zeit vor Christi Geburt.

1 Wiesner 1938, 314–328 nimmt zwar ganz Europa sowie den Mittelmeerraum und den Nahen Osten in den Blick, ist aber nicht nur zeitbedingt völkisch eingefärbt, sondern auch forschungsgeschichtlich weitgehend überholt. Bestand hat für unseren Gegenstand allein folgende Erkenntnis: »Vor allem in Attika fehlen großangelegte Totenhäuser. [...] Wahrscheinlich steht dieses auffällige Fehlen des Grabhauses in Attika in engem Zusammenhang mit der in dieser Landschaft weniger verbreiteten allgemeinen Heroisierung Verstorbener, die sich in engster Verbindung mit dem Totenhaus vor allem in den Randgebieten verbreitet hat«; so Wiesner 1938, 325; ganz anders einzuschätzen ist dagegen Kübler 1949, 7–22 Taf. 1–7, dessen stark formgeschichtlich geprägter Versuch einer ersten systematischen Darstellung des attischen Grabbaus noch heute von Bedeutung ist; s. des Weiteren W. Koenigs, Rechteckige archaische Grabbauten im Kerameikos, in: Koenigs 1980, 46–49 Abb. 26–28; Garland 1982, 127 f. mit knapper Zusammenfassung der Entwicklung der Grabbauten im klassischen Athen; Stähler 1983, 397–429, bes. 399–408 (sehr guter Überblick, jedoch ohne typologische Scheidung von Grabbau und Grabbezirk); W. Müller-Wiener, Griechisches Bauwesen in der Antike (München 1988) 179–183 Abb. 107–109; DNP 4 (1998) 1167–1186 s. v. Grabbauten (zu den griechischen Grabbauten H. Kammerer-Grothaus a. O. 1173–1178); Vlachou 2012, 373 f. 376 f. erwähnt in ihrem Überblicksartikel die attischen Grabbauten nur ganz am Rande und geht lediglich auf die Grabbezirke (*periboloi*) ein. Die deutschsprachige Forschung wird weitgehend ignoriert; jetzt grundlegend und weiterführend zu den Grabbezirken Breder 2013, 1–5 mit Anm. 1–24; Walter-Karydi 2015, 113–118 mit Anm. 117–129 Abb. 56–61 zu den archaischen Anlagen; 198–207 mit Anm. 186–199 Abb. 108–112 zu den Grabbezirken klassischer Zeit; Israel 2016 zu den mehrgeschossigen Podiumsgrabbauten.

2 »Vor dem 4. Jahrhundert sind abgesehen von den typologisch anders zu beurteilenden Kriegergräbern nur Grabbauten mit Einzelbegräbnis erhalten«; so Kübler 1949, 13; ebenda spricht Kübler auch vom »Wesen des Baus als Einzelmal über einem Einzelgrab«; s. hierzu auch Kübler 1959, 92; Kübler 1976, 185. Aus Gründen der Materialersparnis und Aufwandsbeschränkung »[...] wird, wo das vorgefundene Gelände eine Anlehnung erlaubt [...], auf eine oder mehrere Außenmauern verzichtet. Nur Bau o Anlage XIX [Kübler 1976, 132] besitzt vier Lehmziegelmauern [...]«; so Kübler 1976, 185.

3 Zur genauen Wortbedeutung Liddell – Scott, 1370 s. v. peribolos, die den Begriff mit »compassing, encircling« übersetzen.

4 s. hierzu vor allem Delbrück 1900, 303–305.

5 Anders Bergemann 1997, 21: »Es fragt sich vielmehr, ob es sich bei den klassischen Grabperiboloi nicht um einen dezidierten Neuanfang handelt?«; dagegen Himmelmann 1999, 32: »In Anlehnung an die alten Grabbauten handelt es sich [scil. beim Grabbezirk der Herakleioten] um eine Terrasse von 8 m Front, die an den Seiten mit ihren Mauern in einen Abhang greift.«

6 Kübler 1949, bes. 13: »Frühestens im Verlauf des 5. Jahrhunderts treten Steinpfeiler, Mehrbestattungen und Nebenmäler hinzu und verwischen die Eigenbedeutung des Baus«; s. auch Koenigs 1980, 49: »Wie in der zweiten Welle des ›Gräberluxus‹ der rechteckige G r a b b a u a l s T e r r a s s e [Hervorhebung Verf.] mit einer auf den Betrachter bezogenen Schauseite im Kerameikos wieder auflebte, so auch der befestigte Tumulus, z. B. im ›Rundbau am Eridanos‹.«

7 So verwendet Bergemann 1997, bes. 20–24 die Begriffe Grabbau, Grabbezirk, Grabterrasse und *peribolos*, als handele es sich um Synonyme. Ebenso gebraucht Stroszeck 2014 G r a b b a u und G r a b b e z i r k durchgängig als austauschbare Begriffe. Auch in der Einleitung des wichtigen, den griechischen G r a b b e z i r k e n klassischer Zeit gewidmeten Tagungsbandes Sporn 2013, 2 schreibt die Herausgeberin: »Als ein Grabbezirk wird hier in erweitertem Sinn jede Form von architektonischer Fassung über einem Grab bzw. mehrerer Gräber verstanden.« Im jüngsten, reichlich summarisch angelegten Überblickswerk zur Sepulkralkultur der Ägypter, Griechen, Etrusker und Römer (Graen 2011) finden die attischen G r a b b a u t e n mit keinem Wort Erwähnung.

8 Kübler 1949, 9.

9 Kübler 1949, 9.

10 W. Schiering, Gnomon 63, 1991, 382; völlig entgegengesetzt urteilt Bergemann 1999, 46: »Kurzum, das formgeschichtliche Erklärungsmodell Küblers kann die Neuerungen nicht schlüssig erklären. Vielmehr muß der Unterschied in der Bedeutung der Monumenttypen gesucht werden.« Dieser Umstand war Kübler 1949, 10 allerdings vollkommen klar, denn er schreibt: »Die Bauten sind demnach selbst Grabmal, und es bleibt nur noch die engere Frage nach dessen Sinn und Herkunft. Schon jetzt scheint sich zu ergeben, daß auch der Einzelpfeiler mit dem Grabbau nicht ursprünglich zusammengehört, vielmehr in der Verbindung beider anfänglich Getrenntes zusammenfließt.«

11 s. zur klassischen Nekropole vor allem die Vorberichte Vierneisel 1963, Vierneisel 1964 und Vierneisel 1964a; zu den Grabbeigaben in der Nekropole des 5. Jhs. Kunze-Götte – Tancke – Vierneisel 1999. Die spätklassische und hellenistische Nekropole hingegen hat vor dreißig Jahren R. H. W. Stichel zur Bearbeitung übernommen (Stichel 1990, 43); zur Forschungslage in Attika: Lohmann 1993, 184–188 mit Anm. 1256–1300.

12 Scholl 1994.

13 So etwa das Grabmonument der Pythionike an der Heiligen Straße: Scholl 1994, 254–261 Abb. 10–14; Engels 1998, 123. 144; Breder 2013, 193 Nr. C 31 Taf. 82 Abb. 211.

14 s. jetzt Berns – Huguenot 2020 sowie die Bemerkungen im Vorwort.

15 Breder 2013. Wichtig ist in diesem Zusammenhang auch der Tagungsband Sporn 2013, dessen für den attischen Grabbau relevante Beiträge im Folgenden rezipiert sind.

16 s. die folgenden, z. T. sehr ausführlichen Rezensionen von V. Saripanidi, AntClass 84, 2015, 482–485; L. E. Baumer, MusHelv 72, 2015, 109; J. Stroszeck, BJb 216, 2016, 339–346; R. Posamentir, AncWestEast 15, 2016, 367–370; J. Bergemann, Klio 99, 2017, 320–331 mit problematischen Thesen, insbesondere dem erneuten Versuch, die attischen Grabmäler der Klassik auf eine sozial-repräsentative Funktion zu reduzieren und ihnen ihre völlig eindeutige rituelle Bedeutung im attischen Totenkult abzusprechen, s. ebenda 323 f.; s. zu dieser einseitigen Betrachtungsweise die sehr ausführliche und überaus kritische Rezension des Buches Bergemann 1997 durch Himmelmann 1999, 97–128 Abb. 45–50; zur Funktion und Bedeutung der attischen Grabmäler der Klassik im Sepulkralkult des Weiteren Scholl 1996, 88–92; M. Meyer, Gesten der Zusammengehörigkeit und Zuwendung. Zum Sinngehalt attischer Grabreliefs in klassischer Zeit, Thetis 5/6, 1999, 115–132 Abb. 1–18; Scholl 2002; Scholl 2007; grundlegend Maderna 2011, 40 mit Anm. 6; 41 mit Anm. 8; bes. 61–68 zu den Grabszenen der attisch-weißgrundigen Lekythen im Zusammenspiel mit den klassischen Grabreliefs; Scholl 2018. Auch die von der Forschung – soweit ich sehe – *uni sono* abgelehnte Interpretation der Loutrophoros als »Gefäß tragende Figur« (Bergemann a. O. 325) wird 324 f. erneut vertreten; s. dagegen schon C. Reinsberg, Der Tote bleibt in der griechischen Familie, Frankfurter Allgemeine Zeitung vom 8. 4. 1998: »Die Umdeutung der steinernen Brautwassergefäße, die nach Auskunft der literarischen Quellen den jung und unvermählt Verstorbenen aufs Grab gestellt wurden, gelingt nicht«; ablehnend auch Breder 2013, 133 f.; ausführlich und überzeugend diskutiert das Problem J. Fabricius, Τα μαρμάρινα αγγεία του Μουσείου Μπενάκη. Μια ερμηνεία, in: S. Vlizos (Hrsg.), Ελληνική και Ρωμαϊκή Γλυπτική από τις συλλογές του Μουσείου Μπενάκη (Athen 2004) 151–161; hierzu auch R. Mösch-Klingele, Die Loutrophoros im Hochzeits- und Begräbnisritual des 5. Jahrhunderts v. Chr. in Athen (Bern 2006); A. Hoffmann, Loutrophoren im Grabkontext. Die Gefäßform und ihre Funktionen im Grabritual (Kiel 2011).

17 Israel 2013; Israel 2016.

18 Kübler 1959, 2. 23. 28 f. 3–37. 39. 41–43. 91 Nr. XXIV Abb. 11 Taf. 2–12. 14–17. 20. 22–24. 41 Beil. 1. 20, 2. 21–24. 45 (Schema der chronologischen Abfolge archaischer Lehmziegel-Grabbauten im Kerameikos).

19 Kübler 1949 hat dies im Grundsatz bereits richtig erkannt, jedoch die Entwicklung nicht nur sehr skizzenhaft und auf einer schmalen Materialbasis, sondern auch in sprachlich recht verworrener Form dargestellt. Auch E. Walter-Karydi spricht in ihrer Rezension von Kübler 1970 (Gnomon 46, 1974, 208) von »der schwierigen Sprache des Verfassers, der offensichtlich nicht auf Ausländer als Leser Rücksicht nimmt [...].« Selbst als deutscher Muttersprachler muss man Küblers Schachtelsätze oft mehrfach lesen, um sie zu verstehen.

20 s. zusammenfassend und grundlegend zu diesen drei Gesetzgebungen im Gesamtzusammenhang der Einschränkungen des funeralen und sepulkralen Luxus in der klassischen Antike Engels 1998; zum Thema allg. R. Bernhardt, Luxuskritik und Aufwandsbeschränkungen in der griechischen Welt (Wiesbaden 2003).

21 Hierzu Dragendorff 1903, 106–108; bes 107: »Ein Tisch auf dem Grabe kann keinen anderen Zweck gehabt haben als den, die Spenden, die man dem Toten brachte, aufzunehmen. Es ist der Speisetisch des Toten, die τράπεζα in des Wortes gewöhnlichster Bedeutung.«

22 Hierzu ausführlich Scholl 1996, 88–92.

23 Breder 2013, 137 und öfter.

24 s. bes. Breder 2013, 33–35 mit Anm. 235–240.

25 Breder 2013, 55–66 mit Anm. 332–392 Taf. 48–55 Abb. 133–145.

26 So Breder 2013, 136 und 84–95 bes. 95–99 und 136 mit konziser Zusammenfassung der wichtigsten Ergebnisse.

27 s. hierzu u. 42–52. 58 f. 85 f.

28 Dazu bereits ausführlich Kübler 1949, 15 f.

29 Schon Kübler 1949, 16 hebt hervor: »Aus der Herkunft des Grabbaus vom schlichten Erdaufwurf über dem Grabschacht erklärt sich im Gegensatz zu den hierin freieren Rundhügeln, die zur Form des Grabes keine Beziehung besitzen, auch die Hartnäckigkeit, mit der sich die Bauten bis um die Wende zum 4. Jahrhundert auf das Einzelbegräbnis beschränken.«

30 Breder 2013; Breder 2013a, 36.

31 »Durch ihr unverwechselbares Erscheinungsbild kennzeichnen diese Mauern den Grabbezirk als Temenos und boten so den Lebenden die Möglichkeit, die Grabstätten ihrer Toten im Habitus einer Kultstätte zu präsentieren«, so treffend Breder 2013a, 41.

32 Breder 2013, 171–226: Katalog I: Attische Grabbezirke klassischer Zeit.

33 Bereits im 6. Jh. herrschte in der überbelegten Nekropole auf der Südseite des Eridanos drangvolle Enge, die den neuen Typus des Lehmziegel-Grabbaus an der freien Entfaltung zunächst hinderte: »Ringsum gleichhohe, ganz freistehende Grabbauten gibt es [scil. im Kerameikos des 6. Jh.] nicht. Stets sind die Rückwand und wenigstens eine Seitenwand infolge des ansteigenden Geländes, auf dem sie stehen, niedriger als die Vorderseite«; so Kübler 1959, 90 f.; Breder 2013, 14. Bergemann 1999, 46 bestreitet die von Kübler archäologisch unzweifelhaft nachgewiesene Platzknappheit in mehreren Arealen des archaische Kerameikos. Die der Form des Quaders inhärente Allansichtigkeit kam in den viel geräumigeren archaischen Nekropolen auf dem attischen Land besser zur Geltung – wie die Beispiele in Vourva (s. hier Abb. 2, 1–3) und Velanideza zeigen (s. u. Anm. 126. 155) und was bereits Kübler 1959, 97 erkannte.

34 Zum Problem Wiesner 1938; zuletzt Israel 2016, 40–48.

35 Scheibler 1973, 15: »Das früharchaische Grabmal bestand meist aus einem flachen, kegelförmigen Erdhügel, seltener aus einem kleinen rechteckigen Erdmal.«

36 s. u. 10 mit Anm. 90; 11 mit Anm. 102; Anm. 621.

37 Kübler 1949; s. zu Person und Werk von K. Kübler vor allem den Nachruf von W. Schiering, Karl Kübler, Gnomon 63, 1991, 380–383; Brands – Maischberger 2012, 16 Anm. 123; 171 f. mit Anm. 109; 175 f.; Stroszeck 2014, 18 Abb. 1.10; Brands – Maischberger 2016, 66 Anm. 92. 97; 179. 335 mit Anm. 113.

38 Hierzu s. die chronologisch geordnete Kurzcharakterisierung der Grabungen im Kerameikos von den Anfängen im 19. Jh. bis 1943 bei Kübler 1959, 3–7; Kübler 1976, 1–3; Knigge 1988, 166–168; Stroszeck 2014, 13–19 Abb. 1.1–1.12; Banou – Bournias 2014, 20–26 Abb.

39 Kübler 1959; Kübler 1970; Kübler 1976.

40 Kübler 1949, 7–22; Kübler 1959, 90–92.

41 s. zu den Grabbezirken die Forschungsüberblicke bei Breder 2013, 119–121 mit Anm. 723–745; Marchiandi 2011, 11–16 mit Anm. 1–46; Sporn 2013a; Walter-Karydi 2015; Frielinghaus – Stroszeck – Valavanis 2019.

42 s. hierzu die Literaturüberblicke bei M. Herfort-Koch, Tod, Totenfürsorge und Jenseitsvorstellungen in der griechischen Antike. Eine Bibliographie (München 1992); J. Bergemann, Attische Grabreliefs. Besprechung ausgewählter Beiträge aus den Jahren 1982 bis 1991, GGA 247, 1995, 10–52; eher mit Vorsicht ist der problematische Versuch einer Zusammenschau durch Graen 2011 heranzuziehen, die mit manchen Stilblüten garniert ist (so etwa a. O. 15: »Zahlreiche Schriftquellen belegen, dass der Tod für die Griechen keineswegs ein erstrebenswerter Zustand war«).

43 Delbrück 1900.

44 Brueckner 1909; s. zu Person und Werk von Alfred Brueckner bes. den Nachruf von K. A. Neugebauer, AA 1936, 234–238; R. H. W. Stichel, Alfred Brueckner, in: R. Lullies – W. Schiering (Hrsg.), Archäologenbildnisse. Porträts und Kurzbiographien von Klassischen Archäologen deutscher Sprache (Mainz 1988) 144 f. Abb.; Stroszeck 2014, 17 f. Abb. 1.10.

45 Kübler 1949; Kübler 1959; Kübler 1970; Kübler 1976.

46 Koenigs 1980.

47 Garland 1982.

48 Fedak 1990; s. hierzu die sehr kritische Rezension von B. Gossel-Raeck, Gnomon 65, 1993, 647–649.

49 Lohmann 1993, 184–194 Abb. 52–55.

50 Bergemann 1997, 7–33. 183–210.

51 Closterman 1999.

52 Goette 2000, 108–112.

53 Marchiandi 2011.

54 Israel 2016.

55 Breder 2013.

56 Walter-Karydi 2015; s. hierzu vor allem die ausführliche und mit Recht sehr positive Würdigung durch M. Meyer, Klio 100, 2018, 304–312. Das im renommierten Verlag de Gruyter (Berlin – New York) verlegte Werk wurde allerdings (wenn überhaupt) katastrophal lektoriert und weist eine Vielzahl von Druckfehlern auf, was im Blick auf den Preis von 99,95 € kaum hinzunehmen ist; anders Meyer a. O. 311, die nur einige redaktionelle Fehler nennt. Kritikwürdig ist auch, dass die zahlreichen diskutierten Monumente und Aspekte – wie auch in den Monographien Flämig 2007; Breder 2013 und Israel 2016 – nicht durch Indices erschlossen sind, was die Benutzung dieser materialreichen Werke unnötig erschwert.

57 Knigge 1988.

58 Stroszeck 2014. In diesem sehr nützlichen und verdienstvollen Werk fällt auf, dass trotz aller gebotenen und verständlichen Kürze der Darstellung einschlägige Forschungsbeiträge zu wichtigen Einzelmonumenten im Kerameikos weder zitiert noch rezipiert wurden.

59 So Breder 2013, 13 mit genauer Auflistung in Anm. 96.

60 s. zu den archaischen Grabbauten Athens und Attikas Kübler 1959, 90–92; zusammenfassend Scheibler 1973, 15–24 Abb. 17. 20. 21; 29 f. Abb. 28. 29; Kurtz – Boardman 1971, 94–104. 417; Kübler 1976, 185 f.; zur Situation auf dem attischen Lande Lohmann 1993, 123–126.

61 Kübler 1976, 185 f. Nr. 1–4 scheidet vor allem nach technischen Details der Konstruktion vier verschiedene Gruppen von Lehmziegel-Grabbauten.

62 s. Kurtz – Boardman 1971, 99 f. Abb. 25.

63 Einfache Abdeckungen der Gräber mit dicken Ziegelplatten treten erstmals in spätarchaischer Zeit auf; s. Lohmann 1993, 188 mit Anm. 1296.

64 s. hierzu Kübler 1949, 11; Bergemann 1999, Taf. 6, 1; Breder 2013, 16 mit Anm. 129 Abb. 8.

65 Zu diesem Aspekt Kübler 1949, 11.

66 s. hierzu Kübler 1976, 186 mit Anm. 68. Auch in der attischen Vasenmalerei archaischer und klassischer Zeit erscheinen Grabmonumente meist in heller Farbgebung (s. hier Abb. 15. 16).

67 Mehrfach erscheint Grün (s. u. 21). Vielleicht liegen hier schon jene Vorstellungen zugrunde, die auch für die Rosetten und vegetabilen Stelenbekrönungen mit den Anthemien und Palmetten klassischer Zeit bestimmend gewesen sein müssen. Die grüne Farbe und die vegetabilen Motive griechischer Grabmäler waren sicher kein gedankenlos-dekorativer Schmuck, sondern sie symbolisieren das sich in der Natur immer wieder erneuernde Leben; s. hierzu Scholl 1996, 198 mit der älteren Lit. in Anm. 1311; Scholl 2020, 89 Abb. 54.

68 s. hierzu u. 25–31.

69 Kübler 1959, 92 mit Verweis auf die Grabbauten o/XXXIX, q/XLII, r/XLIII, s/XLV, t/XLVII, u/XLVIII und v/LI.

70 Kübler 1976, 185 Nr. 2 und Nr. 3.

71 Klassische (?) Grabterrasse (fälschlich als sog. Turm B bezeichnet) in Mikro Vathychori (Megaris): Lohmann 1993, 188 mit Anm. 1292 Taf. 114, 3: »Die knapp 7 m lange Terrassenfront ist in einem rustikalen Polygonalstil aus Blöcken bis zu 1 m Länge und 0,5 m Höhe errichtet, während die drei übrigen Mauern deutlich kleinsteiniger sind«; H. Lohmann, Die Chora Athens im 4. Jh. v. Chr., in: W. Eder (Hrsg.), Die athenische Demokratie im 4. Jh. v. Chr. (Stuttgart 1995) 517 Abb. 4; H. Lohmann, Antike Straßen und Saumpfade in Attika und der Megaris, Stuttgarter Kolloquium zur historischen Geographie des Altertums 7, 1999 (Stuttgart 2002) 116–121 Abb. 7.

72 So noch in spätklassischer Zeit; s. z. B. die von Lohmann 1993, 188–193 mit Anm. 1301–1308 Abb. 53–55 Taf. 112, 2–4; 113, 1–4 sorgfältig dokumentierte Grabterrasse in Hagia Photini (SW-Attika).

73 Kübler 1976, 185 f. Nr. 3. 4 nennt als Beispiele für solche Sicherungsmaßnahmen »einen mit weißem Poros verstrichenen Sockel aus dem Felsaushub des Grabes 613« sowie »Mauersockel aus Bruchsteinen«; Koenigs 1980, 95–100 Abb. 31–32 zu den Sicherungsmaßnahmen beim ›Rundbau am Eridanos‹ im 4. Jh.

74 s. hierzu Scheibler 1973, 15: »Die Oberfläche beider [scil. Grabbauten] wurde mit einem mehrere Zentimeter dicken Verputz aus Poroskalk bestrichen, der das Mal gegen Verwitterung schützte, seine Kontur festigte und es in einer hellen, gelbgrünen Farbe erleuchten ließ«; Breder 2013, 13 mit Anm. 93.

75 s. hierzu den Abschnitt »Die Gräber 1–225 auf und nordwestlich vor Hügel G«, in: Kübler 1976, 22–61; Breder 2013, 9–12 mit Anm. 58–88.

76 s. hierzu jetzt die Überblicke bei Doronzio 2018, 55–162 Abb. 1–131 und Dimitriadou 2019.

77 Überblick zum Straßen- und Wegenetz im Kerameikos: Stroszeck 2014, 33–55 Abb. 4.1–10.4.

78 s. hierzu Engels 1998, 93; Scholl 2020, 62–69 Nr. 40–43 Abb.

79 Dies merkt bereits Kübler 1949, 14 an.

80 Kerameikos P 794: Kübler 1949, 11 mit Anm. 1; Kübler 1959, 70 f. Nr. LI Taf. 53. 54 Abb. 29; H. Gabelmann, Studien zum frühgriechischen Löwenbild (Berlin 1965) 53. 78. 114 Nr. 38 Taf. 6, 2; Kübler 1970, 412 f.; 564 f. Nr. 8 Taf. 132. 133; Kurtz – Boardman 1985, 102 f.; Floren 1987, 280 mit Anm. 31; zur langen Tradition von Löwen als Grabwächtern in der attischen Sepulkralkunst: Scholl 2020, 18 Abb. 10; 95 Abb. 59.

81 So die Datierung von Kübler 1970, 412; Floren 1987, 280 mit Anm. 31 (»Mitte 6. Jh.«).

82 Zur archäologischen Überlieferung der Pinakes und Reliefs s. u. 25–31.

83 Im Folgenden sind die Grabbauten und Gräber zitiert nach Kübler 1959. Dabei bezeichnen die kleinen Buchstaben den Grabbau, die römischen Zahlen das jeweilige Grab; s. zu den attischen Grabsitten des 7. Jhs.: Scheibler 1973; I. Morris, Burial and Ancient Society. The Rise of the Greek City-State (1987), Rez. B. d'Agostino – A. M. D'Onofrio, Gnomon 65, 1993, 41–51; s. auch I. Morris, Attitudes toward Death in Archaic Greece, ClAnt 8, 1989, 296–320; S. Houby-Nielsen, Interaction between Chieftains and Citizens? 7th cent. B.C. Burial Customs in Athens, ActaHyp 4, 1992, 343–374; Walter-Karydi 2015, 51–100 zum 7. und 6. Jh.; zuletzt ausführlich Doronzio 2018.

84 Kübler 1949, 10 f.; Kübler 1959, 90–94; Kurtz – Boardman 1985, 94–103 Abb. 21–25 bieten eine knappe Zusammenfassung; s. Müller 1993, 58–75 Abb. 1–5.

85 Kübler 1959, 90–92 zusammenfassend zu den Beispielen im Kerameikos sowie Kübler 1959, 95–104 zu den attischen wie außerattischen Befunden; vgl. auch den Übersichtsplan zum Kerameikos in archaischer Zeit mit Einzeichnung der Grabbauten bei Knigge 1988, 25 Abb. 17.

86 s. die von Kübler 1959, 90 angeführten Beispiele a/XII; b/XIII; c/XX; d/XXII.

87 Zur Gestalt der Grabhügel und Grabbauten im Kerameikos des 7. Jhs. s. die Rekonstruktionszeichnung bei Knigge 1988, 27 Abb. 21 (nach Kübler 1959, Beil. 19, 1). Grabbauten dieser Art sind verständlicherweise nur unter den sehr günstigen Bedingungen im Kerameikos erhalten. Zur Situation in Attika bemerkt Lohmann 1993, 185: »Die typischen Lehmziegelgrabbauten ohne Bruchsteinsockel des 7. Jh. v. Chr. hinterlassen beispielsweise kaum greifbare Spuren. Selbst größere Tumulusgräber werden leicht zerpflügt«; s. zu Letzteren auch Lohmann 1993, 193 f.

88 So die Interpretation von Kübler 1959, 90.

89 So prägnant Kübler 1959, 90.

90 Knigge 1988, 25 Abb. 17; 105–107 Nr. 15 Abb. 99–101; Knigge 2006, 153–159 Abb. 1. 2 Taf. 19, 1; Greco 2014, 1357–1374 Abb. 854–873; Stroszeck 2014, 159–161 Abb. 28.6–9.

91 Kübler 1959, 63 f. Abb. 24 Grabbau r.

92 Kübler 1959, 43–45 Abb. 12 Grabbau f; 64 f. Abb. 25 Grabbau s.

93 Kübler 1959, 62 f. Abb. 23 Grabbau q.

94 Kübler 1959, 47–49 Abb. 15 Grabbau i; 53–55 Abb. 17 Grabbau k.

95 Kübler 1959, 53–55 Abb. 17 Grabbau k; 70 f. Abb. 29 Grabbau v.

96 So Kübler 1949, 14 mit Anm. 4; Kübler 1959, 91.

97 M. Oppermann, Vom Medusabild zur Athenageburt. Bildprogramme griechischer Tempelgiebel archaischer und klassischer Zeit (Leipzig 1990) 40–42 mit Abb. eines Wiederherstellungsversuches von M. Heidenreich; 149 Anm. 39 mit der älteren Lit. Tafelabb. 15; I. Trianti, The Acropolis Museum (Athen 1998) 50 f. Abb. 18.19; F. Santi, Frontoni arcaici dell'Acropoli di Atene (Rom 2010); S. Eleftheratou (Hrsg.), Acropolis Museum Guide (Athen 2014) 110 f. Abb. 115.

98 s. zu diesem Aspekt überzeugend Kübler 1959, 91 f. mit Anm. 18–20.

99 Kübler 1949, 11 mit Anm. 2 Taf. 2. 3; Kübler 1959, 53–55 Anlage XXXV. Brandgrab 34, Grabbau k, Abb. 17 Taf. 1–5. 7. 9. 10. 12–24. 26; Beil. 1. 33. 34, 2; 35, 1; 36; Kübler 1973, 172 Abb. 3–6. 8. 11; Scheibler 1973, 20 f. Abb. 20 f.; U. Knigge, Gnomon 46, 1974, 200 f.; Kübler 1976, 4 f. Abb. 1; 185 Taf. 3, 2; 4, 1; 5, 1; 7, 1; Kurtz – Boardman 1985, 99 f. Abb. 25; Knigge 1988, 105 f. Nr. 15 Abb. 99 f.; Himmelmann 1999, 12 mit Anm. 9; Knigge 2006, 151–153 Abb. 2 Taf. 19, 1; Greco 2014, 1362–1364 Abb. 860. 861; Stroszeck 2014, 139 Abb. 27. 22–24; 159 Abb. 28.7; 160: »Vom archaischen Tumulus [sog. Hügel G] bedeckt wurden viele frühere Gräber und Grabmonumente, darunter ein imposanter Bau aus dem 7. Jh. v. Chr. [Grabbau k], der sich direkt westlich des zentralen Schachtgrabs befand (Abb. 27.22; 28.7)«; Breder 2013, 12 f. mit Anm. 92. 93 Taf. 61 Abb. 170; Breder 2013a, 36 mit Anm. 52; Greco 2014, 1362 f. Abb. 860.

100 So Kübler 1949, 14.

101 Kübler 1959, 91; Kübler 1973, 172.

102 Scheibler 1973, 4 Abb. 3 (Hügel I mit Grabbau Nr. 79) 20; Knigge 1988, 25 Abb. 17 (Hügel Nr. 15); 105–107 Nr. 15 Abb. 99. 101; Abb. 165 (Orientierungsplan).

103 s. hierzu Travlos, Athen 305 Abb. 394. 395; Knigge 1988, 103–105 Nr. 14 Abb. 97; Knigge 2006, 159–162 Abb. 1 Taf. 20, 1;

J. Stroszeck, Das Heiligtum der Tritopatores im Kerameikos von Athen, in: H. Frielinghaus – J. Stroszeck (Hrsg.), Neue Forschungen zu griechischen Städten und Heiligtümern. Festschrift für Burkhardt Wesenberg zum 65. Geburtstag (Möhnesee 2010) 55–83 Taf. 25–33; Banou – Bournias 2014, 164–167 Abb.; Greco 2014, 1374–1377 Abb. 874–876; Stroszeck 2014, 104–106 Abb. 22.1–8.

104 Kübler 1959, 54.

105 s. hierzu auch Scheibler 1973, 15; Knigge 2006, 152.

106 Kübler 1959, 54 Taf. 1–4 (»Die Lehmziegelmauern sind [...] mit 12 dicken, ungleich großen, aber sorgfältig geglätteten rechteckigen Deckplatten aus feinkörnigem Kalkstein abgedeckt [...])«; Stroszeck 2014, 139.

107 Kübler 1959, 54 f. Taf. 16; Scheibler 1973, 22 Abb. 21.

108 Kerameikos Inv. 64: Kübler 1949, 14 mit Anm. 3; 22; Kübler 1959, 55. 147 Nr. 40 (»mittelkorinthisch, 80er Jahre des 6. Jhs.«) Taf. 66 Mitte rechts (D–DAI–ATH–KER 2467); Knigge 2006, 152 mit Anm. 120.

109 Kübler 1949, 14 mit Anm. 2–4 Taf. 2. 3; Kübler 1959, 54 f.; Knigge 2006, 152.

110 Kübler 1949, 14.

111 Kübler 1949, 22.

112 So U. Knigge, Gnomon 46, 1974, 199.

113 So Knigge 2006, 152.

114 Eckstein 1958; Engels 1998.

115 Vgl. hierzu sehr anschaulich die Kurtine 1a der athenischen Stadtmauer im Kerameikos: Knigge 1988, 51 Abb. 50 sowie ebenda 77 Abb. 68 den Erdschnitt durch Proteichisma und Stadtgraben zwischen Dipylon und Heiligem Tor mit rekonstruierter Stadtmauer, die über einem niedrigen Steinsockel zu 90 % aus Lehmziegeln bestand; s. zu den Befestigungsanlagen im Bereich des Kerameikos ausführlich Stroszeck 2014, 56–83 Abb. 11.1–14.13; Greco 2014, 1271–1274 Abb. 761–764; besonders gut erhalten sind Teile der peisistratidischen Ummauerung des Demeter-Heiligtums von Eleusis, deren Oberbau aus Lehmziegeln bestand und meterhoch erhalten ist; s. bes. Travlos, Attika 93 f.; 127 Abb. 144; Goette 1993, 226.

116 Zu den im Kerameikos ergrabenen Resten klassischer Wohnhäuser zusammenfassend Stroszeck 2014, 111–123 Abb. 25.1–37; zum Thema allg. W. Hoepfner – E.-L. Schwandner, Haus und Stadt im klassischen Griechenland [2](1994); W. Hoepfner, in: Antikensammlung Berlin (Hrsg.), Die griechische Klassik. Idee oder Wirklichkeit, Ausstellungskatalog Berlin (Mainz 2002) 411–417 Abb.; M. Kiderlen, Megale Oikia. Untersuchungen zur Entwicklung aufwendiger griechischer Stadthausarchitektur. Von der Früharchaik bis ins 3. Jh. v. Chr. (Hürth 1995).

117 Hierzu ausführlich Scholl 2007, 55–57 mit Anm. 10–21 Abb. 3; s. u. 79–84.

118 s. u. 80–83 Abb. 65, 1–2; 67. 69.

119 So Kübler 1970, 492 f. Nr. 97 f.

120 Kerameikos-Mus. Inv. 10894. 10895: Kübler 1949, 11 mit Anm. 2; 21 (»um 590«); Kübler 1970, 492 f. Nr. 97 f. Taf. 80; Knigge 2006, 152 mit Anm. 119; Stroszeck 2014, 139 Abb. 27.24.

121 Stroszeck 2014, 139 Abb. 27.24 (D–DAI–ATH–KER 5862) spricht wohl versehentlich von e i n e m Kessel und datiert (Stroszeck 2014, 160) den Grabbau k unzutreffend in das 7. Jh.; Kübler 1959, 55 spricht von »Scherben zweier Fusskessel«; s. auch Kübler 1959, Beil. 35, 1 (Rekonstruktionsansicht des Grabbaus k von Norden mit den beiden attischen Klagefrauen-Kesseln; hier Abb. 6. 11–12); s. bes. Kerameikos- Mus. ohne Inv. Nr.: K. Kübler 1970, 492 f. Nr. 97. 98 Taf. 80 (Fragmente vom Kesselrand und von den Körpern dreier Klagefrauen).

122 Kübler 1949, 11 mit Anm. 2; Scheibler 1973, 20; Stroszeck 2014, 139.

123 So Kübler 1949, 14.

124 So Kübler 1949, 11.

125 Stroszeck 2014, 137 Abb. 27.14.

126 Auf keinem der archaischen Grabbauten von Vari, Velanideza und Vourva ist »[...] ein entsprechender Fund gemacht worden. Die meisten Bauten, und dies ist demnach das Ursprüngliche, standen also leer da«; so Kübler 1949, 11.

127 Hierzu Scheibler 1973, 16 f. Abb. 17: »Weitaus zahlreicher als die Grabbekrönungen in Marmor und Kalkstein waren im 7. Jahrhundert jedoch die keramischen«; Walter-Karydi 2015, 20 Abb. 6 (attische Gräber des 10. bis 8. Jhs.); s. jetzt zur gesamten archäologischen Überlieferung aus dem Athen des 7. Jhs. ausführlich Doronzio 2018; Dimitriadou 2019.

128 Hierzu und zum historischen Kontext ausführlich Scholl 2006, 121–123 Anm. 553–556 Abb. 51 a–52 b; Stroszeck 2014, 141; Doronzio 2018.

129 Hierzu Scholl 2007, 73–78 mit Anm. 70–84 Abb. 17–19 Farbtaf. 2; zu den attischen Marmorlekythen grundlegend Schmaltz 1970.

130 Zur Gattung grundlegend G. Kokula, Marmorlutrophoren (Berlin 1984); zuletzt Breder 2013, 122–126 mit Anm. 750–785; Stroszeck 2014, 151: »Die Sonderrolle unverheiratet Verstorbener wurde weiterhin durch die reliefierte Darstellung einer Loutrophoros am Kioniskos betont«; (s. hier Abb. 59, 3); Stroszeck 2014, 231 Abb. 58.2; vgl. auch den Kioniskos des Zenis aus dem Demos Sphettos mit einer Loutrophoros in sehr flachem Relief; Stroszeck 2014, 242 Abb. 65.4.

131 s. zu diesen Steinbecken die Zusammenstellung bei Twele 1975, 93–95. 97; Stichel 1992, 434 f.; Engels 1998, 131–134; Stroszeck 2014, 150.

132 Twele 1975, 97 mit Anm. 56; Kurtz – Boardman 1985, 197: »Das *labellum* entzieht sich jeder Identifikation«; Engels 1998, 132–134; Houby-Nielsen 1998, 129 mit Anm. 12; hierzu s. u. besonders 84 mit Anm. 670.

133 Dies hat Kübler 1949, 17 bereits grundsätzlich richtig erkannt: »An Stelle der riesigen Grabreliefs und Grabpfeiler sind [scil. nach dem Grabluxusverbot des Demetrios von Phaleron] nur noch kleine Grabsäulen gestattet, dazu ein schalenartiges Gefäß, sichtlich der Nachfolger der alten Spendegefäße, keramischen und steinernen Male in Gefäßform, schließlich ein Grabtisch.«

134 s. hierzu die idealtypische Rekonstruktion eines attischen Grabbezirks klassischer Zeit in der Antikensammlung Berlin: Scholl 2020, 92–95 Abb. 57.

135 Hierzu zuletzt Walter-Karydi 2015; K. Sporn, Das Göttliche im Menschenbild. Religiöse Elemente im griechischen Grabrelief, in: J. Mylonopoulos – H. Roeder (Hrsg.), Archäologie und Ritual. Auf der Suche nach der rituellen Handlung in den antiken Kulturen Ägyptens und Griechenlands (Wien 2006) 153–166.

136 Zum Kerameikos in Kaiserzeit und Spätantike: Knigge 1988, 45–48 Abb. 45–47; zu Athen allgemein: Stroszeck 2014, 298; E. Bazzechi, Das Stadtzentrum Athens in der Spätantike, AM 129/130, 2014/2015, 217–256 Abb. 1–15.

137 s. hierzu Scholl 2006, 123.

138 s. o. 9 mit Anm. 80 und Abb. 3.

139 So das Resümee von Engels 1998, 93.

140 Engels 1998, 96.

141 s. hierzu E. Ruschenbusch, Σόλωνος νόμοι. Die Fragmente des solonischen Gesetzeswerkes mit einer Text- und Überlieferungsgeschichte (Wiesbaden 1966); Engels 1998, 77–96.

142 Vgl. z. B. die *trapeza* des Lysanias im Kerameikos, Dexileos-Bezirk (Stroszeck 2014, 151 Abb. 27.46) oder die *trapeza* der Hipparete (Kübler 1976, Taf. 32, 1; 33, 1; Greco 2014, 1370 Abb. 873; Stroszeck 2014, 160 f. Abb. 28.9) sowie gleich drei Beispiele im Grabbezirk der Messenier (Stroszeck 2014, 175 f. Abb. 32.1–4; s. hier Abb. 58).

143 s. hierzu richtig schon Kübler 1949, 18 mit Anm. 5 Taf. 6, 1; zuletzt Stroszeck 2014, 176 f. Abb. 32.1 und 32.4 mit der von einer Loutrophoros bekrönten *trapeza* des Parthenios im Messenierbezirk (hier Abb. 59).

144 Hierzu Knigge 1988, 28 f.

145 So Kübler 1976, 185.

146 s. hierzu ausführlich Scholl 2006; Doronzio 2018; Scholl 2019.

147 So Kübler 1976, 185; s. zu den rechteckigen archaischen Grabbauten im Kerameikos zusammenfassend Koenigs 1980, 46–49 Abb. 26–28.

148 Hierzu Welwei 1992; E. Stein-Hölkeskamp, Adelskultur und Polisgesellschaft. Studien zum griechischen Adel in archaischer und klassischer Zeit (Stuttgart 1989); L. de Libero, Die archaische Tyrannis (Stuttgart 1996).

149 So Engels 1998, 93.

150 s. hierzu grundlegend das Kapitel »Archaische Grabbauten« in: Koenigs 1980, 38–54 Abb. 17–28, der den aufwendigen und in Stein ausgeführten sog. Rundbau im Kerameikos in die Mitte des 6. Jhs. datiert; dazu ausführlich unten 32 f.; s. hier Abb. 33.

151 s. Richter 1961; Floren 1987, 281–290 Taf. 23,7–8; 25,1–5.

152 Richter 1968; Floren 1987, 262–276 Taf. 21,1–4; Scholl 2006, 121–126 Abb. 51a–c; Scholl 2019, 18–20 mit Anm. 9–18 Abb. 3.

153 Richter 1970; Floren 1987, 250–262 Taf. 20, 1–5; Scholl 2006, 121–126 Abb. 52 a–d; Scholl 2019, 16 f. mit Anm. 4–8 Abb. 1. 2.

154 s. hierzu Scholl 2006, 131–136.

155 Vgl. die archaischen Familiengräber von:
- Velanideza: Kaupert 1884, Bl. 7 (Spata); A. Milchhoefer, in: Kaupert 1884, III 6; G. Loeschke, Altattische Grabstelen, AM 4, 1879, 36–44. 289–306 Taf. 1. 2; Lohmann 1993, 125 mit Anm. 992; A. Milchhoefer, in: Kaupert 1884, III 6 hat den Tumulus beschrieben als »[...] eine zerwühlte, ausgedehnte Begräbnisstätte, die sich einst als großer, vielleicht nicht besonders hochgewölbter Hügel darstellte. Hier wurden vor 50 Jahren die berühmten Grabstelen des Aristion und Lyseas gefunden«; Kübler 1949, 10 mit Anm. 2.
- Vourva: Kaupert 1884, Bl. 7 (Spata) ›Großes Grab‹; A. Milchhoefer, in: Kaupert 1884, III 5; Staïs 1890, 318–329 Taf. 9–13; A. Brueckner, Zur Lekythos Tafel 4, JdI 6, 1891, 197 f. Taf. 4; Kübler 1949, 10 mit Anm. 2; 14 mit Anm. 1; Lohmann 1993, 125 mit Anm. 989; Ancient Greek Cities 21, 156 (X8–Y4) Nr. 19. »Damit ist zumindest hier [scil. in Vourva] ein monumentales archaisches Familiengrab auf einem archaischen Adelssitz über jeden Zweifel hinaus gesichert«, so Lohmann 1993, 125; Bergemann 1999, 47 mit Anm. 39 Taf. 6, 1; Breder 2013a, 36 mit Anm. 52; s. hier Abb. 2, 1–3.
- Vari: Die Nekropole ist weitgehend unpubliziert. Die veröffentlichten Grabungsnotizen hat Lohmann 1993, 185 Anm. 1258 zusammengestellt: AA 1940, 176 (Planausschnitt); AA 1935, 172. 175; AA 1936, 123–125; AA 1937, 122 f.; AA 1939, 224 f.; AA 1940, 126–134 Abb. 6–9; 175–178 Abb. 34; des Weiteren Kübler 1949, 10 mit Anm. 3; Kübler 1959, 94 f.; S. C. Humphreys, Family Tombs and Tomb-cult in Classical Athens: Tradition or Tradtionalism?, JHS 100, 1980, 96–126, bes. 108 f. mit Abb. 2; Koenigs 1980, 45 mit Anm. 148; Travlos, Attika 446–448 Abb. 564–574; H. Lauter, Lathuresa. Beiträge zur Architektur und Siedlungsgeschichte in spätgeometrischer Zeit, Attische Forschungen II (Mainz 1985) 63 mit Anm. 117 f.; Schörner – Goette 2004, 11 Anm. 55 Beil. 1 Nr. 15.

156 Delbrück 1900, 303–305.

157 So Kübler 1949, 11.

158 s. Lohmann 1993, 125 mit Anm. 984.

159 s. Staïs 1890, 318–329 Taf. 9–13 (s. hier Abb. 2, 1–3); Kistler 1998, 20 mit Anm. 49 Abb. 2 (Grabanlage mit Tumulus und ›Opferrinnen‹ in Vourva); Breder 2013, Taf. 4 Abb. 8.

160 Delbrück 1900, 303–305.

161 Delbrück 1900, 303 mit Anm. 2 zitiert Staïs 1890, 319 Abb. (s. hier Abb. 2, 2) Taf. 9. 13; P. Wolters, Rotfigurige Lutrophoros, AM 16, 1891, 388 mit Anm. 1.

162 Delbrück 1900, 303 mit Anm. 3 verweist wiederum auf Staïs 1890, 320 Taf. 13, 3 B.

163 Delbrück 1900, 303 mit Anm. 4.

164 So Delbrück 1900, 303 mit Anm. 2–4.

165 So Kübler 1949, 10 f. mit Anm. 3.

166 s. hierzu Kübler 1959, 90–94.

167 s. Lohmann 1993, 185 mit Anm. 1257; s. o. Anm. 11 und 87 mit weiterer Literatur.

168 Zur Entdeckungs- und Grabungsgeschichte des Kerameikos zusammenfassend Knigge 1988, 166–168; Greco 2014, 1310–1312 Abb. 801–805; Stroszeck 2014, 13–19 Abb. 1.1–1.12; A. Papageorgiou-Venetas, Das Gelände des Athener Kerameikos vor den Ausgrabungen. Planen und Gestalten am historischen Standort, Thetis 23, 2016–2018, 75–83 Taf. 25–37; Kübler 1973, 172 Abb. 1; zur Rezeptionsgeschichte s. jetzt die schöne Anthologie von J. Stroszeck – A. Schellinger (Hrsg.), »... in einer Ruhe, die wundernimmt.« Der Kerameikos in literarischen Zeugnissen von 1863 bis heute (Berlin 2018).

169 Lohmann 1993, 185; Goette 2000, 3–7; s. jetzt Frielinghaus – Stroszeck – Valavanis 2019.

170 s. zu diesen Lohmann 1993, 193 f. mit Anm. 1309–1318.

171 Vgl. das Beispiel der Grabterrasse CH 8 (Lohmann 1993, 188 Taf. 109, 3), »[…] von der nur eine 0,34 m hohe, sorgfältig abgeglichene Fundamentschicht von 6,15 m Länge erhalten ist, sind für das Aufgehende wohl Lehmziegel anzunehmen.«

172 Scholl 2007, 56 mit Anm. 11 Abb. 4 (Lekythenbild mit giebelförmigem Abschluss eines Grabmals [s. hier Abb. 13]); Breder 2013, 289 Abb. 16 GB-II (nach Nakayama 1982), s. auch die Züricher (s. hier Abb. 14) und Berliner Grabgiebel: Scholl 2007.

173 s. u. 74 f. Abb. 60 f.

174 Furtwängler 1902, 99 f.

175 Zum Züricher Grabgiebel und seinem Kontext ausführlich Scholl 2007, 51–64 mit Anm. 1–38 Abb. 1 a–b. 5 a–e; A. Scholl, Marmorrelief mit Unterweltsszene, in: Schade – Altekamp 2007, 66–68 Nr. 14 Abb.; s. hier Abb. 14.

176 Kübler 1959, 89–92; Kübler 1976, 185 f. (Zusammenfassung); Breder 2013, 12–16.

177 Paris, Cab. Méd. Inv. 353 und 355 (aus Vulci): Beazley, ABV 346, 7–8; Kurtz – Boardman 1971, Abb. 34 (»rectangular tomb«) Abb. 35; Kurtz – Boardman 1985, 172 f. Abb. 51 a. b; Breder 2013, 25 mit Anm. 181 Taf. 8 Abb. 18; S. Böhm, Korinthische Figurenvasen. Düfte, Gaben und Symbole (Regensburg 2014) 182 mit Anm. 608–610; s. bes. C. Colonna, Black-Figure One-Handled Kantharos, in: Stampolidis – Oikonomou 2014, 82 f. Nr. 23–24 Farbabb.

178 s. allg. E. Küster, Die Schlange in der griechischen Kunst und Religion (Gießen 1913); E. Grabow, Schlangenbilder in der griechischen schwarzfigurigen Vasenkunst (Münster 1998).

179 s. hierzu o. Anm. 67.

180 So weist der Grabbau k im Kerameikos eine Höhe von 1,87 m auf.

181 s. H. G. Buchholz, Zur religiösen Bedeutung mykenischer Igel, Journal of Prehistoric Religion 9, 1995, 8–14 Abb.; Böhm a. O. (Anm. 177) 113–117 zu Igelgefäßen unterschiedlicher Provenienz; 180–182 zur Mehrdeutigkeit des Igelbildes; 254 Nr. Ig 1 Abb. 758–760 zum einzigen, sicher korinthischen Igelgefäß.

182 Vgl. z. B. die gegen 450 entstandene Lekythos des Sabouroff-Malers in Berlin, Antikensammlung V.I. 3262: CVA Berlin 8 (1991) 28–30 Taf. 15,5 (I. Wehgartner); Scholl 2007, 74 f. mit Anm. 75 Abb. 17; s. zu ähnlichen Darstellungen Despinis 1963, 53–56 Nr. 1–10 Abb. 6–10; Nakayama 1982, 255 f. Taf. 3. 4 Nr. GB-III-2 bis G-III-8; Breder 2013, 24 mit Anm. 169 Taf. 7 Abb. 16.

183 So Kübler 1949, 18 mit Anm. 2.

184 s. zu diesen Vierneisel 1963, 29 Plan 1. 2; Vierneisel 1964, 446. 449 Abb. 21; Vierneisel 1964a, 41 f. Plan 1 Taf. 36a; Bergemann 1997, 20 mit Anm. 164.

185 So die Beschreibung des Befundes bei Vierneisel 1964, 446. 449 Abb. 21. 38. 39. 40.

186 Brueckner 1909, 102.

187 Athen, Kerameikos I 267 (Philokrates; IG II/III^2 12955; PAA 936980. 936985) und I 268 (Philokrateia; IG II/III^2 12954; PAA 936770): Brueckner 1909, 101 f.; Stroszeck 2014, 204 Nr. 45 Abb. 45.1.

188 Brueckner 1909, 101 f. Abb. 65; 121 Plan.

189 Athen, Kerameikos I 266: IG II/III^2 10871; PAA 211920; Brueckner 1909, 101 f. Abb. 65; Conze IV Nr. 1764 Taf. 378; Stroszeck 2014, 204 f. Nr. 45 Abb. 45.1–2.

190 s. z. B. die *trapezai* in Oxford, Ashmolean Mus. 1959.203 (370/360): Clairmont, CAT I Nr. 14 Abb.; Despinis 1963, 58–60 Taf. 1 a; Scholl 1996, 140 f. mit Anm. 965. 967 sowie Athen, Arch. Nat. Mus. Inv. 3287: Despinis 1963, 59 f. Taf. 1 b; M. Aurenhammer, Figürliche griechische Basisreliefs (unpubl. Diss. Wien 1980) 121–123. 371 f. Nr. 29; M. J. Vermaseren, Corpus Cultus Cybelae Attidisque II. Graecia atque Insulae (Leiden 1982) 109 Nr. 366 Taf. 109–111; Scholl 1996, 141 mit Anm. 968; Kosmopoulou 2002, 93. 226 f. Nr. 52 Abb. 82.

191 Hierzu Dragendorff 1903, 106–108 mit Anm. 75–83 Abb. 301; Despinis 1963, 66 f. Abb. 14; Kurtz – Boardman 1971, 236 f. Abb. 48 (Zeichnung einer Grabterrasse in Alt-Thera auf der Insel Santorin mit zweistufigem Unterbau und fünf würfelförmigen Grabmälern, von denen das zweite von rechts das Relief einer nach rechts sitzenden und einer ihr gegenüberstehenden Frau zeigt; Kurtz – Boardman 1985, 286 Abb. 97, s. hier Abb. 20, 2); s. vor allem die Aufnahme bei F. Kyrieleis, Peloponnes und die Inseln, in: R. Hootz (Hrsg.), Kunstdenkmäler in Griechenland. Ein Bildhandbuch (Darmstadt 1984) 487 Taf. 325; s. hier Abb. 20, 1: »Eigenartig und durch den Materialkontrast reizvoll ist ein spätklassischer Grabbezirk am nördlichen Aufgang zur Stadt [scil. Alt-Thera]. Hier stehen auf einer Basis aus rotem Vulkangestein die schneeweißen würfelförmigen Inschriftsteine der verstorbenen Familienangehörigen«; s. hierzu auch Zapheiropoulou 2013, in: Sporn 2013, 115 f. mit Anm. 1–8 Abb. 1. 2. 5. 6; s. zur topographischen Situation der Nekropole am nördlichen Aufgang zur Stadt W. Hoepfner, Zum neuen Stadtplan, in: W. Hoepfner (Hrsg.), Das dorische Thera V. Stadtgeschichte und Kultstätten am nördlichen Stadtrand (Berlin 1997) 195 Plan 1.

192 Kurtz – Boardman 1971, 236: »Similar cubic stone monuments from East Greek sites, as Samos, are not inscribed and we may wonder whether they served simply as grave markers«; Morris 1992, 145 mit Anm. 11.

193 Thera, Archäologisches Mus. Inv. 321: Zapheiropoulou 2013, 116 Abb. 2. 3.

194 Berlin, Antikensammlung Sk 766a: M. Bentz, in: http://arachne.uni-koeln.de/item/objekt/48629 mit Datierung (»300–250 v. Chr.«); Despinis 1963, 65 mit Anm. 7; Kurtz – Boardman 1985, 286–288 Abb. 98. 99.

195 s. Kurtz – Boardman 1971, 102 f.; Scheibler 1973, 15. 17 Abb. 17 (Schnitt durch einen Teil der Kerameikos-Nekropole um 650); Knigge 1988, 24–34 Abb. 17 (Plan des Kerameikos vom 7. Jh. bis zum Bau der Stadtmauer 478 mit Einzeichnung der Grabbauten); Abb. 21 (Rekonstruktion von Grabhügeln und Grabbauten des 7. Jhs.; s. hier Abb. 4).

196 Zuletzt und mit der älteren Lit. Floren 1987, 281–290 mit Anm. 1–55 Taf. 22, 4; 23, 7; 23, 8; 25, 1–5.

197 So die Beschreibung durch F. Noack, Die Mauern Athens. Ausgrabungen und Untersuchungen, AM 32, 1907, 543.

198 So Noack a. O. 545.

199 Athen, Arch. Nat. Mus. Inv. 89, 2823 und 2826 sowie Athen, Kerameikos Mus. P 798: Noack a. O. 473–566 Taf. 21–25; bes. 543–545 Taf. 22, 1; Karusu 1969, 32 Nr. 89, 2823. 2826; Floren 1987, 289 mit Anm. 54; 339 mit Anm. 52; S. Karusu, ΕΡΜΗΣ ΨΥΧΟΠΟΜΠΟΣ, AM 76, 1961, 105 Beil. 70–71; Willemsen 1970, 30–34 Taf. 12. 13, 1; V. M. Strocka, Variante, Wiederholung und Serie in der griechischen Bildhauerei, JdI 94, 1979, 165 Anm. 54; Koenigs 1980, 48 mit Anm. 162; Kurtz – Boardman 1985, 102; Scholl 2007, 56 f. mit Anm. 16. 17; I. Mennega, in: Despinis – Kaltsas 2014, 358–364 Nr. I.1. 342–344 Taf. 411–416 Abb. 1143–1159 mit der älteren Lit.

200 So Willemsen 1970, 33.

201 Hierzu Sporn 2013a, 275.

202 Athen, Arch. Nat. Mus. 1772; erh. Höhe 0,31: Conze I Nr. 7 Taf. 6; Richter 1961, 34 Nr. 48 Abb. 130; Karusu 1969, 32 Nr. 1772; Floren 1987, 289 f. mit Anm. 55; Scholl 2007, 56 f. mit Anm. 17; E. Kourinou, in: Despinis – Kaltsas 2014, 372 f. Nr. I.1.351 Taf. 423 Abb. 1176 f.

203 Sie beträgt 29 cm, s. E. Kourinou, in: Despinis – Kaltsas 2014, 372.

204 »The fragment can hardly have been part of a sepulchral stele of the normal type; for it is too thick, and there is no evidence that there was a crowning member«; so Richter 1961, 34.

205 So Richter 1961, 34.

206 Knigge 1988, 129 Abb. 125; Rügler 1989, 232–234 mit Anm. 62–67 Abb. 1 Taf. 41, 2; von Moock 1998, 24 f. 192 f. Nr. 567 Taf. 69 c; Scholl 2007, 55–57; Stroszeck 2014, 209 f. Nr. 46c Abb. 46.6–10; s. hierzu u. 80–83 Abb. 65, 1–2; 67. 69.

207 s. zu dieser – auch für das Verständnis des archaischen Grabkultes wichtigen – Denkmälergattung: W. Zschietzschmann, Die Darstellungen der Prothesis in der griechischen Kunst, AM 53, 1928, 17–47; G. M. A. Richter, Terracotta Plaques from Early Attic Tombs, BMMA 1, 1942, 80–92; Boardman 1955, 51–66 Taf. 1–8; Scheibler 1973, 6 f. Abb. 4; Banou – Bournias 2014, 302 Abb. (sf. Pinax, Kerameikos Inv. 677): R. Lullies, Attisch-schwarzfigurige Keramik aus dem Kerameikos, JdI 61/62, 1946/1947, 55–75 Taf. 1–23; bes. zu Ker. Inv. 690: 56 Nr. 2 Taf. 1–2; Koenigs 1980, 47–49 mit Anm. 160. 161. 164 Abb. 28 (schematische Anordnung der Tonmetopen aus dem Kerameikos an einem rechteckigen Grabbau; s. hier Abb. 32); J. P. Brooklyn, Attic Black-figure Funerary Plaques (Diss. University of Iowa, Ann Arbor 1981); Kurtz – Boardman 1971, 171 Abb. 50; E. Pfuhl, Anfänge der griechischen Bildniskunst, in: K. Fittschen (Hrsg.), Griechische Porträts (Darmstadt 1988) 241. 261 Taf. 6, 5; Knigge 1988, 29 Abb. 26; Mommsen 1997; Engels 1998, 94 mit Anm. 59; Huber 2001, 94–100. 220 f. Nr. 79–91 Abb.; Vlachou 2012, 380; Walter-Karydi 2015, 112–118 mit Anm. 111–129 Abb. 57–60; D. Williams – B. Bundgaard Rasmussen, A Funerary Plaque from Athens, in: B. Bundgaard Rasmussen (Hrsg.), The Past in the Present. National Museum of Denmark (Kopenhagen 2015) 123–144; L. Bournias, A Newly Discovered Funerary Pinax from the Athenian Kerameikos, in: V. Vlachou – A. Gadolou (Hrsg.), Τέρψις. Studies in Mediterranean Archaeology in Honour of Nota Kourou (Brüssel 2017) 247–260 Abb. 1–6; Mommsen 2019, 295–300 Nr. 19 Abb. 210–213 sowie 37 Abb. 8; 70 Abb. 23.

208 Berlin, Antikensammlung F 1813: Koenigs 1980, 47– 49 mit Anm. 160–164 Abb. 28; Mommsen 1997; Huber 2001, 220 f. Kat.-Nr. 85; K. Vierneisel, Gnomon 74, 2002, 707–714; E. Kunze-Götte, Beobachtungen zu den Grabtafeln des Exekias, AntK 56, 2013, 12–15.

209 s. hierzu Mommsen 2019, 296 mit Anm. 2. Von einem Vasenmaler in der Art des Exekias stammt das Fragment eines Pinax mit Prothesis-Szene, das ebenfalls zu einer größeren Serie für einen archaischen Grabbau aus Lehmziegeln gehört haben dürfte: Athen, Arch. Nat. Mus. Inv. 12697: Boardman 1955, 60 Nr. 11; Huber 2001, 221 Kat.-Nr. 86; A. Gadolou, Piece of a Black-Figure Pinax, in: Stampolidis – Oikonomou 2014, 74 Nr. 17 Farbabb.; vgl. auch das gegen 550/540 entstandene Pinax-Fragment mit zwei expressiv klagenden Männern aus dem attischen Spata von der Hand des Lydos: Athen, Arch. Nat. Mus. Inv. ΒΣ 512: A. Gadolou – G. Kavvadias, Η συλλογή Βλάστου-Σερπιέρη. Εθνικό Αρχαιολογικό Μουσείο (Athen 2013) 23 f. Farbabb. sowie Umschlagvorderseite (s. hier Abb. 25).

210 Paris, Louvre MNB 905 (vom Kap Kolias): Boardman 1955, 62 Nr. 28; Kurtz – Boardman 1971, 120 Abb. 33; Kurtz – Boardman 1985, 171 f. Abb. 50; Scholl 1998, 44 Abb. 29; Huber 2001, 221 Nr. 91.

211 Athen, Kerameikos-Mus. Inv. 677 (1941/42 gestohlen): Lullies a. O. (Anm. 207) 56 Nr. 1 Taf. 1; Scheibler 1973, 6 f. Abb. 4; Knigge 1988, 31 Abb. 26; Kunze-Götte – Tancke – Vierneisel 1999, 2. 117 Grab Nr. 466,1 Taf. 78, 2; Huber 2001, 221 Nr. 88; Stroszeck 2014, 141 Abb. 27.26; vgl. auch die Prothesis-Szene auf dem schwarzfigurigen Pinax Athen, Kerameikos-Mus. Inv. 690: K. Kübler, Ausgrabungen im Kerameikos, AA 1935, 299 Abb. 22; Lullies a. O. 56 Nr. 2 Taf. 1,2; Kunze-Götte – Tancke – Vierneisel 1999, 2. 117 Grab Nr. 466,2 Taf. 78, 1; Huber 2001, 221 Nr. 87; Banou – Bournias 2014, 269 Abb.; Stroszeck 2014, 146 Abb. 27.38 sowie New York, Metropolitan Museum of Art (54.11.5): Huber 2001, 98 f. Abb. 7; 221 Nr. 90; C. A. Picón u. a. (Hrsg.), Art of the Classical World in the Metropolitan Mus. of Art. Greece. Cyprus. Etruria. Rome (New Haven – London 2007) 73 Abb. 69.

212 Boston, Museum of Fine Arts 27.146: E. Hofstetter, Sirenen im archaischen und klassischen Griechenland (Würzburg 1990) 81 A 55; 88; Huber 2001, 220 Nr. 80; Scholl 1998, 44 Abb. 28; S. Böhm, Sphingen und Sirenen im archaischen Griechenland. Symbole der Ambivalenz in Bildszenen und Tierfriesen (Regensburg 2020) 29 Abb. 9.

213 Hierzu allg. Hofstetter a. O.; L. Winkler-Horacek, Monster in der frühgriechischen Kunst. Die Überwindung des Unfassbaren (Berlin 2015); Böhm a. O.

214 New York, Metropolitan Mus. of Art 14.146.3a: Boardman 1955, 58 Nr. 1 (um 600); Richter 1968, 33 Nr. 22 Abb. 85 (»perhaps around 630 B.C.«); R. Förtsch, Kunstverwendung und Kunstlegitimation im archaischen und frühklassischen Sparta (Mainz 2001) 97 mit Anm. 860 Abb. 32; Huber 2001, 220 Nr. 79; Heilmeyer – Maßmann 2014, 138 Anm. 313; 140 Anm. 330; 165 Anm. 481.

215 Berlin, Antikensammlung Sk 1800: http://arachne.uni-koeln.de/item/objekt/2204; Heilmeyer – Maßmann 2014; W.-D. Heilmeyer, in: Schwarzmaier – Scholl 2019, 23–26 Nr. 14 Abb.; Scholl 2020, 62–65 Nr. 40 Abb. 40. 41 (Detail des Kopfes im Profil).

216 Hierzu ausführlich Heilmeyer – Maßmann 2014, 165–171 mit Anm. 475–509 Abb. 65–67.

217 So Breder 2013, 14 f. mit Anm. 114–128 ohne die Argumente der älteren Forschung zu diskutieren; s. dagegen überzeugend bereits Koenigs 1980, 48 mit Anm. 161.

218 Athen, Arch. Nat. Mus. Inv. 2410 und 2413: Boardman 1955, 60 Nr. 11; Mommsen 1997, 8; Breder 2013, 15 mit Anm. 124; A. Gadolou, Two Pieces of a Black-Figure Pinax, in: Stampolidis – Oikonomou 2014, 75 Nr. 18 Farbabb.

219 Breder 2013, 6 und öfter. Diese hässliche ›denglische‹ Wortkombination sollte sich vielleicht besser nicht weiter einbürgern.

220 s. hierzu überzeugend Mommsen 2019, 296.

221 s. dazu die Zeichnung bei Koenigs 1980, 48 Abb. 28.

222 So ihre älteren Ergebnisse zusammenfassend Mommsen 2019, 296.

223 Kübler 1959, 90–92.

224 Koenigs 1980, 47–49 Abb. 28.

225 Vgl. hierzu den bekannten Grabgiebel in Zürich, Archäologische Sammlung der Universität Inv. 2135: Scholl 2007 (s. hier Abb. 14) sowie den Lehmziegel-Grabbau der Kornelia (s. u. 80 f. und Abb. 65, 1–2).

226 Jetzt grundlegend G. Gruben – K. Müller, Das Dipylon, Kerameikos. Ergebnisse der Ausgrabungen XXII (Wiesbaden 2018) bes. 207–212 Abb. 88–89 mit einem Katalog der Bauteile des archaischen Rundbaus; Greco 2014, 1277–1280 Abb. 767–769.

227 Jetzt grundlegend G. Kuhn, Das Heilige Tor, Kerameikos XIX (Wiesbaden 2017); Greco 2014, 1275–1277 Abb. 765–766.

228 s. G. Gruben, Untersuchungen am Dipylon 1964–1966, AA 1969, 31–33 Abb. 3. 4; Koenigs 1973, 29 f. Abb. 28–29; Koenigs 1980; Müller 1993, 58–60 mit Anm. 3–9 Abb. 1; Greco 2014, 1288 Abb. 782.

229 Zum Standort Koenigs 1980, 7.

230 Katalog der Bauglieder bei Koenigs 1980, 8–10 Nr. 1–27 mit Tabelle 1 Taf. 2–8 Beil. 3–16.

231 Zeichnungen: Koenigs 1980, 2 Abb. 1. 13 Abb. 3 Beil. 1. 19 (Rekonstruktion des Aufrisses in drei Varianten); Teilrekonstruktion eines Ausschnitts im Kerameikos-Mus. »mit nur einer Wandquaderschicht statt der wahrscheinlich zu ergänzenden fünf Schichten«: so Gruben a. O. (Anm. 228) 32 Abb. 3; Koenigs 1980, Taf. 1.

232 So Koenigs 1973, 29.

233 Koenigs 1980, 13 Block Nr. 6 Beil. 9 Nr. 6.

234 s. hierzu den Überblick zur Entwicklung des Tumulus bei Koenigs 1980, 38–43 Abb. 17–21.

235 s. hierzu Th. Wiegand, Die archaische Poros-Architektur auf der Akropolis zu Athen (Leipzig 1904); G. Gruben, Griechische Tempel und Heiligtümer [5](München 2001) 170–172 Abb. 132; Scholl 2006, 23–27 Abb. 6; zuletzt F. Santi, Frontoni arcaici dell'Acropoli di Atene (Rom 2010).

236 s. Koenigs 1980, 3. 34–36 Abb. 15–16; S. Altekamp, Zu griechischer Architekturornamentik im sechsten und fünften Jahrhundert v. Chr. Exemplarische archäologische Auswertung der nicht-dorischen Blattornamentik (Frankfurt/M. 1991) 70 f. mit Anm. 259–263 Abb. 52.

237 s. zu griechischen Kenotaphen Engels 1998, 23 f.; 115. 123; s. demnächst die in Druckvorbereitung befindliche Dissertation von K. Lölhöffel, Funktionen staatlicher und privater Kenotaphe von der archaischen Epoche bis in die römische Kaiserzeit.

238 Hierzu Koenigs 1980, 37; s. zu den Heroa allg. D. Boehringer, Heroenkulte in Griechenland von der geometrischen bis zur klassischen Zeit. Attika, Argolis, Messenien, Klio Beih. 3 (Berlin 2001); B. von Mangoldt, Griechische Heroenkultstätten in klassischer und hellenistischer Zeit. Untersuchungen zu ihrer äußeren Gestaltung, Ausstattung und Funktion (Berlin 2013).

239 Koenigs 1980, 43–45 Nr. 1–3 Abb. 22–24 Taf. 10, 3 Beil. 21.

240 So das Resümee von Koenigs 1980, 45.

241 Kerameikos, Inv. Nr. A 154 a–c: Koenigs 1980, 5. 47 Abb. 27 Taf. 9, 1–2 Beil. 20.

242 Koenigs 1980, Taf. 9, 2.

243 Kerameikos, Inv. Nr. A 109, A 152: Koenigs 1980, 47 Taf. 10, 1–2; Beil. 22.

244 Koenigs 1980, 47.

245 s. hierzu den detaillierten Steinplan der im sog. Pompeion II gefundenen Wandquader des Rundbaus bei Koenigs 1980, Beil. 2; zum Pompeion grundlegend W. Hoepfner, Das Pompeion und seine Nachfolgerbauten, Kerameikos X (Berlin 1976); zusammenfassend W. Hoepfner, Das Pompeion, Kerameikos-Heft 1 (Athen 1971); Greco 2014, 1263–1268 Abb. 753–759.

246 Hierzu ausführlich Scholl 2006, 121–123 Abb. 51 a–c.

247 s. zuletzt Scholl 2006, 123. 162 Nr. 145–146 Abb. 52 a–b; Scholl 2019, 18–20 mit Anm. 9–18 Abb. 3.

248 Athen, Arch. Nat. Mus. Inv. 3372: Richter 1970, 46 Nr. 6 Abb. 50–53 (Kopf), Abb. 65–67 (Hand); Floren 1987, 251 mit Anm. 3 Taf. 23, 1; Knigge 1988, 27 Abb. 23; Kaltsas 2002, 38 Nr. 13 Abb.; Banou – Bournias 2014, 106–109 Abb.; Greco 2014, 1343 f. Abb. 841; P. Karanastasi, in: Despinis – Kaltsas 2014, 106–110 Nr. I.1.81 Taf. 120–123 Abb. 303–310; Stroszeck 2014, 78 Abb. 14.4; Walter-Karydi 2015, 51–56 Abb. 23.

249 Kerameikos-Mus. P 1700: W.-D. Niemeier, Der Kuros vom Heiligen Tor (2002) Abb. 51–56; Scholl 2006, 122 mit Anm. 555 Abb. 51 b; Eliopoulos 2009, 20 f. Abb. Umschlagvorderseite; Banou – Bournias 2014, 102–105 Abb.; Greco 2014, 1288 f. Abb. 780 a; Stroszeck 2014, 43 f. Abb. 5.6; 5.7 a–b; Walter-Karydi 2015, 54–56 Abb. 24.

250 Richter 1970, 47 Nr. 7 Abb. 54–59. 68; Floren 1987, 251 mit Anm. 4.

251 Richter 1961; L. H. Jeffery, The Inscribed Gravestones of Archaic Attica, BSA 57, 1962, 115–153 Abb. 32–41; zur Gattung zusammenfassend Floren 1987, 281–290 Taf. 25, 1–5; zuletzt R. M. Calkins, Making Kleos Mortal: Archaic Attic Funerary Monuments and the Construction of Social Memory, Diss. University of California Los Angeles (Ann Arbor 2010). Wie die Kouroi setzt auch die Reihe der Poros- und späteren Marmorstelen gleich mit großen Formaten ein. So maß das früheste Exemplar aus dem Kerameikos, die Porosstele eines

unbekleideten Kriegers mit umgehängtem Schwert aus dem Jahrzehnt 580–570, im vollständigen Zustand deutlich über 2 m (s. hier Abb. 36, 1. 2): Athen, Kerameikos Mus. P 1132: Scheibler 1973, 21. 23 Abb. 23; Knigge 1976, 10 mit Anm. 26; Kübler 1976, VIII Abb.; 10–14 Abb. 3; Schmaltz 1983, 157 mit Anm. 369 Taf. 1, 1; Floren 1987, 284 mit Anm. 14 Taf. 25, 1; Knigge 1988, 27 mit Anm. 17 Abb. 24; Morris 1992, 128: »In fact, we have found almost as many sixth-century funerary sculptures as graves«; Houby-Nielsen 1998, 136 mit Anm. 63; Himmelmann 1999, 12 mit Anm. 10 Abb. 1; Eliopoulos 2009, 19 Abb. 13; Stroszeck 2014, 144–146 Abb. 27.36; Walter-Karydi 2015, 63–70 Abb. 28–32. 34. 35; hier Abb. 36, 1–2.

252 Kerameikos Inv. P 1133: Richter 1961, 12 f. Nr. 7 Abb. 29. 30; Kübler 1970, 407–411. 562 f. Nr. 5 Taf. 130. 131; Willemsen 1970, 23–27 Taf. 9. 10, 1–2; Scheibler 1973, 16 Abb. 16; E. Walter-Karydi, Gnomon 46, 1974, 208; Knigge 2006, 136 mit Anm. 34; Greco 2014, 1343 f. Abb. 840; Stroszeck 2014, 145 f. Abb. 27.35.

253 So Kübler 1970, 562.

254 Athen, Kerameikos-Mus. P 1132: Richter 1961, 20 f. Nr. 23, 26 Abb. (die Stele als Teil einer idealtypischen Rekonstruktion des Aussehens attischer Grabstelen im 2. Viertel und der Mitte des 6. Jhs.), Abb. 86; Travlos, Athen 312 Abb. 406; Kübler 1973, 184–189 Abb. 17–19; Scheibler 1973, 21. 23 Abb. 23; B. von Freytag gen. Löringhoff, Neue frühattische Funde aus dem Kerameikos, AM 90, 1975, 49–52; Knigge 1976, 10 mit Anm. 26; Kübler 1976, S. VIII Abb.; 10–14 Abb. 3; Schmaltz 1983, 157 mit Anm. 369 Taf. 1, 1; Floren 1987, 284 mit Anm. 14 Taf. 25, 1; Knigge 1988, 27 mit Anm. 17 Abb. 24; Houby-Nielsen 1998, 136 mit Anm. 63; Himmelmann 1999, 12 mit Anm. 10 Abb. 1; Knigge 2006, 128–130 mit Anm. 1–6; 135–142 mit Anm. 25–77 Abb. 4 Taf. 17, die die hypothetische Benennung des Dargestellten als Solon (Kübler 1973, 190. 192 f.) durch die nicht minder phantasievolle als Alkmeon, Sohn des Megakles (I) ersetzen möchte und zu diesem Zwecke ein abenteuerliches Hypothesengebäude errichtet; Eliopoulos 2009, 19 Farbabb. 13; Banou – Bournias 2014, 118 Abb.; Greco 2014, 1363 Abb. 861; Stroszeck 2014, 145 Abb. 27.36; 160.

255 s. hierzu Scholl 2006, 123 Abb. 52 a–b; Scholl 2019, 15. 24–26.

256 Zum historisch-gesellschaftlichen Hintergrund dieses plötzlichen Umschwungs ausführlich Scholl 2006, 116–126 mit Anm. 510–569 Abb. 51a–52d.

257 Cic. de leg. 2, 64–66; Übers. Ziegler 1979, 295.

258 Hierzu ausführlich Engels 1998, 97–106.

259 s. hierzu Morris 1992, 129 mit Anm. 1; ausführlich Engels 1998, 102 f.; Himmelmann 1999, 18 f. mit Anm. 29.

260 Richter 1970; Richter 1968.

261 s. Richter 1961.

262 So Eckstein 1958, 23.

263 Diese wichtige Passage aus Cicero, de leg. 2, 64. 65 lautet zusammenhängend in der Übersetzung durch K. Büchner (Stuttgart 1989) 80: »Ziemlich viel später aber ist wegen der Größe der Gräber, die wir im Kerameikos sehen, durch Gesetz bestimmt worden, daß keiner ein Grab errichte mit mehr Mühe, als was zehn Männer in drei Tagen schaffen, (65) und es war nicht erlaubt, es mit Stukkatur auszuschmücken [Hervorhebung d. Verf.] oder Hermen, wie sie sie nennen, daraufzustellen [...].«

264 So Eckstein 1958, 23 f. mit Anm. 18–21.

265 s. hierzu Eckstein 1958, 24 mit Anm. 21.

266 s. zu den griechischen Grabmälern der ersten Hälfte des 5. Jhs. allg. Richter 1961, 53–55; zu den Grabmälern dieser Zeit im attischen Bereich zuletzt ausführlich Hildebrandt 2006, 79–84; aus dem 4. Jh. z. B. die Namenstelen für Anna, Dorkas und Sophrone aus dem Grabbezirk XIII auf der südlichen Eckterrasse im Kerameikos: Kovacsovics 1990, 111 f. Nr. 9 a–c Abb. 58 Taf. 27, 2–4 sowie aus dem späten 2. bzw. frühen 1. Jh. die Namenstele der Aitherion: Kovacsovics 1990, 83 Nr. 2 Abb. 46 Taf. 27, 5 aus dem Grabbezirk XII der südlichen Eckterrasse. Als Beispiel aus frühhellenistischer Zeit ist die Namenstele der Mania (Kerameikos I 289) zu nennen. Morris 1992, 135. 138 meint »[...] it may be that in the fourth century most Athenian graves had a simple inscribed stele«; Stroszeck 2014, 234 Nr. 60a Abb. 60.3.

267 s. zu den attischen Namenstelen jetzt grundlegend Hildebrandt 2006, bes. 81 mit Anm. 530 zur »Verwendung organischer oder leicht zerfallender Materialien, wie z. B. Holz oder eines besonders weichen Poros-Steines. Indizien dafür gibt es aber bislang nicht«; Breder 2013, 27 mit Anm. 191 sowie Breder 2013a, 29 zieht die Existenz hölzerner Stelen in Zweifel, aber diese müssen keine Basen besessen, sondern könnten einfach im Boden gesteckt haben, so wie man noch heute vor der dauerhaften Errichtung von Grabsteinen kleine hölzerne Kreuze mit dem Namen des Verstorbenen aufstellt, um der Grabstätte sofort nach der Bestattung die Anonymität zu nehmen; s. auch Sporn 2013a, 275, die für den außerattischen Bereich Grabmarkierungen aus vergänglichem Material mit Recht für »allfällig« hält.

268 s. hierzu Kübler 1949, 18 mit Anm. 2; Nakayama 1982; J. H. Oakley, Picturing Death in Classical Athens. The Evidence of the White Lekythoi (Cambridge 2004); S. Schmidt, Rhetorische Bilder auf attischen Vasen. Visuelle Kommunikation im 5. Jahrhundert v. Chr. (Berlin 2005); Scholl 2007; Maderna 2011.

269 So noch Kübler 1949, 13.

270 s. die Vorberichte Vierneisel 1963; Vierneisel 1964; Vierneisel 1964a; Breder 2013, 13 mit Anm. 101.

271 s. hier 42–44 Abb. 39–40.

272 s. Vierneisel 1963, 29 Plan 1. 2 Taf. 26 c; Vierneisel 1964, 449 f. Abb. 21. 41. 42.; Knigge 1988, 145 Nr. 45 a; Stroszeck 2014, 243 Nr. 66a Abb. 66.1 (Plan); 66.2 (Grabungsfoto des Baus von Nordosten).

273 So Vierneisel 1964, 449.

274 Vierneisel 1963, 29 Taf. 26 b; Vierneisel 1964, 455 Abb. 42; Kurtz – Boardman 1985, 124 Abb. 34; Banou – Bournias 2014, 303 Abb.; Stroszeck 2014, 244 Abb. 66.3.

275 So Stroszeck 2014, 243 f. Abb. 66.4.; zum Sabouroff-Maler s. G. G. Kavvadias, Ο Ζωγράφος του Sabouroff, Δημοσιεύματα του Αρχαιολογικού Δελτίου 71 (Athen 2000).

276 s. Vierneisel 1964, 449 f.

277 Vierneisel 1963, 29.

278 Vierneisel 1964, 449 f.; s. auch Vierneisel 1963, 29.
279 Vierneisel 1964a, 41 Plan 1 (mit a bezeichnet) Taf. 36 a; Doronzio 2018, 66 Abb. 14.
280 Hierzu jetzt grundlegend Maderna 2011 mit der älteren Lit.
281 Hierzu ausführlich Breder 2013, 23–31 Taf. 6–9.
282 s. Scholl 2007, 51–64 Abb. 1 a–b. 5a–e.
283 Boston, Museum of Fine Arts 01.8080: Nakayama 1982, 255 Taf. 3 Nr. GB-II-3; E. Giudice, *Demosion Sema* e resistenze aristocratiche, in: I. Colpo – I. Favoretto – F. Ghedini (Hrsg.), Iconografia 2001. Studi sull'immagine (Rom 2002) 179–188, bes. 184–186 mit Anm. 29–37 Abb. 5; Scholl 2007, 56 mit Anm. 11. 12 Abb. 4; Breder 2013, 24 mit Anm. 160.
284 Gotha, Schloßmus. 51: Scholl 1996, 208 f. Anm. 1367 Abb. 2.
285 Zu dieser Gattung grundlegend Scholl 1996.
286 s. z. B. Athen, Arch. Nat. Mus. Inv. 1958: Breder 2013, 23 mit Anm. 159; 288 Taf. 6 Abb. 14.
287 Athen, Arch. Nat. Mus. Inv. 3585: Clairmont, CAT II, Nr. 2.052 Abb.; Maderna 2011, 66 mit Anm. 131 Abb. 35.
288 So Maderna 2011, 66.
289 Daher ist folgende Feststellung von Breder 2013, 27 f. zu relativieren: »[…] ist eine realistische Darstellung zeitgenössischer attischer Grabstelen [scil. auf den weißgrundigen Lekythen] nicht zu erwarten.«
290 So Breder 2013, 31.
291 Breder 2013, 25 mit Anm. 180: »Die zweite wichtige Form von Grabanlagen archaischer und klassischer Zeit ist die des quaderförmigen Lehmziegelbaus, dessen Darstellung in den Bildern der weißgrundigen Lekythen fehlt.«
292 s. Nakayama 1982, 43–59 Abb. 4 (Monumenttyp GB. Blockförmiges Grabmonument – ›Grabbau‹); 255 f. Taf. 4. 5.
293 Karlsruhe, Badisches Landesmuseum Inv. B. 1528: Scholl 1998, 39 f. mit Anm. 33 Abb. 25; Maderna 2011, 51 mit Anm. 49 Abb. 16; Breder 2013, 28 mit Anm. 196–199.
294 So Morris 1992, 132.
295 Cic. de leg. 2, 64; Eckstein 1958; V. Zinserling, Das attische Grabluxusgesetz des frühen 5. Jahrhunderts, WissZJena 14, 1965, 29–34; Stupperich 1977, 71–86; R. Garland, The Well-Ordered Corpse: An Investigation into the Motives behind Greek Funerary Legislation, BICS 36, 1989, 1–15, bes. 5–7 mit Anm. 10–26; E. A. Meyer, Epitaphs and Citizenship in Classical Athens, JHS 113, 1993, 106 f. mit Anm. 13; grundlegend hierzu Engels 1998, 97–106.
296 Morris 1992, 132–137 mit Anm. 5 f. Abb. 28 a–d. 29. 30.
297 s. mit den Befunden Morris 1992, 132 mit Anm. 5 Abb. 28 a–d.
298 Hierzu bes. Stupperich 1977; Ch. W. Clairmont, Patrios Nomos. Public Burial in Athens during the Fifth and Fourth Centuries B.C. (Oxford 1983); N. Loraux, L'invention d'Athènes (Paris 1981); Morris 1992, 129–132 mit Anm. 3 f.; Goette 2009; N. T. Arrington, Ashes, Images and Memory. The Presence of the War Dead in Fifth-century Athens (Oxford 2015); Scholl 2018, 231 mit Anm. 196–199.
299 Kübler 1973; Kübler 1976, 5–21. 65–90; Morris 1992, 132 mit Anm. 5 Abb. 28 a–d. 29.
300 Kübler 1976, 73–86; Morris 1992, 133–136 Abb. 28 a–d. 29.
301 Grabbau d: Kübler 1976, 77–79 Abb. 7; Morris 1992, 134 Abb. 28 b; 136 Abb. 29; Grabbau e: Kübler 1976, 83–86 Abb. 9; Morris 1992, 136 Abb. 28 d. 29; Grabbau f: Kübler 1976, 86–90 Abb. 10; Morris 1992, 136 Abb. 28 d. 29.
302 Eine zweite Abfolge größerer Grabhügel aus der Zeit von 500 bis 430 wurde an der Piräus-Straße ausgegraben: Morris 1992, 132 Anm. 5 mit ausführlichen Nachweisen; I. Morris, Everyman's Grave, in: A. Boegehold – A. C. Scafuro (Hrsg.), Athenian Identity and Civic Ideology (Baltimore 1994) Kap. 5 (Heroes and citizens) Anm. 44 mit weiteren Nachweisen.
303 So Breder 2013a, 30 mit Anm. 16. 17.
304 Hierzu und zur Rolle der Peripherie Attikas jetzt ausführlich Scholl 2018, 187–239 Abb. 1–29.
305 s. Kurtz – Boardman 1971, 132–136. 420; Knigge 1988, 35–39.
306 s. hierzu Woysch-Meautis 1982; Vedder 1985.
307 s. hierzu grundlegend C. Patterson, Pericles's Citizenship Law of 451/50 B.C. (New York 1981, Reprint 1987); Ch. Meier, Athen. Ein Neubeginn der Weltgeschichte (Berlin 1993) 398–401; Bleicken 1994, 562 f.; K.-W. Welwei, Das klassische Athen. Demokratie und Machtpolitik im 5. und 4. Jahrhundert (Darmstadt 1999) 106. 111. 254; J. H. Blok, Perikles' Citizenship Law: A New Perspective, Historia 58, 2009, 141–170.
308 s. hierzu M. Weber, Die Kultbilder der Aphrodite Urania der zweiten Hälfte des 5. Jhs. v. Chr. in Athen/Attika und das Bürgerrechtsgesetz von 451/50 v. Chr., AM 121, 2006, 165–223 Taf. 21–29; A. Schwarzmaier, Wo ist Heimarmene? Eine neue Deutung des berühmten Amphoriskos in der Berliner Antikensammlung, AA 2012, 15–41 Abb. 1–16, bes. 37 f. zur Hochzeitsideologie im klassischen Athen.
309 So Morris 1992, 143.
310 Hier nur die eklatantesten Beispiele mit Rittern und Hopliten in der Schlacht: Clairmont, CAT 2.131 (Rom, Villa Albani 985); 2.130 (Berlin, Antikensammlung Sk 742; aus Chalandri; http://arachne.uni-koeln.de/item/objekt/104023); 2.192 (New York, Metropolitan Mus. of Art 29.47); 2.209 (Athen, Kerameikos Inv. P 1130: Dexileos); 2.213 (Athen, Arch. Nat. Mus. Inv. 3708: Basis); 2.217 (Boston, Museum of Fine Arts 1971.129: Grabrelief des Stratokles); 2.393 (Athen, Agora-Mus. S 1799: Loutrophoros-Relief); 3.430a (Athen, Arch. Nat. Mus. Inv. 3620a): Lekythen-Relief); 4.432 (Athen, 3. Ephorie M 977: Loutrophoros-Relief; s. hierzu bes. S. Kaempf-Dimitriadou, Aus einem attischen Grabperibolos. Die Marmorlutrophoros des Philon in Athen, AntK 43, 2000, 70–84; Tillios 2010, 97 f. Nr. RK 9 Taf. 3). Ausführlich zu den Heroisierungstendenzen im Kriegerbild der frühen attischen Grabreliefs der Klassik: Scholl 2018; A. Scholl, Die Bronzestatuen der beiden Krieger aus dem Meer vor Riace. Zum Typen-Porträt des Heros in der griechischen Klassik, in: N. Zimmermann-Elseify – A. Schwarzmaier (Hrsg.), Starke Typen. Griechische Porträts der Antike, Ausstellungskatalog Berlin (Petersberg 2019) 24–35 Abb. 1–9; s. zu den Reliefs des Demosion Sema und Verwandtem Stupperich 1977; zuletzt Goette 2009; Arrington 2015.
311 A. Spiess, Der Kriegerabschied auf attischen Vasen der archaischen Zeit (Frankfurt/M. 1992).
312 Knigge 1988, 110–139 Abb. 3. 106–132. 165; Stroszeck 2014, 45 f. Abb. 6.1–4; 187–219 Abb. 38.1–51.4.
313 s. hierzu Vedder 1985.

314 s. hierzu grundlegend Schmaltz 1970.

315 Berlin, Antikensammlung Sk 1452: http://arachne.uni-koeln.de/item/objekt/2362; Scholl 2020, 94 f. Abb. 59.

316 s. zu den Tierskulpturen in der Ausstattung spätklassischer Grabanlagen Woysch-Méautis 1982; Vedder 1985.

317 Berlin, Antikensammlung Sk 498: http://arachne.uni-koeln.de/item/objekt/104038; Sk 499: http://arachne.uni-koeln.de/item/objekt/104040; A. Schwarzmaier, in: Schwarzmaier – Scholl 2019, 118–122 Nr. 65–66 Abb.; Scholl 2020, 94 f. Abb. 58.

318 »Der Grabhügel, der Tymbos oder das Choma, wie die Griechen sagten, und die Stele oder ein anderer malartiger Gegenstand sind also Elemente dieser Anlagen. Als Raumform tritt das Grab gar nicht in Erscheinung, und von architektonischer Ausgestaltung kann kaum die Rede sein«; so noch Matz 1928, 268.

319 s. Knigge 1988, 39–42; zur plastischen Ausstattung attischer Grabanlagen des 4. Jahrhunderts: Vedder 1985; Scholl 1996; Bergemann 1997; Marchiandi 2011; zuletzt Breder 2013, 119–135; Scholl 2020, 92–95 Abb. 57–59.

320 s. die Kataloge bei Garland 1982; Bergemann 1997; Marchiandi 2011; Breder 2013.

321 s. die sog. Terrassenanlage: Knigge 1988, 110; Kovacsovics 1990, 6 Beil. 4; dazu R. Stupperich, Gnomon 65, 1993, 705–709; I. Morris, AJA 95, 1991, 750; zum Züricher Grabgiebel (s. hier Abb. 14) ausführlich Scholl 2007. »Vom 4. Jahrhundert an aber ist zu beobachten, wie das alte Choma eine besondere architektonische Ausgestaltung erfährt«; so Matz 1928, 270.

322 s. bes. Vierneisel 1963, 27 Plan 1 unten links; Plan 2 (mit gestrichelter Ergänzung der nicht erhaltenen bzw. unter der Piräus-Straße liegenden Außenmauern des Grabbaus); Taf. 22 links; Vierneisel 1964, 422–434 Abb. 19–23; Knigge 1988, 145–147 Nr. 44 Abb. 142; Breder 2013, 190 Nr. C9 Abb. 27. 33. 160. 206. 207; Greco 2014, 1378 f. Abb. 877. 878; Stroszeck 2014, 244 f. Nr. 66 b Abb. 66.6–8.

323 s. hierzu Will 1983, 3–11; Errington 1986, bes. 81 f.; Habicht 1995, 19. 23. 206.

324 So Vierneisel 1964, 422. 431.

325 Vierneisel 1964, 431 sowie Vierneisel 1963, 27 Plan 1–2 Taf. 22.

326 s. Vierneisel 1964, 431.

327 s. zu diesen D. Ohly, Kerameikos, in: E. Boehringer (Hrsg.), Neue deutsche Ausgrabungen im Mittelmeergebiet und im Vorderen Orient (Berlin 1959) 257 Taf. 5 Farbabb. 6 (Geisonblock vom Grabbezirk der Hegeso; zeichnerische Rekonstruktion der polychromen Fassung); 259 Abb. 8 (Schnittzeichnung desselben Geisonblocks).

328 Vierneisel 1964, 432.

329 Vierneisel 1963, 27.

330 So zusammenfassend Breder 2013, 190.

331 Vierneisel 1963, 27 Taf. 23.

332 s. zu diesen Vierneisel 1964, 432–434 Abb. 24–27; Kurtz – Boardman 1985, 122 Abb. 32; Knigge 1988, 148 f. Abb. 143. 144; Houby-Nielsen 1998, 133 mit Anm. 41; Breder 2013, Abb. 160; Stroszeck 2014, 244 f. Abb. 66.8.

333 s. zu diesen jetzt grundlegend Breder 2013.

334 So das Fazit von Vierneisel 1964, 434.

335 s. hierzu Himmelmann 1999, 19 mit Anm. 30; 92 »[...] die Renaissance der Grabreliefs um 430 war Zeugnis einer demokratischen Gesellschaft, die sich selbstbewußt aneignete, was in archaischer Zeit praktisch ein Privileg der Aristokraten gewesen war«; ausführlich zum Problem Scholl 2007, 73–78; Scholl 2018, 187–239; Morris 1992, 148 f. glaubt nicht an einen konkreten historischen Anlass und beantwortet die Frage »Why then?« mit dem so abstrakten wie beliebigen Hinweis auf »cycles of display.« Diese hat es fraglos gegeben, aber ursächlich ist ein abrupter Wechsel der Grabsitte so natürlich nicht zu erklären; s. auch o. Anm. 304.

336 s. hierzu K. Kübler, Ausgrabungen im Kerameikos, AA 1935, 272–275; 262 Abb. 1 Nr. 9; 263 f. Abb. 2; 265 f. Abb. 3; Kübler 1949, 13 mit Anm. 2; Kübler 1976, 83–90 Abb. 9. 10; Knigge 1988, 107–110 Nr. 17 Abb. 101–106. 165 (Orientierungsplan); Houby-Nielsen 1998, 139 mit Anm. 83 f.; Breder 2013, 13 f. 183 Nr. A 19; Greco 2014, 1364 f. Abb. 863; Stroszeck 2014, 149 Nr. 51. 159 Nr. 51 Abb. 28.7; 218 f. Nr. 51 Abb. 51.1–4; Stroszeck schreibt 159: »Über dem Südostrand des Hügels [sog. Hügel G] entstand um 400 ein großer Lehmziegelbau, dessen Fassade zur Gräberstraße hin ausgerichtet ist.«

337 K. Kübler, Ausgrabungen im Kerameikos, AA 1935, 274.

338 K. Kübler, Ausgrabungen im Kerameikos, AA 1935, 273.

339 Kübler 1949, 13 mit Anm. 2.

340 s. die Rekonstruktionszeichnungen bei Kübler 1976, Beil. 35, 2 (von Osten); 36, 1 (von Süden); Knigge 1988, 109 Abb. 104 (von Süden); Stroszeck 2014, 218 Abb. 51.2 (von Süden).

341 s. Knigge 1988, 107 Abb. 101.

342 Kerameikos Inv. 1845: Kübler 1976, 84 Taf. 29, 2; Knigge 1988, 108 f. Abb. 105 f.; Kunze-Götte – Tancke – Vierneisel 1999, 74 f. Nr. 264 Taf. 48, 3–5 mit der älteren Lit.; Banou – Bournias 2014, 135 Abb.; Greco 2014, 1299 f. Abb. 790; Stroszeck 2014, 218 f. Abb. 51.3–4.

343 s. hierzu Knigge 1988, 109; Kunze-Götte – Tancke – Vierneisel 1999, 1 mit Anm. 6.

344 Knigge 1988, 109.

345 s. Breder 2013.

346 So Lohmann 1993, 187 mit Anm. 1282, der sich auf H. Lauter, Lathuresa. Beiträge zur Architektur und Siedlungsgeschichte in spätgeometrischer Zeit, Attische Forschungen 2 (Mainz 1985) 64 f. Abb. 9 (Grundriss der monumentalen Grabterrasse aus dem 4. Jh.; Aufnahme von G. Gruben) bezieht; s. auch Travlos, Attika 460 Abb. 578; Goette 1993, 152: »Bevor man nach Vari hineinfährt, dort, wo die Reihe der Tavernen endet, steht südlich neben der Straße ein großer klassischer Grabbezirk, ein Mauergeviert aus großen Quadern (Lage auf dem Plan Goette 1993, 148 Abb. 50 Nr. 2); diese weisen einen feinen Fugenschnitt mit unregelmäßigen Einklinkungen an den Seiten auf, während die Ober- und Unterkanten der Blöcke waagerecht gearbeitet sind. Daneben liegen einige unverzierte Marmorsarkophage auf dem Boden«; s. auch Schörner – Goette 2004, 10–12 Beil. 1 Nr. 14; Beil. 2 Nr. 7; Breder 2013, 219 f. Nr. U1 Taf. 18 Abb. 46. 47.

347 Kübler 1949, 7. 9 mit Anm. 2; Taf. 4, 1–2; Garland 1982, 169 f. Nr. R 1; Goette 1993, 149; Breder 2013, 216 Nr. R1 Abb. 129. 252. Der

besonders große Quaderbau wurde bei Anlage der Landebahn des internationalen Flughafens »Ellinikon« auf das Gelände des südwestlich anschließenden Sportflugplatzes versetzt, wo er heute von der Uferstraße Leophoros Vasiliou Georgiou II gut sichtbar ist.

348 So Breder 2013, 216 Nr. R1.

349 s. den Grabungsplan bei Breder 2013, 381 Abb. 252.

350 So Kübler 1949, 9 Anm. 2.

351 s. J. S. Traill, The Political Organization of Attica. A Study of the Demes, Trittyes, and Phylai, and their Representation in the Athenian Council, Hesperia Suppl. 14 (Princeton 1975) 109 Nr. 7 (Demos Aixone der Phyle Kekropis); 110 Nr. 51 (Demos Halimous der Phyle Leontis); Schörner – Goette 2004, 4–6; D. Ackermann, Une microhistoire d'Athènes. Le dème d'Aixônè dans l'Antiquité (Athen 2018) zum Demos Aixone.

352 So Breder 2013, 216.

353 Garland 1982, 127; Stichel 1992, 438; Lohmann 1993, 187. Zum Grabluxusverbot des Demetrios s. ausführlich Engels 1998, 121–147 und hier 60–62.

354 s. bes. Geominy 2007a, 43–101, bes. 72–83 zur Reliefplastik Textabb. 17–22 Abb. 93–102; Geominy 2007, 93 f. Auch Houby-Nielsen 1998, 131 mit Anm. 27 geht davon aus, »[…] that elaborate Classical grave sculpture continued to be used in the Kerameikos by burying groups to express high status even after 300.«

355 s. hierzu ausführlich Scholl 1994, 266–271; Himmelmann 1999, 90.

356 s. G. B. Waywell, The Free-standing Sculptures of the Mausoleum at Halicarnassus in the British Museum. A Catalogue (London 1978); Jeppesen 1992; Cook 2004; Israel 2016.

357 Athen, Piräus Mus. (Rekonstruktion des gesamten Grabbaus). Eine offizielle Publikation des bereits 1968 gefundenen und heute (2020) im Piräus-Museum ausgestellten Kallithea-Monuments liegt auch ein halbes Jahrhundert nach der Entdeckung noch nicht vor; s. jetzt aber die ausführliche und reich illustrierte Darstellung bei Israel 2016, 109–173 Taf. 56–82. Sonst finden sich in der archäologischen Literatur meist nur stichwortartige Äußerungen: SEG XXIV 258 (Publikation der Grabinschrift); E. Tsirivakos, Vorläufiger Bericht über eine Grabung in Kallithea, AAA 1, 1968, 35 f. Abb. 1; 108 f. Abb. 1–3; E. Tsirivakos, Kallithea. Ergebnisse der Ausgrabung, AAA 4, 1971, 108–110 Abb. 1–2; G. Daux, Notes de lecture, BCH 92, 1968, 749–753; Stupperich 1977, 180 mit Anm. 5; 181; Garland 1982, 158 f. Nr. L2; R. Fleischer, Der Klagefrauensarkophag aus Sidon (Tübingen 1983) 67; Kockel 1983, 28–31 mit Anm. 236; Schmaltz 1983, 65. 77 Anm. 171a; 129 f. 141 f. 221 Anm. 518; Knigge 1984, 231 Anm. 29; Vedder 1985, 87. 93. 118. 122–125. 133 Anm. 471; 302 Nr. V 12; Vierneisel-Schlörb 1988, 29 Anm. 6; 160 Anm. 4; Fedak 1990, 103 f.; B. S. Ridgway, Hellenistic Sculpture I. The Styles of ca. 331–200 B.C. (Madison, Wisconsin 1990) 31–33. 49; Himmelmann 1999, 90 mit Anm. 118; G. Steinhauer, La restauration du monument funéraire de Kallithéa, in: Pratiques funéraires et manifestations de l'identité culturelle (Âge du Bronze et Âge du Fer). Actes du 4e Colloque International d'Archéologie Funéraire organisé a Tulcea, 22–28 Mai 2000 (Tulcea 2006) 145–150 Abb.; Geominy 2007, 93 f. mit Anm. 43–53.

358 Zum Fundort Israel 2016, 110 f. Taf. 56, 2.

359 Zur Grabinschrift SEG XXIV 258; Israel 2016, 158–160 mit Anm. 847–857 Taf. 58, 3.

360 G. Steinhauer, The Archaeological Museum of Piraeus (Athen 2001) 83–84 Abb. 24–26; ders., Το Αρχαιολογικό Μουσείο Πειραιώς Athen 2001) 305–309 mit 4 Abb.; 348–355 Abb. 458–465 (englische Edition: https://www.latsis-foundation.org/content/elib/book_9/piraeus_en.pdf); Wiedergabe der jetzigen Aufstellung: Breder 2013, Taf. 45 Abb. 119; Israel 2016, Taf. 57.

361 Israel 2016, 110 mit Anm. 611.

362 Dokumentiert ist diese erste Aufstellung im Piräus-Mus. in den (von Israel 2016 genutzten) Aufnahmen des DAI Athen D-DAI-ATH-87/79 (Epistyl des Naiskos); 87/80; 87/81; 87/82 (Naiskos mit den drei Skulpturen) sowie 87/83–86 (Einzelaufnahmen der Rundskulpturen) und 87/91; 87/92 Orthostatenreihe, Amazonomachie-Fries und Sockel des Naiskos).

363 Diese Art der Ausstellung erinnerte u. a. an die Präsentation antiker Architekturglieder im Inneren der Rekonstruktion des Großen Zeus-Altars von Pergamon im ersten Pergamonmuseum (1901–1907); s. Scholl 2020, 127. 130 f. Abb. 84.

364 Die Rekonstruktion des Grabbaus ist eine der vielen, hervorragenden Arbeiten des Bildhauers und Restaurators Stelios Triantis, dessen umfassendes Werk von G. I. Despinis in einem Gedenkband zu Ehren von Triantis zusammengestellt worden ist: D. Damaskos (Hrsg.), Αρχαία ελληνική γλυπτική. Αφιέρωμα στη μνήμη του γλύπτη Στέλιου Τριάντη, MusBenaki Suppl. 1 (Athen 2002) 9–16.

365 s. hierzu und allg. A. Scholl, Präsentationen antiker Architektur in den archäologischen Museen Griechenlands, in: M. Maischberger – B. Feller (Hrsg.), Außenräume in Innenräumen. Die musealen Raumkonzeptionen von Walter Andrae und Theodor Wiegand im Pergamonmuseum (Berlin 2018) 235–246 Abb. 1–11 bes. Abb. 11.

366 s. zuletzt Israel 2016, 195 Nr. XVI Abb.

367 Israel 2016, Taf. 58, 4.

368 Israel 2016, Taf. 70, 1–2.

369 Israel 2016, Taf. 76.

370 Israel 2016, Taf. 76; 78, 3; 80, 1; 82, 1.

371 Israel 2016, Taf. 58, 3.

372 Zu Histria/Istros Israel 2016, 160–162 mit Anm. 858–875.

373 Zu den Metöken auf attischen Grabmälern des 4. Jhs. ausführlich Scholl 1996, 174–176.

374 s. hierzu Scholl 1993, 368–373 Abb. 7–8.

375 Der Versuch einer Ableitung des Podiums aus der attischen Grabbautradition ist, soweit ich sehe, noch nicht unternommen worden. Die wenigen, etwas ausführlicheren Äußerungen zum Kallithea-Monument – vor dem Erscheinen von Israel 2016 – verweisen auf das Nereiden-Monument von Xanthos (P. Demargne – P. Coupel, Le Monument des Néréides, I. L'architecture [Paris 1969]; P. Demargne – W. A. P. Childs, Le Monument des Néréides, II. Le décor sculpté [Paris 1989]; s. u.

Anm. 448, und/oder das Maussolleion von Halikarnassos; s. hierzu z. B. Kockel 1983, 28: »Während der prostyle, freistehenden Statuen Platz bietende Naiskos sich aus der attischen Entwicklung erklärt, muß der hohe Sockel wohl mit kleinasiatischen Traditionen in Zusammenhang gebracht werden«).

376 s. die mit Maßen versehene Rekonstruktionszeichnung bei Israel 2016, 195 Abb.

377 s. o. 44 f. mit Anm. 347.

378 Eine Rekonstruktionszeichnung im Piräus-Museum (hier Abb. 44) zeigt das Monument frei in der Landschaft stehend, während Israel 2016, 111 ohne nähere Begründung konstatiert: »Vor dem rechten Turm eines solchen Tores der Nordmauer konnte die ehemalige Aufstellung des Grabmonuments von Kallithea lokalisiert werden.« Auch die Karte Israel 2016, Taf. 56,2 erlaubt keine genaue Verortung des Grabbaus. Bevor nicht endlich eine nachvollziehbare Dokumentation der Fundumstände und aller Teile des Denkmals vorliegt, bleiben Aussagen zur genauen Aufstellungssituation weiterhin Spekulation.

379 Israel 2016, Taf. 70, 1; 76; <https://www.latsis-foundation.org/content/elib/book_9/piraeus_en.pdf>, 350 f. Abb 458 f.; aus der Statuengruppe eines ähnlich anspruchsvollen Grabmals der Spätklassik dürfte die qualitätvolle Mantelfigur eines Mannes aus dem attischen Velanideza im Budapester Museum der Bildenden Künste stammen: s. A. Hekler, Museum der Bildenden Künste in Budapest. Die Sammlung antiker Skulpturen (Wien 1929) 38 f. Nr. 26 Abb. 26; Bergemann 1997, 176 Nr. 675; Despinis 2002, 225 mit Anm. 86.

380 Zum Daochos-Monument in Delphi mit der älteren Lit. B. Hintzen-Bohlen, Die Familiengruppe. Ein Mittel zur Selbstdarstellung hellenistischer Herrscher, JdI 105, 1990, 134–137 Abb. 2; dies., Herrscherrepräsentation im Hellenismus. Untersuchungen zu Weihgeschenken, Stiftungen und Ehrenmonumenten in den mutterländischen Heiligtümern Delphi, Olympia, Delos und Dodona (1992); s. mit einer neuen Deutung des historischen Zusammenhangs, durch die sich die Datierung des Monuments um zwei Generationen in das frühe 3. Jh. verschiebt, W. Geominy, Zum Daochos-Weihgeschenk, Klio 80, 1998, 2, 369–402.

381 s. hierzu R. Seager, Lysias Against the Corndealers, Historia 15, 1966, 172–184; Th. S. Noonan, The Grain Trade of the Northern Black Sea in Antiquity, AmJPhil 94, 1973, 231–242; Ph. Gauthier, De Lysias à Aristote (Ath. pol. 51, 4): Le commerce du grain à Athènes et les fonctions de sitophylaques, Revue Historique de Droit français et étranger 59, 1981, 5–28; P. Garnsey, Grain for Athens, in: Crux. Essays Presented to G. E. M. de Ste. Croix (London 1985) 62–75; H. Montgomery, »Merchants fond of Corn.« Citizens and Foreigners in the Athenian Grain Trade, SymbOslo 61, 1986, 43–61; T. Figueira, Sitopolai and Sitophylakes in Lysias' »Against the Graindealers«: Governmental Intervention in the Athenian Economy, Phoenix 40, 1986, 149–171; J. Engels, Anmerkungen zum ›Ökonomischen Denken‹ im 4. Jahrhundert v. Chr. und zur wirtschaftlichen Entwicklung des Lykurgischen Athen, MünstBeitr 7 H. 1, 1988, 90–133, bes. 115–121 mit Anm. 74–83; R. Stroud, The Athenian Grain-Tax Law of 374/3 B.C., Hesperia Suppl. 29 (Princeton 1998).

382 Zu den im Seehandel mit Getreide tätigen Metöken s. L. Casson, Die Seefahrer der Antike (München 1979) 186 – 188; J. Vélissaropoulos, Les nauclères grecs. Recherches sur les institutions martimes en Grèce et dans l'Orient héllenisé (Genf –Paris 1980).

383 s. etwa IG II/III[2] 342. 360. 398. 400. 401. 407–409. 416; SEG XXI 298; s. zu diesen Inschriften S. Isager – M. H. Hansen, Aspects of Athenian Society in the Fourth Century B.C. (Odense 1975) 207 Anm. 55; Casson a. O. 188–192 mit der Ehreninschrift für Herakleides, Sohn des Charikleides, aus dem zyprischen Salamis (IG II/III[2] 360; SIG I Nr. 304); C. J. Schwenk, Athens in the Age of Alexander. The Dated Laws and Decrees of ›the Lycourgan Era‹ 338–322 B.C. (Chicago 1985) Nr. 67 (326/325); Nr. 68 (325/324); Nr. 85 (323/322); R. Garland, The Piraeus from the Fifth to the Fourth Century B.C. (London 1987) 90; Meyer 1989, 301 Nr. A126 (Ehrung für Unbekannte wegen Getreidelieferungen); 311 Nr. A165 Taf. 45, 1 (Vorderteil eines Schiffes, wohl einer Triere, mit drei Getreideähren, darüber ein Ehrenkranz).

384 Weitere rundplastische Grabfiguren von jungen Athleten belegen, dass es ähnliche Statuengruppen in Naiskoi gegeben haben wird: s. z. B. Piräus, Arch. Mus.: G. Steinhauer, Τα μνημεία και το Αρχαιολογικό Μουσείο του Πειραιά (Athen 1998) 74 Abb. 22; ders., Το Αρχαιολογικό Μουσείο Πειραιώς (Athen 2001); ders., The Archaeological Museum of Piraeus (Athen 2001) (englische Ausgabe: https://www.latsis-foundation.org/content/elib/book_9/piraeus_en.pdf) 304 Abb. 442 [S. 333] um 400; rundplastische Figur eines Pais: Athen, Arch. Nat. Mus. Inv. Θ 263: Despinis 2002, 213–215 Abb. 10–13.

385 Bleicken 1994, 88.

386 s. zur Vorbildfunktion der Politen bes. Aristoph. Aves 32; V. Ehrenberg, Aristophanes und das Volk von Athen (Zürich 1968) 159 mit Anm. 45; Chr. Meier, Die Entstehung des Politischen bei den Griechen (Frankfurt/M. 1980) 91 f.

387 s. hierzu Ehrenberg a. O. 161.

388 Bleicken 1994, 88.

389 s. hierzu Schmaltz 1970, 102 Anm. 176.

390 So G. Zimmer, Römische Berufsdarstellungen (1982) 79. Zu der hierfür maßgeblichen ›banausia‹-Ideologie s. bes. D. Whitehead, The Ideology of the Athenian Metic (Cambridge 1986) 116–121.

391 s. hierzu bes. Whitehead a. O. 117 mit Anm. 40 und dem Verweis auf die sorgfältige Analyse des klassischen Falls der gemeinsamen Tätigkeit von Bürgern, Metöken und Sklaven durch R. H. Randall, The Erechtheum Workmen, AJA 57, 1953, 199–221. s. hierzu auch N. Himmelmann, Zur Entlohnung künstlerischer Tätigkeit in klassischen Bauinschriften, JdI 94, 1979, 127–142; B. Wesenberg, Kunst und Lohn am Erechtheion, AA 1985, 55–65; J. Engels, »Mit meiner Hände Arbeit.« Zeugnisse über die Wertschätzung eigener Arbeit im demokratischen Athen, in: H.-J. Drexhage – J. Sünskes (Hrsg.), Migratio et Commutatio. Studien zur Alten Geschichte und deren Nachleben. Festschrift Thomas Pekáry (1989) 136–156; s. demnächst S. Distler, Bauern und Banausen – Dar-

stellungen des Handwerks und der Landwirtschaft in der griechischen Vasenmalerei (unpubl. Diss. Univ. Regensburg 2016).

392 s. bes. Clairmont, CAT I Nr. 1.202 Abb.; Scholl 1996, Nr. 464 mit der älteren Lit.

393 Scholl 1993, 353–373 Abb. 1–8 Taf. 1–3; Eliopoulos 2009, 15 Abb. 10.

394 Zustimmend Engels 1998, 122 Anm. 8; U. Sinn, Das ›Charonrelief‹ vom Kerameikos in Athen, in: ders., Einführung in die Klassische Archäologie (München 2000) 114–119 Nr. 9 Abb. 13; Breder 2013, 176 Nr. A 4 Abb. 63. 178.

395 P. N. Boulter, The Frieze of the Erechtheion, AntPl 10 (Berlin 1970) 7–28 Abb. 1–27 Taf. 1–30.

396 Jeppesen 1992, 91–93 Taf. 32.

397 Kerameikos P 1379: Knigge 1984, 217–234 Taf. 36–39; Vierneisel-Schlörb 1988, 160 Anm. 4; Knigge 1988, 153 f.; Despinis 2002, 215 mit Anm. 33.

398 s. Knigge 1988, 153 f. Nr. 57 Abb. 165; Greco 2014, 1324–1327 Abb. 821; Stroszeck 2014, 251 f. Nr. 71 Abb. 71.1–5.

399 s. auch Knigge 1988, 154.

400 s. Knigge 1988, 154. 156 Abb. 153.

401 So Knigge 1984, 217 mit Anm. 1.

402 Knigge 1984, 217–231 Abb. 1. 2. 4. 5 Taf. 37. 38; Knigge 1988, 154. 156 Abb. 153 (ebenda um 350–325 datiert).

403 s. o. 46–52 Abb. 42–46.

404 s. u. 55–58 mit Abb. 49–51.

405 Knigge 1988, 154.

406 Stroszeck 2014, 251.

407 s. Kosmopoulou 2002; vgl. zum Charakter attischer Relieffriese der Zeit auch das frühhellenistische Beispiel von der Athener Akropolis: Th. Schäfer, Ein Schlachtfries von der Akropolis, AM 115, 2000, 281–358 Abb. 1–6 Taf. 40–45.

408 s. die genauen Beschreibungen bei Knigge 1984, 231 f. Nr. K 1–8 Taf. 39, 1–9.

409 Knigge 1984, 232 Taf. 39, 8–9.

410 Knigge 1984, 231 f. Taf. 39, 1. 2. 6. 9.

411 Knigge 1984, 232 Taf. 39, 7. 8.

412 s. o. 48 f. Abb. 45.

413 s. o. 53 f. Abb 48.

414 So Knigge 1984, 234.

415 Athen, Arch. Nat. Mus. Inv. 3614: 1926 nahe Athen (Kallithea?) gefunden; Maße: H. 0,55 m; L. 1,08 m: Karusu 1969, 92 f. Nr. 3614 (»Mitte 4. Jh. v. Chr.; vielleicht von Bryaxis«); V. G. Kallipolitis, Museo Nazionale Atene (Athen 1970) 106 Nr. 121 Farbabb.; W. Schiering, Zum Amazonenfries des Maussoleums in Halikarnass, JdI 90, 1975, 132 f. mit Anm. 27 Abb. 6; LIMC I (1981) 614 Nr. 429b; 646 Taf. 493 Abb. 429b s. v. Amazones (P. Devambez); Knigge 1984, 233 mit Anm. 34; Vierneisel-Schlörb 1988, 160 Anm. 4; Kaltsas 2002, 254 Nr. 531 Abb.; Despinis 2002, 215 mit Anm. 34 Abb. 14; Israel 2016, 133–135 Taf. 68, 1–5; 69, 1–3.

416 Th. Schäfer, Ein Schlachtfries von der Akropolis, AM 115, 2000, 281–358 Abb. 1–6 Taf. 40–45.

417 Schäfer a. O. 334.

418 Von zwei Triglyphen gerahmte Reliefmetope mit einer Dreiergruppe tief trauernder Frauen: Athen, Arch. Nat. Mus. Inv. 1688: Conze III Nr. 1486 Taf. 306; P. Wolters, AM 18, 1893, 1–6 Taf. 1; Stupperich 1977, 97. 115 Anm. 1; 248 Anm. 5 Nr. 103 mit der älteren Lit.; R. Fleischer, Der Klagefrauensarkophag aus Sidon (Tübingen 1983) 40. 54 f. 58. 67 Taf. 48; H. R. Goette, Mausoleum oder choregisches Weihgeschenk? Zum Friesfragment Inv. 1688 im Athener Nationalmuseum, in: M. Fano Santi (Hrsg.), Studi in Archeologia in onore di Gustavo Traversari I (Rom 2004) 463–476 Abb. 1–8; Kaltsas 2002, 188 f. Nr. 371 Abb.

419 s. hierzu ausführlich Scholl 1994.

420 Despinis 2002; s. hierzu auch Anm. 379. 384. 437.

421 Zusammenfassend zur Rezeption des Maussolleion: Stähler 1983, 410–412; Israel 2016, 99–105 mit Anm. 554–603; 192 f. Nr. XIV Abb. S. 193; s. auch u. Anm. 447.

422 Kockel 1983, 28 mit Anm. 231–235.

423 Kockel 1983, 27; Israel 2016, 17–19.

424 F. Rumscheid, Maussollos and the ›Uzun Yuva‹ in Mylasa: An Unfinished Proto-Maussolleion at the Heart of a New Urban Centre?, in: R. van Bremen – J.-M. Carbon (Hrsg.), Hellenistic Karia. Proceedings of the First International Conference on Hellenistic Karia, Oxford (Paris 2010) 69–102.

425 Die Publikation dieses eindrucksvollen und durch das überlieferte Todesdatum des Hekatomnos (377/376) zudem fest datierten Monuments bereitet F. Işık (Antalya) vor.

426 Israel 2016, deren Untertitel lautet: »Ausprägung und Rezeption einer kleinasiatischen Grabform zwischen Pasargadai und Athen.«

427 s. die zeichnerische Gegenüberstellung beider Bauten im Maßstab 1 : 500 bei Israel 2016, Taf. 47 unten.

428 Die Einschätzung von Stroszeck 2008, 291: »Die Errichtung monumentaler Grabbauten ist in Athen also ein auf die römische Kaiserzeit beschränktes Phänomen« ist demnach zu korrigieren.

429 Clairmont, CAT I Nr. 143 Abb.; Garland 1982, 160–166 Nr. M 1 –M 13; N 1–N 7; Goette 1993, 200. 202; G. Weber, Die Familie des Diogeiton von Rhamnus. Eine Neulesung von SEG XXVI 300, Klio 78, 1996, 329–336 Abb. 1–3; Bergemann 1997, 198 Nr. N 1 Taf. 3, 1; aber jetzt vor allem Petrakos 1999, I 362–370 Abb. 256–264; Breder 2013, 203 f. Nr. N1; 304 Taf. 22 Abb. 56. 229. 230; Israel 2016, 167 mit Anm. 915 Taf. 77, 4; Petrakos 2020, V 224–226 Nr. 244–247δ Abb. 65.

430 Die topographische Situation veranschaulicht die Zeichnung AEphem 1987, 285 Abb. 14; Petrakos 1999, I 334 Abb. 238 a. b (topographische Situation der Gräberstraße); 362 Abb. 256 (Grabbezirk des Diogeiton).

431 Noch sehr viel monumentaler ist der allerdings breit gelagerte Grabbezirk des Hierokles in Rhamnous, mit dem die attischen *periboloi* einen Höhepunkt ihrer Entwicklung erreichen. Die Anlage misst 15,26 m in der Länge und weist eine maximale Höhe von 4,66 m auf. Sie trägt zudem eines der größten attischen Grabreliefs überhaupt: CAT III Nr. 3.480 und 1.981 Abb.; Bergemann 1997, 199 f. Nr. N5 Taf. 1, 1; 53, 1; 105, 3–4 mit der älteren Lit.; Petrakos 1999, I 387–399 Abb. 286–297; Breder 2013, 207 f. Nr. N5 Abb. 52–54. 125. 126; Petrakos 2020, V 232–237 Nr. 265–292δ Abb. 69.

432 Petrakos 1999, I 364 Abb. 257.

433 SEG XXVI 300; SEG XXX 311; ΣΕΜΑ 804; Petrakos 1999, II 172 f. Nr. 243; Petrakos 2020, VI 8 Nr. 243.

434 Petrakos 1999, I 370 Abb. 264.

435 s. bes. Petrakos 1999, I 366–369 Abb. 259–263; Israel 2016, Taf. 77, 4.

436 SEG XXVI 349; SEG XXXIV 209; ΣΕΜΑ 803. 804; Petrakos 1999, II 172 f. Nr. 242. 243; Petrakos 2020, VI 8 Nr. 242. 243.

437 s. Despinis 2002, 221 Anm. 53, ebenda weitere Beispiele: u. a. in Brauron (218 f. Abb. 17–19), Chalkis (217 Abb. 15–16), aus Chalandri (223 Abb. 23).

438 Zuletzt ausführlich A. Pasquier – J.-L. Martinez, Praxitèle, Ausstellungskatalog Paris (Paris 2007).

439 Dresden, Staatliche Kunstsammlungen – Skulpturenslg. Hm 326: Pasquier – Martinez a. O. 94 Abb. 69. 70; 320 f. Nr. 77 Abb.; Ch. Vorster, Die Dresdener Statuen der Großen und der Kleinen Herkulanerin, in: J. Daehner (Hrsg.), Die Herkulanerinnen. Geschichte, Kontext und Wirkung der antiken Statuen in Dresden (München 2008) 73–99 Abb. 3.1–21.

440 Athen, Arch. Nat. Mus. Inv. 1005: G. Lippold, Die griechische Plastik, HdA VI 3 (München 1950) 242. 275; Kaltsas 2002, 205 f. Nr. 414 Abb.; Clairmont, CAT I Nr. 8 Abb.; Pasquier – Martinez a. O. 318 f. Nr. 76 Abb.

441 Petrakos 1999, I 367–369 Abb. 261–263.

442 New York, Metropolitan Mus. of Art Inv. 44.11.2–3: Clairmont, CAT I Nr. 1.971 Abb.; G. M. A. Richter, Catalogue of Greek Sculptures. Metropolitan Museum of Art (New York 1954) 62–64 Nr. 94 Taf. 76–77; Bergemann 1997, Taf. 64, 2–4; C. A. Picon u. a. (Hrsg.), Art of the Classical World in the Metropolitan Museum of Art, Greece. Cyprus. Etruria. Rome (New Haven – London 2007) 93. 147 Abb. 166 (vorzügliche Farbaufnahme); Despinis 2002, 209 mit Anm. 2; Geominy 2007, 91 mit Anm. 30 Abb. 72; K. Margariti, The Death of the Maiden in Classical Athens (Oxford 2017) 395 Nr. E. 60 Taf. 56.

443 Athen, Epigraphisches Mus. 7180–2811: Meyer 1989, 300 Nr. A 125 Taf. 35,2.

444 Ebenfalls aus Rhamnous stammt das Antenrelief mit einer Dienerin im Flachrelief in Athen, Arch. Nat. Mus. Inv. 1283: Conze III Nr. 1176 Taf. 259; Clairmont, CAT I Nr. 4 Abb. Es gibt zudem eine ganze Reihe von rundplastischen, großen Dienerinnenstatuen bzw. solchen in sehr hohem Relief sowie einzelne Köpfe solcher Bildwerke, die sich dem Mädchen des Diogeiton-Naiskos zur Seite stellen lassen: z. B. die Köpfe Budapest: A. Hekler, Museum der Bildenden Künste in Budapest. Die Sammlung antiker Skulpturen (Wien 1929) 153 Nr. 152 mit Abb.; Malibu, J. Paul Getty Mus. Inv. 71.AA.123: J. B. Grossman, Greek Funerary Sculpture. Catalogue of the Collections at the Getty Villa (Los Angeles 2001) 49–51 Nr. 17 Abb.; s. auch den Reliefkopf aus Paiania (Liopesi) vormals in der New Yorker Privatsammlung von Leon Levy und Shelby White: J. Bergemann, Fundort unbekannt? Ein ungewöhnlicher Kopf von einem attischen Grabnaiskos in New York und seine Herkunft aus der attischen Mesogeia, AA 1997, 377–388 Abb. 1–22, bes. 381 mit Anm. 16 Abb. 13; Dienerin im Hochrelief: Athen, Arch. Nat. Mus. 6833: Conze II Nr. 881 Taf. 168; Clairmont, CAT II Nr. 2.470 Abb.; Bergemann 1997, 167 Nr. 380; Despinis 221 mit Anm. 48; 223 Abb. 23.

445 Scholl 1994, 239–271 bes. 245 mit Anm. 32.

446 So Gabelmann 1979, 9.

447 s. zum Maussolleion mit der älteren Lit. P. Pedersen, The Maussolleion at Halikar-nassos 3, 1. The Maussolleion Terrace and Accessory Structures (1991) 203–205 und zusammenfassend Jeppesen 1992, 59–102 Taf. 19–32; Israel 2016, 99. 192 f. Nr. XIV Abb. Taf. 47–51.

448 London, British Mus. GR 1848,1020.34 etc.: R. Martin, Le monument des Néréides et l'architecture funéraire, RA 1971, 327–337; P. Demargne – P. Coupel, Le Monument des Néréides I. L'architecture (Paris 1969); P. Demargne – W. A. P. Childs, Le Monument des Néréides II. Le décor sculpté (Paris 1989); I. Jenkins, Greek Architecture and its Sculpture in the British Museum (London 2006) 186–202 Abb. 179–196; Israel 2016, 95–99. 189 Nr. XI Abb. Taf. 24. 32–37; s. auch o. Anm. 375.

449 s. o. 56 Abb. 49 f.

450 s. z. B. Breder 2013, Nr. N5 302 Taf. 20 Abb. 52. 53; Nr. N1 304 Taf. 22 Abb. 56; Nr. U1 384 Taf. 102 Abb. 259.

451 Israel 2016, 115–135 Taf. 59–69.

452 Israel 2016, 135–147 Taf. 70–75.

453 s. hierzu Schmidt 1991, 11 f.; Geominy 2007, 93 mit Anm. 44: »In the Hellenistic period, family members on grave reliefs are placed next to one another in a row, like honorific statues.«

454 Ein besonders instruktives Beispiel hierfür ist das sog. Charon-Relief, Kerameikos-Mus. P 692: Scholl 1993; Eliopoulos 2009, 15 Abb. 10; s. o. Anm. 393.

455 s. R. R. Simms, Foreign Religious Cults in Athens in the Fifth and Fourth Centuries B.C. (Univ. of Virginia 1989); E. Vikela, Die Weihreliefs aus dem Athener Pankrates-Heiligtum am Ilissos. Religionsgeschichtliche Bedeutung und Typologie, AM Beih. 16 (Berlin 1994) 89–106.

456 Anders Israel 2016, 175: »Durch die Anlehnung an östliche Repräsentationsformen hob sich das Kallithea-Monument von der Masse der attischen Grabdenkmäler ab.«

457 So schon Matz 1928, 276 f.; Kockel 1983, 28 f. mit Anm. 238; Scholl 1994 (mit ausführlicher Interpretation der Schriftquellen); s. zur Heroisierung im frühen attischen Grabrelief der Klassik zuletzt Scholl 2018.

458 Chr. Habicht, Gottmenschentum und griechische Städte (München 1956) 200 f.; Scholl 1994, 266–271.

459 Scholl 2018, bes. 229–232.

460 Scholl 1994, 240–242. 252–257. 266–268.

461 Israel 2016.

462 Scholl 1996, 174–176.

463 Völlig missverstanden und in ihr Gegenteil verkehrt hat diese Überlegung – nämlich dass die *polytalanta mnemeia* zugleich auch die immer monumentaleren Grabreliefs diskreditierten – Houby-Nielsen 1998, 130 mit Anm. 18: »In other words, if we accept Scholl's argument, no one was the least interested in preventing the Athenians from continuing the large-scale production of traditional tombstones.«

464 Athen, Arch. Nat. Mus. Inv. 738: Conze III Nr. 1151 Taf. 245; Clairmont, CAT I Nr. 1.1460 Abb.; Kaltsas 2002, 204 f. Nr. 410 Abb.; H. J. Meyer, Zum Grabmal des Aristonautes, HefteABern 8, 1982, 21–26 Taf. 10–11 mit der älteren Lit.; Breder 2013, Taf. 62 Abb. 174; Banou –Bournias 2014, 231 Abb.

465 Athen, Arch. Nat. Mus. Inv. 2574+2584: Conze IV Nachträge 114 Nr. 297; S. Karusu, Der Grabnaiskos des Alexos, AM 96, 1981, 179–200 Abb. 1–3 Taf. 53–62 Beil. 5; Clairmont, CAT IV Nr. 4.471 Abb.; Kaltsas 2002, 202 Nr. 403 Abb.; Greco 2014, 1310 Abb. 802.

466 s. oben Anm. 431.

467 Borbein 1973, 179.

468 Eine monographische Darstellung zur Entwicklung der griechischen Ehrenstatue ist ein dringendes Forschungsdesiderat; s. jedoch R. Krumeich, Bildnisse griechischer Herrscher und Staatsmänner im 5. Jahrhundert v. Chr. (München 1997); N. Himmelmann, Die private Bildnisweihung bei den Griechen. Zu den Ursprüngen des abendländischen Porträts (Opladen 2001); C. Eule, Hellenistische Bürgerinnen aus Kleinasien. Weibliche Gewandstatuen in ihrem antiken Kontext (Istanbul 2001); zuletzt A. Schwarzmaier – N. Zimmermann-Elseify (Hrsg.), Starke Typen. Griechische Porträts der Antike, Ausstellungskatalog Berlin (Petersberg 2019).

469 So Borbein 1973, 179.

470 s. hierzu H. Wrede, Consecratio in formam deorum. Vergöttlichte Privatpersonen in der römischen Kaiserzeit (Mainz 1981) 15–19; zur Darstellung des heroischen Menschen im 4. Jh.: N. Himmelmann, Ideale Nacktheit in der griechischen Kunst, JdI Ergh. 26 (Berlin 1990) 102–120 Abb. 53–65.

471 s. Scholl 1996, 77–81.

472 s. Rügler 1989; von Moock 1998; Greco 2014, 1305–1308 Abb. 798.

473 In diese Richtung dachte bereits Delbrück 1900, 305: »So entstand vielleicht die Form [scil. des blockförmigen Grabbaus], und sie hielt sich immer, wenn auch verkümmert und entstellt, weil man sie einmal gewöhnt war, und weil man sie leicht herstellen konnte, auch als die vornehmen Heroa längst die Gestalt des Tempels angenommen hatten und die marmornen Bilder der Toten darin standen.«

474 FGrHist 228 F 9; F. Wehrli, Die Schule des Aristoteles. Texte und Kommentar IV. Demetrios von Phaleron [2](1968) 29 f. fr. 135; s. zum Grabluxusverbot des Demetrios von Phaleron: Eckstein 1958; Despinis 1963, 46–48; RE Suppl. XI (1968) 514–522 bes. 516 s. v. Demetrios von Phaleron (Wehrli); Twele 1975, 93–98; Stupperich 1977, 135–137, 261 f.; Gehrke 1978, 149–193; Habicht 1995, 64–66 mit Anm. 52; Schmaltz 1983, 194 Anm. 494; Vierneisel-Schlörb 1988, 74 f. mit Anm. 12; R. Garland, The Well-Ordered Corpse: An Investigation into the Motives behind Greek Funerary Legislation, BICS 36, 1989, 1–15, bes. 7 f. mit Anm. 28–31; Stichel 1992, 433–440; I. Morris, Law, Culture and Funerary Art in Athens 600–300 B.C., Hephaistos 11/12, 1992/1993, 44–46; grundlegend und mit der älteren Lit. Engels 1998, 121–147; Houby-Nielsen 1998, 128 f.; Himmelmann 1999, 90–94 mit Anm. 119–123. Zur historischen Situation der Jahre 318–316 s. B. Gullath – L. Schober, Zur Chronologie der frühen Diadochenzeit: Die Jahre 320 bis 315 v. Chr., in: H. Kalcyk u. a. (Hrsg.), Studien zur Alten Geschichte I, Festschrift Siegfried Lauffer (Rom 1986) 331–378; bes. N. G. L. Hammond – F. W. Walbank, A History of Macedonia III. 336–167 B.C. (Oxford 1988) bes. 136–144; zu Demetrios von Phaleron a. O. 137. 146. 158 f. 179. 181. 208 f. 287; J. J. Gabbert, Pragmatic Democracy in Hellenistic Athens, AncWorld 13, 1986, 29–33; Habicht 1995, 53–75.

475 s. hierzu Gehrke 1978, 149–193.

476 Cic. de leg. 2, 66: »Für neue Grabmäler setzte er ein Maß fest; denn über den Erdhügel ragend sollte nach seinem Willen nichts aufgestellt werden außer einem Säulchen nicht höher als drei Ellen oder einem Tisch oder einem Becken, und über die Durchführung hatte er einen bestimmten Beamten gesetzt«; Übers. K. Büchner (Stuttgart 1989) 80.

477 s. hierzu Himmelmann 1999, 18: »Seit ca. 500 gibt es keine Statuen und Reliefstelen mehr, sondern nur noch grob behauene Pfeilerchen mit dem Namen des Toten«; s. zu den Namenstelen jetzt grundlegend Hildebrandt 2006; s. o. Anm. 267.

478 s. zu dieser Gattung bes. J. R. A. Twele, Die Grabsäulen des Kerameikos I. Male attischer Vollbürger (unpublizierte maschinenschriftl. Diss. Universität Kiel 1966); Engels 1998, 131–134; von Moock 1998, 53 mit Anm. 645–653.

479 Zu den beiden anderen Monumenttypen s. Twele 1975, 93–98; Stupperich 1977, 136 f.

480 s. hierzu bes. Meyer 1989, 260 f. mit Anm. 1839 mit einigen Beispielen; Geominy 2007, 93 f.

481 s. Gehrke 1978, 163 mit Anm. 71 f.

482 Engels 1998, 77–96 zu den solonischen Gesetzen über Begräbnisse und Grabanlagen; ebenda 97–106 zum sog. *post-aliquanto*-Gesetz; s. o. 34–36 mit Anm. 258–264.

483 Hierzu auch Meyer 1989, 259 mit Anm. 1831. 1832. »Von seiner [des Luxusgesetzes] offiziellen Aufhebung nach 307 wissen wir nichts«, so Meyer 1989, 261; Himmelmann 1999, 94 mit Anm. 122.

484 Habicht 1995, 76–103; zur Bedeutung der Agonothesie für die Stabilisierung der Demokratie und die »Ausbildung einer Kompetenzelite« im frühhellenistischen Athen s. u. 62 mit Anm. 499.

485 So das Fazit von Himmelmann 1999, 94 mit Anm. 123.

486 So Himmelmann 1999, 94.

487 s. Conze IV 5; Gehrke 1978, 176 mit Anm. 139; vorsichtiger urteilt Meyer 1989, 260 mit Anm. 1840.

488 s. F. Wehrli, Die Schule des Aristoteles. Texte und Kommentar. Demetrios von Phaleron [2](1968) 11 fr. 21; dazu FGrH 228 F 26.

489 Die relevanten Quellen hat Gehrke 1978, 176 Anm. 139 zusammengestellt. Es handelt sich um Marm. Par. B13 (fr. 15 W.) und Synkell. (p. 521, 13 Df.) (fr 17 W.); Errington 1986, 116. 118.

490 s. RE Suppl. XI (1968) 515 f. s. v. Demetrios von Phaleron (Wehrli); dagegen Stupperich 1977, 261.

491 Gehrke 1978, 169 f. 186 f.

492 Gehrke 1978, 186; Habicht 1995, 65 f.

493 Himmelmann 1999, 92.

494 s. hierzu Scholl 1996, 78 mit Anm. 524; Habicht 1995, 65 mit Anm. 54; Himmelmann 1999, 94 mit Anm. 122.

495 s. Schmaltz 1983, 142; Meyer 1989, 262 mit Anm. 1857.

496 s. hierzu die Beispiele bei Davies 1971, XIX mit Anm. 5.

497 Die Belege sind gesammelt in RE IV 2 (1901) 2824 s. v. Demetrios Nr. 85 (Martini).

498 s. A. Scholl, Denkmäler der Choregen, Dichter und Schauspieler des athenischen Theaters, in: Antikensammlung Berlin (Hrsg.), Die griechische Klassik. Idee oder Wirklichkeit, Ausstellungskatalog Berlin (Mainz 2002) 546–553 Nr. 411–416 Abb.; K. Vierneisel – A. Scholl, Reliefdenkmäler dramatischer Choregen im klassischen Athen. Das Münchner Maskenrelief für Artemis und Dionysos, MünchJb 53, 2002, 7–55 Abb. 1–28; H. R. Goette, Choregic Monuments and the Athenian Democracy, in: P. Wilson (Hrsg.), The Greek Theatre and Festivals. Documentary Studies (Oxford 2007) 122–149; S. Agelidis, Choregische Weihgeschenke in Griechenland (Bonn 2009); s. grundlegend zu den Strategien der ›Umgehung‹ des Gesetzes und das Ausweichen auf nichtfunerale Statusrepräsentation: Engels 1998, 147–154.

499 s. hierzu F. Quaß, Die Honoratiorenschicht in den Städten des griechischen Ostens. Untersuchungen zur politischen und sozialen Entwicklung in hellenistischer und römischer Zeit (Stuttgart 1993); zuletzt D. Rohde, Von der Deliberationsdemokratie zur Zustimmungsdemokratie. Die öffentlichen Finanzen Athens und die Ausbildung einer Kompetenzelite im 4. Jh. v. Chr. (Stuttgart 2019).

500 Scholl 1994.

501 Lohmann 1993, 128 Abb. 15 Taf. 87, 2; 88, 1–2; Breder 2013, 224 f. Nr. *Y1 388 Taf. 106 Abb. 45. 271. 272. Es gibt jedoch ähnlich lange, sogar noch aufwendiger gebaute Grabterrassenmauern auch an anderen Orten in Attika; s. etwa die Anlage bei Voula/Vari: Schörner – Goette 2004, 7 mit Anm. 36 Taf. 2, 1 Beil. 1 Nr. 3. Manche sind teilweise modern zerstört worden, so dass man sie heute nicht mehr vermessen kann; s. z. B. den Grabbezirk des Timesios im Agrileza-Tal: Goette 2000, 83 Abb. 179. 185–186.

502 Lohmann 1993, 188 mit Anm. 1298; Davies 1971, 154; Garland 1982, 130 f. Es handelt sich nicht um den o. g. Rhamnousier desselben Namens.

503 Lohmann 1993, 188 mit Anm. 1299.

504 Lohmann 1993, 188 Taf. 88, 2; Breder 2013, 299 Taf. 17 Abb. 45.

505 Lohmann 1993, 188 mit Anm. 1300.

506 Scholl 1994.

507 Die gesteigerte Größe ist u. a. auch das Resultat des verbreiteten Wechsels vom Einzel- zum Familiengrab.

508 s. hierzu Kockel 1983, 27; Matz 1928, 266–292; Gabelmann 1979, 7–10 Abb. 1–3; F. Rakob, Numidische Königsarchitektur in Nordafrika, in: H. G. Horn – C. B. Rüger (Hrsg.), Die Numider, Ausstellungskatalog Bonn (Köln 1979) 145 mit Anm. 41; W. K. Kovacsovics, Römische Grabdenkmäler (Waldsassen 1983) 137–139; M. Eisner, Zur Typologie der Grabbauten im Suburbium Roms (Mainz 1986) 226 mit Anm. 866; Lauter 1986, 214–218 (zur Typologie der ›Turmgräber‹); H. von Hesberg, Römische Grabbauten (München 1992) 25. 123. 128; Flämig 2007; A. Henning, Die Turmgräber von Palmyra. Eine lokale Bauform im kaiserzeitlichen Syrien als Ausdruck kultureller Identität (Rahden/Westf. 2013); Israel 2016, 106 f.

509 Scholl 1994.

510 In diese Richtung dachte bereits Gabelmann 1996, 28 (Kenotaph für Demetrios Poliorketes); s. auch Palagia 2003, 150 mit Anm. 59–69, die das Monument mit Phokion verbinden möchte; zur Geschichte Athens in hellenistischer Zeit grundlegend Habicht 1995.

511 Athen, Arch. Nat. Mus. Inv. 4464: 1948 nordwestlich vom Athener Hauptbahnhof Larissis gefunden, H. 2,00 m, B. beider Platten 1,90 m: Karusu 1969, 132 Nr. 4464 Taf. 49 (Detail des Pferdekopfes) mit Datierung um 300 oder bald danach; Schuchhardt 1978, 75–99 Taf. 41–49 Abb. 1–27 (97: Bibliographie 1949–1972); C. C. Vermeule, The Horse and Groom Relief in Athens, in: Studies Presented to Sterling Dow on his Eightieth Birthday (Durham 1984) 297–300 Taf. 18; R. R. R. Smith, Hellenistic Sculpture (London 1991) 54. 61 Abb. 59; J. Bergemann, Römische Reiterstatuen (Mainz 1990) 10 f. mit Anm. 88; Voutiras 1990, 145 f. Anm. 82; Clairmont, CAT II Nr. 2.490 Abb.; P. Moreno, Il fischio dello stalliere, Archeo 8 H. 7, 1993, 118–121 Farbabb.; P. Moreno, Scultura ellenistica (Rom 1994) 81–85 (vom Grab des Leosthenes); Gabelmann 1996, 26–28 Abb. 4; Himmelmann 1999, 88 mit Anm. 115; Despinis 2002, 222–225 mit Anm. 57–77; Kaltsas 2002, 206 Nr. 415 Abb. (»although there has been some dispute as to the purpose of the relief, it probably comes from a large funerary naiskos. Late 4th c. BC«); O. Palagia, The Impact of Ares Macedon on Athenian Sculpture, in: O. Palagia – S. V. Tracy (Hrsg.), The Macedonians in Athens 322–229 B.C. (Oxford 2003) 140–151 Abb. 1–17 (vom Grabmal des Phokion); B. Holtzmann, La sculpture grecque. Une introduction (Paris 2010) 270 f. Nr. 78 Abb.; Tillios 2010, 113 Nr. E 12 Taf. 14; Greco 2014, 1518 f. Abb. 999; Blume 2015, 113–116. 169–172 Nr. 7 Taf. 18–29.

512 Pathetisch, aber der überragenden Qualität des Werkes durchaus angemessen, urteilt Karusu 1969, 132: »Erhabenes, fast göttliches Bild des Pferdes«; s. Schuchhardt 1978, Taf. 42–43.

513 Gabelmann 1996, 26 mit Anm. 85 Abb. 4; Blume 2015, 170 Taf. 22.

514 Zum genauen Fundort beim Kolonos Hippios: Schuchhardt 1978, 75 Anm. 1 und der Plan bei Palagia 2003, 142 Abb. 5.

515 So Schuchhardt 1978, 75.

516 Schuchhardt 1978, 91 spricht zutreffend von einem »Stil, der an bravouröser Meisterschaft nicht zu übertreffen ist« und »einer Schöpfung von hohem Rang«; P. Moreno a. O. (1993; Anm. 511) 119 sieht nicht ganz zu Unrecht eine »potenza michelangiolesca dello scapello«; Palagia 2003, 145 meint: »The relief exudes an air of luxury and ostentation.«

517 Schuchhardt 1978, Abb. 4 Taf. 43. 44 a; 45. 49 a. b.

518 Schuchhardt 1978, Abb. 1 Taf. 41. 43. 45. 48 a. b.

519 So Schuchhardt 1978, 76; s. jetzt ausführlich Blume 2015, 169 f. Taf. 19. 20.

520 Blume 2015, 113.

521 Schuchardt 1978, Abb. 7; Blume 2015, 170 Taf. 24. 25.

522 So Schuchhardt 1978, 75 f. mit Anm. 2 Abb. 6; Blume 2015, 170 Taf. 23. 24.

523 Schuchhardt 1978, 81 f.; Blume 2015, 170 Taf. 20; Scholl 2020, 102 f. Nr. 62 Abb. zur Statue eines Sklaven aus Tarent: Berlin, Antikensammlung Sk 502; http://arachne.uni-koeln.de/item/objekt/2180; O. Dally, in: Schwarzmaier – Scholl 2019, 244–246 Nr. 133 Abb.

524 Schuchhardt 1978, 82 Abb. 8 Taf. 41. 43. 45; Blume 2015, 170 Taf. 21.

525 s. zum Helm ausführlich Schuchhardt 1978, 77 mit Anm. 6; s. allg. G. Waurick, Helme der hellenistischen Zeit und ihre Vorläufer, in: A. Bottini u. a., Antike Helme. Sammlung Lipperheide und andere Bestände des Antikenmuseums Berlin (Mainz 1988) 151–180 bes. 159–163 Abb. 20–33; P. Dintsis, Hellenistische Helme (Rom 1986) 1–21; Palagia 2003, 145 mit Anm. 25: »It [scil. der Helm] now appears to be floating over the horse's rump but old photographs preserve the irregular outline of a crumpled garment.« Einmal abgesehen davon, dass dies ein höchst seltsames Bild ergäbe, ist das postulierte Kleidungsstück nicht zu erkennen und widerspräche auch der bestens belegten Wiedergabe frei vor dem Reliefgrund schwebender Helme auf Heroenreliefs; s. hierzu u. Anm. 545; auch Blume 2015 erkennt unter dem Helm kein Kleidungsstück. Den Helm identifiziert Blume 2015, 113 f. Taf. 26. 29 eindeutig als von der makedonischen Reiterei verwendete Form.

526 Blume 2015, 113. 170 f. Taf. 26–29.

527 Schuchhardt 1978, 82 f.

528 Blume 2015, 113–116. 169–172 Nr. 7 Taf. 18–29.

529 Schuchhardt 1978, 86–89.

530 J. Bergemann, Römische Reiterstatuen (Mainz 1990) 10 f. mit Anm. 88.

531 s. V. von Graeve, Der Alexandersarkophag und seine Werkstatt, IstMitt Beih. 28 (Berlin 1970) Taf. 26. 31. 33. 38.

532 Karusu 1969, 132; zustimmend Gabelmann 1996, 27.

533 Schuchhardt 1978, 95–97 Textabb. 1: »Die technischen Besonderheiten des Reliefs NM 4464.«

534 A. Mallwitz bei Schuchhardt 1978, 96.

535 Mallwitz bei Schuchhardt 1978, 97; Schuchhardt 1978, 91; ablehnend bereits Gabelmann 1996, 26; Blume 2015, 113. 172.

536 s. bes. S. Rogge, Ewig unvergessen. Ein Sarkophag für einen Hund im Athener Nationalmuseum, in: T. Mattern (Hrsg.), Munus. Festschrift für Hans Wiegartz (Münster 2000) 241–264 Taf. 58, 1–61, 3 (mit Diskussion zahlreicher relevanter Denkmäler).

537 Zu diesen bereitet H. R. Goette (Berlin) eine Untersuchung vor.

538 s. bes. Clairmont, CAT I Nr. 4 Abb.; Nr. 5 Abb.; Nr. 6 Abb.; Nr. 16 Abb.; Nr. 17 Abb.; Nr. 23 Abb.

539 Hierzu Himmelmann 1999, 39: »Die Dienerschaft wird in der Regel in die ideale Sphäre mit aufgenommen […]. Lediglich einige Pferdeknechte bzw. Figuren an den reliefierten Rahmenteilen später Naiskoi tragen betont barbarische, negroide Züge.«

540 Kopenhagen, Ny Carlsberg Glyptotek Inv. 2807: Schuchhardt 1978, 85 f. mit Anm. 22–24 Abb. 12; M. Moltesen, Catalogue Ny Carlsberg Glyptotek. Greece in the Classical Period (Kopenhagen 1995) 112 f. Nr. 53 Abb.; Clairmont, CAT I Nr. 23 Abb.; Himmelmann 1999, 39 mit Anm. 55; A. Scholl, Seitenteil (Ante) eines monumentalen Grabnaiskos mit dem Relief eines Pferdesklaven, in: Antikensammlung Berlin (Hrsg.), Die griechische Klassik. Idee oder Wirklichkeit, Ausstellungskatalog Berlin (Mainz 2002) 189 Nr. 84 Farbabb.; Palagia 2003, 144 mit Anm. 16; Tillios 2010, 111 Nr. E 5 Taf. 13.

541 Gabelmann 1996, 26–28 mit Anm. 83–103 Abb. 4.

542 Die Faktenlage macht alle Versuche zur Benennung des Grabinhabers gegenstandslos.

543 So bereits Voutiras 1990, 148 mit Anm. 89–91; 170 Abb. 10; zustimmend Gabelmann 1996, 27.

544 s. hierzu Gabelmann 1996, 27 mit Anm. 95; Blume 2015, Taf. 26. 27; s. o. Anm. 525.

545 Vgl. etwa das gegen 470/460 entstandene Grabrelief von Thasos für einen heroisierten Toten beim Trinkgelage mit einem korinthischen Helm in der oberen linken Ecke vor dem Reliefgrund: Istanbul, Archäologisches Museum Inv. 1947: Fuchs, Skulptur 478 Abb. 561; oder das nicht minder bekannte Weihrelief für einen Reiterheros aus Cumae: Berlin, Antikensammlung Sk 805: http://arachne.uni-koeln.de/item/objekt/104158, das gegen 400 entstanden sein dürfte. Immer wieder erscheinen Helm und Pferd bzw. eine Pferdeprotome in den Bankettszenen mit heroisierten Verstorbenen auf ostgriechischen Grabreliefs: z. B. Pfuhl – Möbius Nr. 1797 Taf. 260; Nr. 1799 Taf. 260; Nr. 1834 Taf. 263; Nr. 1861 Taf. 266; Nr. 1867 Taf. 267; Nr. 1872 Taf. 268; Nr. 1883 Taf. 270; Nr. 1916 Taf. 276; Nr. 1966 Taf. 282; Nr. 1967 Taf. 282; s. zum Bildschema grundlegend J. Fabricius, Die hellenistischen Totenmahlreliefs: Grabrepräsentation und Wertvorstellungen in ostgriechischen Städten (München 1999). Noch im 2. Jh. n. Chr. reicht ein Diener auf dem bekannten Heroenrelief aus der Villa des Herodes Atticus in Loukou (Athen, Arch. Nat. Mus. Inv. 1450: Kaltsas 2002, 347 Nr. 736 Abb.), dem heroisierten Pferdeführer Achilleus, einem der drei sog. Trophimoi des Herodes, einen überdimensionierten Helm: H. R. Goette, Heroenreliefs von Herodes Atticus für seine Trophimoi, in: D. Pandermalis – E. Voutiras (Hrsg.), Ἄγαλμα. Μελέτες για την αρχαία πλαστική προς τιμήν του Γιώργου Δεσπίνη (Thessaloniki 2001) 419–427 Abb. 1–9 bes. 425 f. Abb. 8–9; ders., The Portraits of Herodes Atticus and His Circle, in: O. Palagia, Handbook of Greek Sculpture (Berlin 2019) 248–250. 256 Nr. VI 1 Abb. 9.35 a–b.

546 Blume 2015, 170 f. Taf. 26 mit einer Rekonstruktionsskizze.

547 Paris, Louvre Ma 743: M. Hamiaux, Musée du Louvre. Les Sculptures Grecques I (Paris 1992) 142 Nr. 135 Abb.; A. Comella, I rilievi votivi greci di periodo arcaico e classico. Diffusione, ideologia, committenza (Bari 2002) 60 Nr. Scon. 26 Abb. 51; 223; A. Pasquier – J.-L. Martinez, 100 chefs-d'oeuvre de la sculpture grecque au Louvre (Paris 2007) 138 Abb.

548 L. Malten, Das Pferd im Totenglauben, JdI 29, 1914, 179–255 Abb. 1–42; J.-M. Dentzer, Le motif du banquet couché dans le Proche-Orient et le monde grec du VIIe au IVe siècle avant J.-C. (Rom 1982); M. Stamatopoulou, ›Totenmahl‹ Reliefs of the 4th–2nd Centuries BC and the Archaeology of Feasting

in a Funerary Context, in: O. Hekster u. a. (Hrsg.), Cultural Messages in the Graeco-Roman World. Acta of the BABesch 80th Anniversary Workshop, Radboud University Nijmegen, September 8, 2006 (Löwen 2010) 11–22.

549 So auf dem bekannten hochhellenistischen Grabrelief für einen heroisierten Verstorbenen aus Smyrna (Berlin, Antikensammlung Sk 809): http://arachne.uni-koeln.de/item/objekt/104082; M. Kunze, Der Verstorbene als Heros, in: A. Schwarzmaier – A. Scholl – M. Maischberger (Hrsg.), Die Antikensammlung. Altes Museum. Neues Museum. Pergamonmuseum (Darmstadt 2012) 101 f. Nr. 101 Abb. – s. auch das sog. Berliner Arztrelief: Berlin, Antikensammlung Sk 804: http://arachne.uni-koeln.de/item/objekt/104083; A. Krug, Das Berliner Arztrelief, 142. BWPr (Berlin 2008) Frontispiz, Abb. 3.

550 Von denen Schuchhardt 1978 seltsamerweise keines auch nur erwähnt.

551 Schuchhardt 1978, 76.

552 Vgl. z. B. das vollständig erhaltene Weihrelief des Reichen Stils: Athen, Arch. Nat. Mus. Inv. 1392 aus dem Asklepios-Heiligtum von Epidauros, das vor Asklepios und Hygieia einen stehenden Heros zeigt, dessen Pferd von einem nackten *pais* gehalten wird, dessen Darstellungsschema dem Sklaven des Larissa-Reliefs erstaunlich nahesteht: G. Güntner, Göttervereine und Götterversammlungen auf attischen Weihreliefs (Würzburg 1994) 144 Nr. C 48 Taf. 23, 2; Kaltsas 2002, 141 Nr. 270 mit Lit. und Abb.

553 Athen, Arch. Nat. Mus. Inv. 1482: Meyer 1989, 303 Nr. A 134 Taf. 39, 1; Voutiras 1990, 149 mit Anm. 94; 171 Abb. 11; 172 Abb. 12; Kaltsas 2002, 236 Nr. 495 Abb.; Tillios 2010, 130 Nr. U 11 Taf. 30.

554 So Kaltsas 2002, 206 Nr. 415; Palagia 2003, 143 mit Anm. 8–13; Despinis 2002, 222 mit Anm. 60–62.

555 Vgl. etwa die Naiskoi für Diogeiton (s. o. 56 f. Abb. 50 f.); im Grabbezirk des Hierokles und seiner Familie in Rhamnous: Bergemann 1997, 199 f. Nr. N5 Taf. 1, 1; 53, 1; 105, 3–4 mit der älteren Lit.; Petrakos 1999, I 387–399 bes. Abb. 288–290; s. o. 55 mit Anm. 431; Aristonautes (s. o. Anm. 464), Alexos (s. o. Anm. 465) u. Ä.

556 So Himmelmann 1999, 94 Anm. 122.

557 Houby-Nielsen 1998, 133 f. mit Anm. 42 Abb. 4.

558 Houby-Nielsen 1998, 133 mit Anm. 41; 134 mit Anm. 44. 45.

559 Houby-Nielsen 1998, 135 mit Anm. 50 f.

560 So der Titel des wichtigen Aufsatzes von Houby-Nielsen 1998.

561 s. Knigge 1980, 57–98 Abb. 1–32; Knigge 1988, 96 f. Nr. 9 Abb. 88. 89. 165; Stroszeck 2014, 162–164 Nr. 28c Abb. 28.10–13; zur archaischen Rundbau- oder Nord-Ufer-Nekropole zuletzt Doronzio 2018, 102–120 Abb. 86–104.

562 s. Petrakos 1999, I 349–352 Abb. 244–247; Breder 2013, 201 f. M5 Abb. 131. 223 f.; 202 M6 Abb. 132; Petrakos 2020, V 212 f. Abb. 58; 221 Abb. 63. – Derartige Rundgräber sind auch von anderen Plätzen in Attika bekannt, s. Lohmann 1993, I 193 f.; Goette 2000, 66 Abb. 141.

563 s. Breder 2013, 202: »Eine Grube, ein Brandgrab.«

564 Vgl. den bei seiner Auffindung noch sehr gut erhaltenen kleinen, mit Stuck überzogenen Tumulus mit der *columella* der Dorkas aus Sikyon (Kerameikos Co 75) im Grabbezirk XII auf der Eckterrasse: IG II/III² 10299; PAA 373100; Conze IV 11 Nr. 1750 Taf. 376; Brueckner 1909, 30 Abb. 14; 33 f. Abb. 62; 94 Abb. 59; 97 Abb. 62; Kovascovics 1990, 77. 82 Nr. 6 Taf. 5, 2 (mit einer Ansicht des Denkmals aus dem Jahr 1907) hält fest (77): »[Es] erhebt sich östlich des Grabes 99 der kleine stukkierte, bereits in der Antike erneuerte, doch grablose Tumulus mit der *columella* der Dorkas aus Sikyon aus dem frühen 3. Jh. v. Chr.«; s. auch Houby-Nielsen 1998, 132 mit Anm. 35 Abb. 2 sowie weiteren Beispielen; 137 mit Anm. 67 Abb. 7 »[…] we have some evidence that small tumuli were quite common in the Hellenistic period«; 141 mit Anm. 104.

565 Houby-Nielsen 1998, 132 f. mit Anm. 38 Abb. 3.

566 Hierzu dezidiert Houby-Nielsen 1998, 128: »The popularity of the funerary column is thus explained as a result of a returning nostalgic tendency to look backward in time in burial customs, but also part of a general romantic concept of the past in Hellenistic Athens. The direct source of inspiration for the formal appearance of Early Hellenistic archaizing burial customs is the continued preservation of Geometric and Archaic graves in Late Classical times.«

567 Dragendorff 1903, 108; s. hierzu auch o. 4 f. mit Anm. 21. 22.

568 s. hierzu grundlegend und mit einer Zusammenstellung des relevanten Materials: Twele 1975, 93–98; zur Gattung in hellenistischer Zeit des Weiteren: Stichel 1992; Houby-Nielsen 1998, 127. 129; zu den Exemplaren aus klassischer Zeit: Conze IV 7 f. Abb.; Despinis 1963; B. Schmaltz, Zu einer attischen Grabmalbasis des 4. Jahrhunderts v. Chr., AM 93, 1978, 83–97 Taf. 27–32; Engels 1998, 132 mit Anm. 40.

569 So zutreffend Twele 1975, 95 mit Anm. 46–48.

570 Aus der Form der erhaltenen Füße auf den *trapezai* des Philoxenos und des Dion aus dem Messenier-Bezirk (s. hier Abb. 58) schließt Kovacsovics 1990, 105 f. Nr. 4–5 Abb. 55 vermutungsweise auf rundplastische Marmorlekythen.

571 s. hierzu ausführlich Scholl 2007, 73–78 Abb. 17–19 Farbtaf. 2.

572 s. etwa die *trapeza* des Euekles und der Timagora (Athen, Epigrahisches Mus. 10501: Conze IV 8 Nr. 1769 Textabb.; Taf. 378; IG II/III² Nr. 5367; PAA 430975 und 883160) mit einer oblongen Eintiefung zur Befestigung einer Stele auf der Ober- und einem Loutrophoros-Relief auf einer Schmalseite; Kovacsovics 1990, 108 mit Anm. 189. Die kleine Lekythenstele Kerameikos P 1477 könnte auf einer *trapeza* gestanden haben: Kovacsovics 1990, 110 f. Nr. 8 Abb. 57 Taf. 23, 1.

573 »Die Mensa (τράπεζα) soll offenbar in bescheidener Form an die archaischen Grabbauten erinnern, wie sie uns K. Kübler wieder vor Augen gestellt hat«; so H. Möbius, Eigenartige attische Grabreliefs, AM 81, 1966, 154.

574 Delbrück 1900, 292–305 Abb. 1–9.

575 Delbrück 1900, 304 f.

576 Kübler 1949, 17 mit Anm. 6 Taf. 6, 1.

577 Conze IV 8: »Delbrück [1900, 304] vermutet, daß die marmornen *mensae* viereckige Grabbauten aus Lehmziegeln nachbilden.«

578 Stichel 1992, 439.

579 s. hierzu Kovacsovics 1990, 91; PAA 940810.

580 s. hierzu auch Houby-Nielsen 1998, 129.

581 Conze IV 5 Textabb. (Gesamtansicht der *columellae* in einem Hof des Athener Nationalmuseums): »In nicht athenischen Museen sucht man diese Steine [scil. die *columellae*], denen keine Liebhaberei sich zuwendete, meist vergebens«; Twele 1975, 95 mit Anm. 45: »[…] the figure ›more than 4000‹ is a rather conservative understatement«; Houby-Nielsen 1998, 127 f. mit Anm. 2–6 Abb. 1.

582 So Stroszeck 2014, 153 Abb. 27.44 (Kerameikos, Co 421: Kioniskos des Herakleios, wiederverwendet im 5. Jh. n. Chr.); Stroszeck 2008, 297 f. mit Anm. 26.

583 Stichel 1992, 440; s. hierzu kritisch Engels 133 mit Anm. 45: »Doch aus philologischer Sicht ist diese Übersetzung Stichels keineswegs zwingend erforderlich oder auch nur deutlich besser als die konventionelle von Ziegler«; Houby-Nielsen 1998, 129 mit Anm. 17.

584 Twele 1975, 98.

585 s. dazu 78 mit Anm. 627.

586 Conze IV Nr. 1790–1795 Textabb. Taf. 383.

587 Conze IV 15: »Aus der ungezählten Menge seien die folgenden [scil. *columellae* mit Reliefdarstellungen von Loutrophoren] gewählt« (Nr. 1771–1789 Taf. 379–382); s. hierzu auch Houby-Nielsen 1998, 131 f. mit Anm. 28–30.

588 Kerameikos I 517: SEG XXXI 251; Brueckner 1909, 99 Abb. 64; U. Knigge – W. Kovacsovics, Kerameikos. Tätigkeitsbericht 1979, AA 1981, 395 Abb. 19; grundlegend Kovacsovics 1990, 104 f. Nr. 3 Abb. 54, 1–2 Taf. 14, 1 (Block); Taf. 20, 2 (Inschrift).

589 So wohl zu optimistisch Kovacsovics 1990, 104 mit Anm. 165 f. Tatsächlich können Inschriften nicht mit ausreichender Sicherheit auf ein Jahrzehnt genau datiert werden.

590 Kovacsovics 1990, 104.

591 Knigge 1988, 117–121 Nr. 21 Abb. 115–117; Kovacsovics 1990, 87–130 Abb. 48–62 Taf. 13–23; Breder 2013, 182 Nr. A 13 Taf. 33 Abb. 86; Taf. 69 Abb. 189; Greco 2014, 1401 f. Abb. 905 a. b; Stroszeck 2014, 175 f. Nr. 32 Abb. 32.1–4.

592 So Stroszeck 2014, 176.

593 Knigge 1988, 118 Abb. 117; Kovacsovics 1990, 106–110 Abb. 55 f. Taf. 22, 3; 23, 2; Greco 2014, 1401 Abb. 905 b; Stroszeck 2014, 176 Abb. 32.4; PAA 940810.

594 s. ausführlich Kovacsovics 1990, 108–110 Nr. 7 Abb. 56 Taf. 23, 2.

595 s. Stroszeck 2014, 176.

596 So Kübler 1949, 18 mit Anm. 5 Taf. 6, 1.

597 s. hierzu Delbrück 1900, 304 mit Anm. 2.

598 s. Brueckner 1909, 70 Abb. 42 (Basis einer Marmorlekythos); G. Kokula, Marmorlutrophoren (Berlin 1984) 31–36 Taf. 13; Kosmopoulou 2002, 92–110 Abb. 70–92; s. z. B. die Marmorloutrophore des Hegetor aus dem Grabbezirk XII im Kerameikos, die mit ihrer quadratischen Basis aus Poros noch im originalen Bleiverguss verbunden ist: Kovacsovics 1990, 81 Nr. 3 Taf. 19, 2–3; und die ebenfalls mit ihrer originalen Reliefbasis erhaltene Marmorloutrophoros Athen, Arch. Nat. Mus. Inv. 4498 (Kaltsas 2002, 170 Nr. 334 Abb.) sowie die Marmorlekythos der Aristomache (Kerameikos I 333; MG 2) auf ihrer originalen Rundbasis: Schmaltz 1970, 138 Kat. Nr. A 212; Clairmont, CAT III Nr. 3.403; Stroszeck 2014, 238 f. Nr. 63 Abb. 63.2.

599 Athen, Kerameikos I 365: IG II/III^2 5645; PAA 531120 und 927390; Brueckner 1909, 101 f. Abb. 65; Stroszeck 2014, 205 Nr. 45b Abb. 45.3.

600 s. Conze IV 7 f. Abb.

601 Conze IV 14 Nr. 1768 Textabb. (Maße: Br. 0,57 m; L. 1,13 m; Höhe am First 0,38 m).

602 s. Marchiandi 2011, Taf. 16 Abb. 5.5; Greco 2014, 1394 f. Abb. 899; s. zu Pytheas von Alopeke Habicht 1995, 34 mit Anm. 35; 37 mit Anm. 55; PAA 793265 und 793270.

603 I. Hitzl, Die griechischen Sarkophage der archaischen und klassischen Zeit (Jonsered 1991) 103–107.

604 Vgl. die Beispiele bei Nakayama 1982, 45–47 Taf. 3 Nr. GB-II-2 bis GB-II-5; zum Typus des kleinformatigen Grabbaus mit Satteldach im späten 5. Jh.: Scholl 2007, 55–57 Abb. 4.

605 »Auch die kleinen blockförmigen Male der Lekythenbilder werden am ehesten aus Erde, Lehm und Bruchsteinen aufgeführt und mit einem Kalkputz verstrichen zu denken sein. Sie sind bei ihrer geringen Größe daher noch leichter untergegangen als die stattlicheren Bauten des 7. und 6. Jahrhunderts«, so Kübler 1949, 18.

606 Zu diesem ausführlich Scholl 2007, bes. 51–64 Abb. 1 a–b; 5 a–e.

607 Conze IV 6; »Unter der Inschrift [scil. etlicher *columellae*] hat sich die verbotene Lust am Bildwerke mitunter in die Darstellung eines Abzeichens in Flachrelief gerettet.«

608 Conze II 370; Conze IV 8. Schon Conze IV 5 erkannte »Stelen mit Reliefdarstellungen der Verstorbenen kommen in großer Zahl erst in erheblicher späterer Zeit wieder auf«; vgl. zu den attischen Bildfeldstelen des 3. bis 1. Jhs. ausführlich Scholl 1996, 77–81 mit Anm. 521–551 Taf. 26–27.

609 s. hierzu ausführlich Scholl 1996, 77–81 mit Anm. 521–551 Taf. 26, 1–4; 27, 1–4; Houby-Nielsen 1998, 130 mit Anm. 22; 141 mit Anm. 109.

610 Vgl. z. B. die *trapeza* der Titthe und des Symmachos: Athen, Arch. Nat. Mus. Inv. 3671: IG II/III^2 10472; PAA 851030; Y. Béquignon, Chronique des fouilles et découvertes archéologiques dans l'Orient hellénique, BCH 54, 1930, 452; G. Karo, Archäologische Funde. Attika, AA 1931, 214 f.; H. Möbius, Eigenartige attische Grabreliefs, AM 81, 1966, 154–158 Beil. 86, 2–3; 87, 1–2.

611 s. hierzu jetzt ausführlich Scholl 2018, bes. 230–232.

612 s. Scholl 1994, bes. 268–271.

613 Will 1983, 96–100; Habicht 1995, 35–37; B. Hintzen-Bohlen, Die Kulturpolitik des Eubulos und des Lykurg. Die Denkmäler- und Bauprojekte in Athen zwischen 355 und 322 v. Chr. (Berlin 1997); W. Will, Demosthenes (Darmstadt 2013) 169–171.

614 Vgl. hierzu Habicht 1995, 65 f.: »Das Gesetz blieb jahrhundertelang in Kraft, was doch ein Anzeichen dafür ist, daß es die überwiegende Billigung der öffentlichen Meinung fand, die der kleinen Zahl ganz Reicher nicht länger erlauben wollte, ihren Reichtum in provozierender Weise zur Schau zu stellen«; Houby-Nielsen 1998, 130 mit Anm. 21–23.

615 Kerameikos I 384; Stroszeck 2014, 240 Nr. 64 Abb. 64.1; PAA 933850.

616 s. zu diesen C. Curtius, Der attische Friedhof vor dem Dipylon, AZ 29, 1871, 23 Nr. 49; K. Kübler, Ausgrabungen im Kerameikos, AA 1932, 189; Kübler 1949, 18 mit Anm. 4 Taf. 6, 2.

617 Curtius a. O. 29 Nr. 49; heute Athen, Epigraphisches Mus. 9140; IG II/III² 7226; PAA 111755.

618 K. Kübler, Ausgrabungen im Kerameikos, AA 1932, 189 f.; zu Ergasion: PAA 400860.

619 Kübler 1949, 18 mit Anm. 4 Taf. 6, 2.

620 s. ausführlich o. 11–16 Abb. 5–11.

621 K. Kübler, Ausgrabungen im Kerameikos, AA 1932, 185 f. Abb. 1 (Zeichnung der Front des Grabbaus); 189 Abb. 2; K. Kübler, Ausgrabungen im Kerameikos, AA 1933, 263 Abb. 1 (nur wenige Meter links – d. h. südlich vom Grabbau des Philon – erkennt man den vollständig freigelegten Grabbau k [s. hier Abb. 7–8] vor dem Schnitt durch den großen Grabhügel G); H. Riemann, Die Skulpturen vom 5. Jh. bis in römische Zeit, Kerameikos II (Berlin 1940) 44–46 Nr. 42 Taf. 14, 1; W. Peek, Inschriften, Ostraka, Fluchtafeln, Kerameikos III (Berlin 1941) 44 Nr. 38; Kübler 1949, 19 mit Anm. 2; Knigge 1988, 149 Nr. 47 mit Anm. 139 Abb. 165 Nr. 47; Greco 2014, 1370 f. Abb. 870 Nr. 2 (sehr unscharf); Stroszeck 2014, 230 f. Nr. 58 Abb. 58.1–2; Philon: PAA 956225.

622 K. Kübler, Ausgrabungen im Kerameikos, AA 1932, 189 Abb. 2.

623 So Stroszeck 2014, 230.

624 IG II/III² 7598; PAA 306545; Kerameikos Co 29; Riemann a. O. (Anm. 621) 44 Nr. 42 Taf. 14, 1 (Foto: D-DAI-ATH-KER 2255); Stroszeck 2014, 230 f. Abb. 58.2.

625 IG II/III² 7271; s. unter PAA 956235; Kerameikos Co 32. 37.

626 So Kübler 1949, 19 mit Anm. 2.

627 So Stichel 1990, 40 und Houby-Nielsen 1998, 127: »A general lack of interest during the 19th cent. for the Hellenistic period in Athens caused excavators to neglect the documentation of Hellenistic finds.«

628 So Delbrück 1900, 304.

629 Knigge 1988, Abb. 165 bei Nr. 31; von Moock 1998, 12 mit Anm. 119; Stroszeck 2014, Plan bei Nr. 46 b.

630 s. zu den kaiserzeitlichen Stuckgrabbauten zusammenfassend von Moock 24 f. mit Anm. 297–302 Beil. 3 Nr. 8. 10 (Grabbau des Daphnos; s. hier Abb. 67–68).

631 s. die Zusammenstellung bei von Moock 1998, 24 Anm. 297.

632 Allerdings gehen nicht alle Zerstörungen der jüngeren Schichten auf das Konto der Ausgräber; s. etwa Vierneisel 1963, 27 zur Abtragung kaiserzeitlicher Bestattungen an der Nordseite der Heiligen Straße durch den Eridanos: »Kaiserzeitliche Gräber, die sich nicht erhalten haben, wurden wohl im spätesten Altertum von tiefen Einbrüchen des nahen Flusses fortgeschwemmt.«

633 So Stichel 1990, 40.

634 Stichel 1990, 40; s. auch Kübler 1942, 35: »Als näheres Ziel schwebte vor, die mächtigen spät- und nachantiken Aufhöhungen des Geländes [scil. im Kerameikos] abzutragen und allmählich in breiter Ausdehnung zum 4. Jahrhundert durchzustoßen.«

635 So Stroszeck 2014, 153 f.; 209.

636 s. die Pläne bei Brueckner 1909, 121; Knigge 1988, Abb. 165.

637 Brueckner 1909, 44 Abb. 18; 52.

638 Delbrück 1900, 300.

639 Delbrück 1900, 300 f. Abb. 7; Brueckner 1909, 52 Nr. 37 Abb. 26; 121 Plan Nr. 37; s. auch die Rückseite des Grabbaus der Kornelia auf dem Grabungsfoto Brueckner 1909, 44 Abb. 18 Nr. 37 links vom Grabrelief der Hydrophore (s. hier links in Abb. 64): Knigge 1988, 129 Abb. 125; Rügler 1989, 233 f. mit Anm. 66 Taf. 41, 2; von Moock 1998, 24 f. 192 f. Nr. 567 Taf. 69 c (»2. Viertel 1. Jh.«); Greco 2014, 1416 f. Abb. 923. 924 Nr. 37; Stroszeck 2014, 209 Abb. 46.6–7.

640 s. von Moock 1998, 14 mit Anm. 143; 192 Nr. 567: »Im Zustand der sekundären Verwendung wohl intakt. Bei Einbeziehung in die Schmalseite eines ›Stuckgrabbaus‹ des 2. oder 3. Jhs. die Form für dieses Monument angepaßt.«

641 Knigge 1988, 128 f. mit Anm. 117 Abb. 125; V. M. Strocka, Variante, Wiederholung und Serie in der griechischen Bildhauerei, JdI 94, 1979, 153 f. mit Anm. 52–55 Abb. 4.

642 Delbrück 1900, 301.

643 Brueckner 1909, 52.

644 s. o. 25 f. Abb. 22.

645 Zu den Milesiern in Athen: C. Gray, Foreigners in the Burial Ground. The Case of Milesians in Athens, in: M. Carroll u. a. (Hrsg.), Living through the Dead (Oxford 2011) 47–64; von Moock 1998, 10 mit Anm. 102: »Fast ein Drittel der Ethnika, die auf attischen Stelen [scil. des Hellenismus und der frühen römischen Kaiserzeit] genannt werden, betreffen Bürger aus Milet.«

646 So von Moock 1998, 192 f. Nr. 567 Taf. 69 c.

647 Delbrück 1900, 300 Abb. 6; Brueckner 1909, 44 Abb. 18; 52 Nr. 38; 121 Plan Nr. 38.

648 Brueckner 1909, 52.

649 Delbrück 1900, 303.

650 Vgl. bes. den flachen und stuckierten Grabhügel von 1,45 m Durchmesser im Kerameikos, Eckterrasse, mit der *columella* der Dorkas von Sikyon: s. o. 69 mit Anm. 564 Abb. 55.

651 So Brueckner 1909, 52.

652 So Delbrück 1900, 301.

653 Delbrück 1900, 301 f. Abb. 8–9; Brueckner 1909, 49 Nr. 34 Abb. 22 (Zustand Anfang des 20. Jhs.) Abb. 24 (Rekonstruktionsskizze von R. Delbrück); 121 Plan Nr. 34; Knigge 1988, 129 Nr. 31 Abb. 124. 165; Rügler 1989, 233 Abb. 1; von Moock 1998, 192 f. Nr. 567 Taf. 69 c; Greco 2014, 1416 f. Abb. 922. 924 Nr. 34; Stroszeck 2014, 210 Abb. 46.8–10.

654 s. Brueckner 1909, 49.

655 So Knigge 1988, 129 Nr. 31.

656 Kerameikos Inv. I 155: IG II/III² 10042; PAA 301995; Brueckner 1909, 50 f. Abb. 23 Nr. 34; von Moock 1998, 12 Anm. 120; 22 mit Anm. 260; Stroszeck 2014, 210 Abb. 46.10.

657 Brueckner 1909, 53. Auch der sonst stets sachlich-nüchterne Conze bezeichnet die figürlichen Grabstelen Attikas (Conze IV 29) als »Produkte einer doch etwas anspruchsvollen Armseligkeit.«

658 s. auch das diesem Beitrag vorangestellte Zitat von Delbrück 1900, 302.

659 Delbrück 1900, 303.

660 So Kübler 1949, 18 f. mit Anm. 1 Taf. 7.

661 »Die Grabbauten sind sicher unter dem Eindruck der monumentalen Gräber im griechischen Osten und in Italien errichtet worden«, so resümierend Stroszeck 2008, 305.

662 So Stroszeck 2008, 291 f. Abb. 1 (Plan der Fundamente); Abb. 2 (hypothetische Rekonstruktion der Grabbauten vor dem Diplylon); Stroszeck 2014, 266; s. bereits Kübler 1949, 19: »Sie [scil. die steinernen römischen Grabbauten im Kerameikos] sind meist nur noch in ihren Fundamenten zu fassen, reine Nachkommen des altattischen Grabbaus werden unter ihnen selten mehr zu finden sein«; Greco 2014, 1306 Abb. 799; 1321–1324 Abb. 816–818.

663 Stroszeck 2008, 291. 294 mit Anm. 10.

664 s. Flämig 2007, 130 Nr. 5 Taf. 7, 1–2 sowie 132 Nr. 8; Stroszeck 2008, 298 f. zu *peribolos* Nr. 1 Abb. 20 f.

665 s. den Überblick bei Stroszeck 2014, 266–270 Abb. 78.1–13; ausführlich zu den kaiserzeitlichen Grabbauten vor dem Dipylon Stroszeck 2008; von Moock 1998, 12 mit Anm. 121 Beil. 3 Nr. 1–5.

666 Flämig 2007, 127–132 Nr. 2–8 Taf. 7–11.

667 Flämig 2007.

668 s. hierzu Stroszeck 2014, 230 Abb. 58.1; 232 Nr. 59.

669 Travlos, Athen 462–465 Abb. 585–587; D. E. E. Kleiner, The Monument of Philopappos in Athens (Rom 1983); zuletzt und mit der älteren Lit. Flämig 2007, 123–127 Nr. 1 Taf. 2–6; Stroszeck 2008, 303 mit Anm. 58; s. demnächst H. R. Goette – B. Jacobs, 145. BWPr.

670 H. Pimpl, Perirrhanteria und Louteria. Entwicklung und Verwendung großer Marmor- und Kalksteinbecken auf figürlichem und säulenartigem Untersatz in Griechenland (Berlin 1997) 149 f. zeichnet die Forschungsgeschichte zu den *labellae* des Cicero nach und kommt zu dem eindeutigen und überzeugenden Schluss: »Tatsächlich kennen wir aus Athen keine Hinweise auf ›Grablouteria‹« und »In Athen haben wir es also keineswegs mit Becken auf säulenartigem Fuß als Grabzeichen zu tun […]«, so Pimpl 149 mit Anm. 932; 150.

671 s. zu diesen die grundlegende Arbeit von Moock 1998.

672 Conze IV, 5 Abb.; 10 f. Nr. 1744–1749 Abb.; Knigge 1988, 128 f.; 171 Farbabb. 43; Banou – Bournias 2014, 246 Abb.; Greco 2014, 1330 Abb. 828; 1415 Abb. 920.

673 »Demetrios von Phaleron wählte die Denkmälertypen, die er den Athenern gestattete, aus der Menge der vorhandenen aus«; so Delbrück 1900, 304.

674 Athen, Kerameikos-Mus. A 677; P 1698: G. Kuhn, Eine archaische Grabsäule mit Löwenskulptur im Kerameikos von Athen, MarbWPr 2015/2016, 1–48 Abb. 1–62.

675 Athen, Kerameikos, Grabbezirk des Eubios von Potamos: Grabsäule für Bion (PAA 266630. 266635) und Archikles (PAA 213440); Höhe der Säule mit Basis 2,36 m; (IG II/III^2 7257) mit dorischem Kapitell und den Resten eines Loutrophorosfußes: Conze III Nr. 1740 Textabb.; Brueckner 1909, 108 Abb. 68; Kurtz – Boardman 1971, 129 Abb. 26; Knigge 1988, 138 Abb. 131; 176 Farbabb. 162; Scholl 1996, 16–20 mit Anm. 99–132 Kat. 45 Taf. 21, 1; zur Chronologie der Grabdenkmäler im Potamier-Bezirk und zur Prosopographie der Familie: Bergemann 1997, 187 Nr. A 21 Taf. 2, 4; Breder 2013, 184 f. Nr. A 21 Taf. 15 Abb. 38; Taf. 36 Abb. 96. Taf. 59 Abb. 163.

676 s. zum Grab des Isokrates ausführlich Scholl 1994, 240–252 Abb. 2–8; zu dessen Grabsäule und verwandten Denkmälern ebenda 240–242 mit Anm. 13–21 Abb. 2.

677 Athen, Epigraphisches Mus. 10895: IG II/III^2 11710; PAA 533955; Conze IV Nr. 1790 Taf. 383; Brueckner 1909, 89; Kovacsovics 1990, 50. 55 f. Nr. 1; 62 Nr. 69 Taf. 26, 4; Stroszeck 2014, 183 Nr. 35 a Abb. 35.3.

678 Kübler 1949.

679 Kübler 1949, 21.

680 s. Kübler 1959; Kübler 1970; Kübler 1976 sowie die Würdigung seines Werkes im Nachruf von W. Schiering, Karl Kübler, Gnomon 63, 1991, 380–383 (s. o. Anm. 10. 37).

681 von Moock 1998, 3: »die Gräber des Kerameikos warten z. T. seit 1930 auf ihre endgültige Publikation.«

682 s. zu diesem Aspekt Scholl 1998, 51–53.

JAHRESBERICHTE 2017–2020

Januar – Dezember 2017

Am 18. Januar führte Dr. Volker Krahn (SMB) durch die Sonderausstellung im Bode-Museum »Canova und der Tanz«, ein Kooperationsprojekt der Staatlichen Museen zu Berlin mit dem Museo Canova in Passagna und dem Museo Civico in Bassano del Grappa. Es folgte am 7. Februar der Vortrag von Prof. Dr.-Ing. Thekla Schulz-Brize (TU Berlin) zum Thema »Ein neuer Tempel für Hera. Zur Neuordnung des Heraion von Samos in augusteischer Zeit«. Am 16. März führte Dipl. phil. Ursula Kästner (Berlin) durch die Sonderausstellung »Gefährliche Perfektion. Antike Grabvasen aus Apulien« im Alten Museum. Am 25. April sprach Dr. Thomas Kiely (British Museum, London) zum Thema »From Plunder to Preservation? Managing the Archaeological Heritage of Cyprus in the Early British Period (1878–1905)«, und am 2. Mai berichtete Prof. Dr. Wolfgang Ehrhardt (Freiburg i.Br.) vom »Asklepieion auf Kos«. Den Vortrag am 13. Juni hielt Prof. Dr. Annetta Alexandridis (Cornell University, Ithaca, NY) über »Fremde und Einheimische im hellenistisch-römischen Sardis«. Nach der Sommerpause referierten am 24. Oktober Prof. Dr. Christof Berns (Ruhr-Universität Bochum) zu »Der Humeitepe in Milet. Neue Forschungen zum Stadtraum einer Handelsmetropole« und am 14. November das Vorstandsmitglied Prof. Dr. Stephan G. Schmid (Humboldt-Universität zu Berlin) unter dem Titel »Zwischen Königsgräbern und Pfandhaus. Max Ohnefalsch-Richter (1850–1917) und der Beginn der archäologischen Wissenschaft auf Zypern«.

Das 174. Winckelmannsfest wurde am 5. Dezember begangen. Den Festvortrag hielt der ehemalige Vorsitzende Prof. Dr. Adolf H. Borbein (Berlin) über »Winckelmanns Bild der griechischen Kunst«. Zum anschließenden Empfang im Theodor-Wiegand-Haus stiftete die Präsidentin des Deutschen Archäologischen Institutes, Prof. Dr. Friederike Fless, die Getränke.

Die ordentliche Mitgliederversammlung fand am 13. Juni statt. Der Vorstand wurde entlastet.

Durch den Tod verlor die Gesellschaft ihre Mitglieder Ulrich Möller, Dr. Ulrich von Heinz, Dipl. phil. Irmgard Kriseleit, Dr. Eckard Lullies, Prof. Dr. Wolfram Martini, Dr. Gisela Krien-Kummrow sowie ihre ehemaligen Mitglieder Prof. Dr. Bernhard Hänsel und Dr. Gudrun Fuchs-Gomolka. Ausgetreten sind Jenny Abura und Dieter-Rainer Bethge. Als neue Mitglieder wurden aufgenommen Josefine Buchhorn, Lukas Bossert, Thomas Hintermann, Dr. Christian Russenberger, Franziska Becker, Dr. Claudia Junge, Dr. Diethelm Krull, Ulrike Wagner.

Januar – Dezember 2018

In den Sitzungen sprach am 16. Januar Prof. Dr. Wolf-Dietrich Niemeier (DAI Athen) »Zur Frühzeit des Hera-Heiligtums auf Samos«, und es führte am 24. Februar das Vorstandsmitglied Prof. Dr. Stephan G. Schmid (Humboldt-Universität Berlin) durch die Sonderausstellung »Zwischen Königsgräbern und Pfandhaus. Max Ohnefalsch-Richter (1850–1917) und die Archäologie Zyperns« im Neuen Museum. Am 13. März sprach Dr.-Ing. Katja Piesker (DAI Istanbul) über »Um-Bauforschungen am sogenannten Dionysostempel in Side, Pamphylien«, und am 24. April folgte Prof. Dr. Volker Kästner (Berlin) mit seinem Vortrag »Der Pergamonaltar – eine Bestandsaufnahme«. Am 29. Mai referierte Dr. Moritz Kiderlen (Berlin) über »Olympia, Wadi Arabah und die Alpen. Die frühgriechischen Eliten als Einkäufer von Kupfer (ca. 1200–700 v. Chr.)«, und am 12. Juni sprach PD Dr. Agnes Schwarzmaier-Wormit (Berlin) über »Der Frauen schönste Zier. Griechischer Goldschmuck mit figürlicher Dekoration und seine Bedeutung«. Nach der Sommerpause wurde am 23. Oktober erstmalig der neue Margarete-Bieber-Preis der Archäologischen Gesellschaft für Nachwuchswissenschaftlerinnen und Nachwuchswissenschaftler verliehen, dessen Preisgeld durch die großzügige Spende eines Mitglieds zur Verfügung gestellt wird. Den Preisvortrag zu »Kleidung, Identität und Religion. Ein Beispiel für die Relevanz archäologischer Fragestellungen« hielt Annemarie Schantor M.A. (Freiburg i. Br.). Am 13. November sprach der Vorsitzende Prof. Dr. Andreas Scholl zum Thema »Aigina, Megara, Salamis. Zur Heroisierung des Verstorbenen im frühen attischen Grabrelief der Klassik«.

Das 175. Winckelmannsfest wurde am 11. Dezember begangen. Den Festvortrag hielt Prof. Dr. Hans Rupprecht Goette (Berlin) über »Das Mausoleum des Philopappos in Athen«. Zum anschließenden Empfang im Theodor-Wiegand-Haus hat DAI-Präsidentin, Prof. Dr. Friederike Fless, die Getränke gestiftet.

Die ordentliche Mitgliederversammlung fand am 24. April statt. Der Vorstand wurde entlastet. Bei der fälligen Wahl wurden wiedergewählt Herr Andreas Scholl als Vorsitzender, Herr Philipp Freiherr von Rummel als Stellvertretender Vorsitzender, Frau Regina Attula als Schriftführerin, Herr Peter Baumeister als Schatzmeister sowie Frau Johanna Fabricius, Herr Stephan G. Schmid und Frau Manuela Taake als weitere Vorstandsmitglieder.

Durch den Tod verlor die Gesellschaft ihre Mitglieder Prof. Dr.-Ing. Ulrike Wulf-Rheidt und Prof. Dr. Rainer Hausherr. Ausgetreten ist Peggy Wirkner. Als neue Mitglieder wurden aufgenommen Ulfert Oldewurtel und Dr. des. Annemarie Schantor (erste Trägerin des Margarete-Bieber-Preises).

Januar – Dezember 2019

In den Sitzungen sprachen am 29. Januar Verena Hoft M.A. (Tübingen) über »Blickfang. Zur Bedeutung und Wirkung von Augen aus kostbarem Material«, am 12. Februar Dr. Christian Gliwitzky (München) zu »Verkannt!? Griechische und römische Bildnisse der Münchner Glyptothek« und am 19. März Jun.-Prof. Dr. Thoralf Schröder (Köln) zu »Überlegungen zu Produktionsdynamiken römischer Skulpturen«. Am 4. April führten Dr. Martin Maischberger und Dipl.-Ing. Moritz Taschner (Berlin) durch die neueröffnete Ausstellung »Pergamon. Meisterwerke der antiken Metropole und 360-Grad-Panorama von Yadegar Asisi«. Am 7. Mai sprach Prof. Dr. Klaus Hallof (BBAW, IG) zu »Ein Olympionike nimmt Maß«, und am 25. Juni trug Dr. Benjamin Ducke (DAI Berlin) zum Thema »Vom Satellitenbild zum digitalen Kulturgüterschutz. Der Einsatz von Fernerkundungs- und Informationstechnologien für das kulturelle Erbe Syriens« vor. Nach der Sommerpause wurde am 22. Oktober der 2. Margarete-Bieber-Preis an Paul Pasieka M.A. (Berlin/

Darmstadt) verliehen, der unter dem Titel »Von Blüten und Krisen. Neue Perspektiven auf die Wirtschaft der Antike am Beispiel Südetruriens« über Ergebnisse seiner Dissertation berichtete. Am 12. November sprach PD Dr. Ulrike Ehmig (BBAW, CIL) über »Die Amphorenfunde der letzten Jahre am sog. Dimesser Ort in Mogontiacum/Mainz: Neue siedlungs- und wirtschaftshistorische Perspektiven«.

Das 176. Winckelmannsfest wurde am 17. Dezember begangen. Prof. Dr. Helmut Kyrieleis (Berlin) hielt den Festvortrag »Handel, Diplomatie und interkultureller Austausch. Vorderasiatische und ägyptische Votive im Heraion von Samos«. Zum anschließenden Empfang im Theodor-Wiegand-Haus stiftete die Präsidentin des DAI, Prof. Dr. Friederike Fless, die Getränke.

Die ordentliche Mitgliederversammlung fand am 19. März statt. Der Vorstand wurde entlastet.

Durch den Tod verlor die Gesellschaft ihre Mitglieder OStR Erich Rinnert, Hans-Peter Schulz, Dr. Gertrud Platz-Horster, Dr. Ursula Germelmann, Dr. Ulrich Gehrig und Prof. Dr. Erika Simon. Ausgetreten sind Eberhard Vogt, Rebecca Henzel, Dr. Hans Walter Herrmann, OStR Volkhard Rohde, Prof. Dr. Sabine Vogt und Dr. Nadine Becker. Als neue Mitglieder wurden aufgenommen Annegret Klünker, Beate Behrens und Dr. Annika Backe-Dahmen.

Januar – Dezember 2020

In den Sitzungen sprachen am 14. Januar Dr. René Sternke (Blankensee) über »Karl August Böttiger und die Berliner Archäologie« und am 11. Februar Luisa Balandat M.A. (Bonn) über »Eine ›Trübung des attischen Geistes‹? Ursprung, Entwicklung und Bedeutung archaischer Grabreliefs außerhalb von Attika«. Alle folgenden Sitzungen mussten wegen der COVID-19-Pandemie abgesagt werden, so auch die normalerweise im Frühjahr stattfindende Mitgliederversammlung. Nach der Sommerpause wurde am 27. Oktober der 3. Margarete-Bieber-Preis verliehen, an MMag Matthias Hoernes (Innsbruck) für den Vortrag »Gemeinsame Gräber: Formen, Praktiken und Kontexte von wiederholten Grabbelegungen im vorrömischen Südostitalien«. Die Preisverleihung und die folgenden Sitzungen fanden wegen des fortdauernden Corona-Risikos im Videokonferenz-Format statt.

Am 10. November wurde die Mitgliederversammlung in einer online-Konferenz mit rund 40 Teilnehmerinnen und Teilnehmern nachgeholt. Die Wahl zum Vorstand, die Entlastung des Vorstandes sowie die Wahl der Rechnungsprüfer wurden aus rechtlichen Gründen als Briefwahl durchgeführt. In den Vorstand wurden gewählt bzw. wiedergewählt und amtieren seit dem 01. 12. 2020: Herr Andreas Scholl als Vorsitzender, Herr Philipp Freiherr von Rummel als Stellvertretender Vorsitzender, Frau Velia Boecker als Schriftführerin, Herr Moritz Taschner als Schatzmeister sowie Frau Manuela Taake, Frau Johanna Fabricius und Herr Stephan G. Schmid als Beisitzerinnen bzw. Beisitzer im Vorstand. Als Rechnungsprüfer wurden wiedergewählt und amtieren ebenfalls seit dem 01. 12. 2020 Herr Wolfgang Filser und Herr Andreas Oettel.

Das 177. Winckelmannsfest wurde am 15. Dezember begangen. Der Vorsitzende hielt den Festvortrag zum Thema des hier vorliegenden 144. Berliner Winkelmannsprogramms. Der traditionelle Empfang musste leider entfallen.

Durch den Tod verlor die Gesellschaft ihre Mitglieder Prof. Dr. Wolfram Nagel, Christine Barbara Herzer, Prof. Dr. Uta Kron, Prof. Dr. Klaus Parlasca und Ingrid Fischer. Ausgetreten sind Prof. Dr. Gerwulf Schneider, Dr. Helke Kammerer-Grothaus und Dr. Luise Errington. Als neue Mitglieder wurden aufgenommen Asja Müller, Dr. Philip Brize, Prof. Dr. Thekla Schulz-Brize, Dr. Bertil Sander, Claudia Mächler, Paula Michalski, Paul Pasieka (zweiter Träger des Margarete-Bieber-Preises), Dr. Moritz Patzer, Dr. Trupti Dave-Wehner, Theresa Rafflenbeul und Anke Hoppe.

Mitglieder der Archäologischen Gesellschaft zu Berlin e. V.

Stand: Oktober 2020

Alajmo, Gina, Berlin
Alt, Prof. Dr. Karin, Berlin
Andreae, Ute, Berlin
Andreae, Prof. Dr. Bernard, Berlin
Attula, Dr. Regina (Schriftführerin), Berlin
Aurich, Claus, Berlin
Backe-Dahmen, Dr. Annika, Berlin
Barlou-Jäggi, Dr. Vasiliki, Morges
Barringer, Prof. Dr. Judith, Edinburgh/Berlin
Bartz, Jessica, Berlin
Baumeister, Dr. Peter (Schatzmeister), Berlin
Beck, Dennis Mario, Bonn
Becker, Franziska, Berlin
Behrens, Beate, Berlin
Beiersdorf, Max, Darmstadt
Bergmann, Prof. Dr. Marianne, Berlin
Berns, Prof. Dr. Christof, Hamburg
Berry, Dr. Stephan, Berlin
Blauert, Dipl.-phil. Elke, Berlin
Bledijan, Angelika, Berlin
Bliembach, Dr. Eva, Berlin
Bobinger, Julius, Berlin
Boecker, Velia, Berlin
Boehringer, Dr. Ulrich, Berlin
Börker, Prof. Dr. Christoph, Berlin
Borbein, Prof. Dr. Adolf H., Berlin
Borchers, Hansine, Berlin
Boschung, Prof. Dr. Dietrich, Köln
Bossert, Dr. Lukas, Aachen/Berlin
Brands, Prof. Dr. Gunnar, Halle (Saale)
Brize, Dr. Philip, Berlin
Brünenberg, Clemens, Darmstadt
Burhenne, Rosemarie, Berlin
Busching, Annika, Berlin
Cesarin, Giulia, Berlin
Charatzopoulou, Dr. Katerina, Berlin
Cram, Dr. Hans-Robert, Berlin
Cyron, Marcus, Schöneiche
Dally, Prof. Dr. Ortwin, Rom
Dave-Wehner, Dr. Trupti, Berlin
Deutsch, Klaus, Berlin
De Vincenzo, Prof. Dr. Salvatore, Viterbo
Dietrich, Jun.-Prof. Dr. Nikolaus, Heidelberg
Dräger, Gabriele, Glienicke
Eiwanger-Donder, Dr. Helga, Wachtberg-Pech
Emme, Dr. Burkhard, Berlin
Engels, Dr. Benjamin, Freiburg i.Br.
Fabricius, Prof. Dr. Johanna (Vorstand), Berlin
Felsch, Dr. Rainer, Isernhagen
Fendt, Dr. Astrid, München
Fiechtner, Dr. Nathalie, Berlin
Filser, Dr. Wolfgang, Berlin
Fless, Prof. Dr. Friederike, Berlin
Folkens, Ulrike, Berlin
Fornasier, Prof. Dr. Jochen, Frankfurt/M.
Franceschini, Dr. Mariachiara, Freiburg i.Br.
Franken, Dr. Norbert, Berlin
Fredrich, Dr. Doris, Berlin
Freyer-Schauenburg, Dr. Brigitte, Kiel
Gebel, Dr. Hans Georg, Berlin
Gehring, Dr. Axel, Berlin
Gehrke, Prof. Dr. Hans-Joachim, Freiburg i. Br.
Geißler, Birte, Berlin
Gierke, Dipl.-Ing. Wilfried, Berlin
Giuliani, Prof. Dr. Luca, Berlin
Göhler, Johannes, Rostock

Goette, Prof. Dr. Hans Rupprecht, Berlin
Goldbeck, Dr. Vibeke, Berlin
Gröschel, Dr. Sepp-Gustav, Berlin
Grünkorn, Dr. Gertrud, Berlin
Grüßinger, Dr. Ralf, Reinstetten
Günther, Elisabeth, Ebertsheim
Habermann, Dipl.-Phys. Heinz, Berlin
Hallof, Prof. Dr. Klaus, Berlin
Hammerschmied, Dr. Kristoph, Rödermark
Heiden, Dr. Joachim, Kröppelin
Heilmeyer, Prof. Dr. Wolf Dieter, Berlin
Heiß, Marian, Berlin
Hennemeyer, Dr.-Ing. Arnd, Schwerin
Henning, Dr. Agnes, Tübingen/Berlin
Heres, Dr. Gerald, Radebeul
Heres, Dr. Huberta, Radebeul
Hiller, Dr. Hilde, Freiburg i.Br.
Hintermann, Thomas, Berlin
Hoepfner, Prof. Dr. Wolfram, Berlin
Hoer, Alexander Felix, Zürich
Hölscher, Prof. Dr. Tonio, Heidelberg
Hof, Dr.-Ing. Catherine, Berlin
Hoffmann, Prof. Dr.-Ing. Adolf, Berlin
Hofstetter-Dolega, Dr. Eva, Berlin
Hofter, PD Dr. Mathias René, Heidelberg
Hoppe, Anke, Rathenow
Horster, Prof. Dr. Marietta, Mainz
Huguenot, Dr. Caroline, Berlin
Hunger, Eberhard, Berlin
Huy, Dr. Sabine, Hamburg
Jacob, Rainer, Berlin
Jacobi, Dr. Heidi, Potsdam
Junge, Dr. Claudia, Berlin
Junker, Prof. Dr. Klaus, Mainz
Kästner, Dipl. phil. Ursula, Berlin
Kästner, Prof. Dr. Volker, Berlin
Kahsnitz, Prof. Dr. Rainer, Berlin
Kankeleit, Dr. Alexandra, Berlin
Kasper-Butz, Dr. Irmgard, Berlin
Kaul, Lennart René, Berlin
Kelp, Dr. Ute, Frankfurt/M.
Kennedy, Dr. Will, Erlangen
Kiderlen, Dr. Moritz, Berlin
Kleiss, Prof. Dr. Wolfram, Kleinmachnow
Klünker, Annegret, Berlin
Kötzsche, Prof. Dr. Lieselotte, Berlin
Kohlmeyer, Prof. Dr. Kay, Berlin
Komp, Rainer, Berlin
Kopcke, Prof. Dr. Günter, New York
Kreikenbom, Prof. Dr. Detlev, Wiesbaden
Krug, Dr. Antje, Berlin
Krull, Dr. Diethelm, Berlin
Kunze, Prof. Dr. Christian, Regensburg
Kunze, Prof. Dr. Max, Berlin
Kurapkat, Prof. Dr.-Ing. Dietmar, Regensburg
Kyrieleis, Prof. Dr. Dr. h. c. Helmut, Berlin
Lackmann, Dr. Irene, Berlin
Langner, Prof. Dr. Martin, Göttingen
Lappi, Dr. Thomas, Berlin
Lauer, Michael, Berlin
Liero, Rico, Berlin
Linder, Dr. Monika, Berlin
Loddenkemper, Dr. Beate, Berlin
Lorentzen, Dipl.-Ing. Janet, Berlin
Lukas, Dominik, Chicago
Mächler, Claudia, Berlin
Maischberger, Dr. Martin, Berlin
Marcks-Jacobs, Dr. Carmen, Berlin
Maul-Balensiefen, PD Dr. Lilian, Heidelberg
Meischner, Dr. Jutta, Berlin
Michalski, Paula, Berlin
Mielsch, Prof. Dr. Harald, Bonnn
Mietke, Dr. Gabriele, Berlin
Miller, Dr. Martin, Stuttgart
Moraw, PD Dr. Susanne, Leipzig
Müller, Dr. Adelheid, Berlin

Müller, Dr. des. Asja, Berlin
Murer, Dr. Cristina, Bern
Muth, Prof. Dr. Susanne, Berlin
Nestler, Prof. Dr. Johannes, Berlin
Niemeier, Prof. Dr. Wolf-Dietrich, Athen
Niemeyer, Dr. Barbara, Berlin
Nowak-Lipps, Dr. Christiane, Tübingen
Nünnerich-Asmus, Dr. Annette, Mainz
Oettel, Dr. Andreas, Berlin
Oldewurtel, Ulfert, Berlin
Osadczuk, Iryna, Berlin
Osterloh, Alexander, Berlin
Osterloh, Helga, Berlin
Osthues, Dr. Ernst Wilhelm, Berlin
Panzram, Dr. Sabine, Hamburg
Parkin, Josefine, Berlin
Parzinger, Prof. Dr. Hermann, Berlin
Pasieka, Paul, Mainz/Darmstadt
Patzer, Dr. Moritz, Berlin
Pearson, Dr. Stephanie, Berlin
Peckskamp-Lürßen, Ingrid, Berlin
Peschken, Prof. Dr.-Ing. Gerd, Berlin
Peschlow-Bindokat, Dr. Anneliese, Berlin
Piesker, Dr.-Ing. Katja, Berlin
Plümacher, Dr. Eckhard, Berlin
Post, Dr. Andreas, Münster
Puritani, Dr. Laura, Berlin
Radt, Prof. Dr. Wolfgang, Berlin
Raeck, Prof. Dr. Wulf, Frankfurt am Main
Räuchle, Dr. Viktoria, München
Rafflenbeul, Theresa, Bochum
Reinhardt, Dr. Arne, Heidelberg
Renner, Silke, Berlin
Rheidt, Prof. Dr.-Ing. Klaus, Berlin
Rudolph, Prof. Dr. Wolf, Berlin
Rügler, Dr. Axel, Berlin
Rummel, Dr. Christoph, Frankfurt/M.
Rumscheid, Prof. Dr. Frank, Bonn
Russenberger, PD Dr. Christian, Rostock
Sack, Prof. Dr.-Ing. Dorothee, Berlin
Sander, Dr. Bertil, Berlin
Sandl, Dr. Ulrich, Berlin
Schade, Dr. Heidemarie, Berlin
Schantor, Annemarie, Göttingen
Schefold, Prof. Dr. Dian, Bremen
Schewe, Christina, Berlin
Schlesier, Prof. Dr. Renate, Berlin
Schlotzhauer, Dr. Udo, Berlin
Schmid, Prof. Dr. Stephan G. (Vorstand), Berlin
Schmidt, Dr. Theun-Mathias, Berlin
Schneider, Julian Gabriel, Bassersdorf
Schneider, Dr.-Ing. Peter I., Cottbus
Scholl, Prof. Dr. Andreas (Vorsitzender), Berlin
Schollmeyer, Dr. Patrick, Mainz
Schraudolph-Gautier, Dr. Ellen, Brüssel
Schröder, Jun.-Prof. Dr. Thoralf, Köln
Schröder-Griebel, Dr. Nele, München
Schultz, Hans-Dietrich, Berlin
Schultz, Dr. Sabine, Berlin
Schulz-Brize, Prof. Dr.-Ing. Thekla, Berlin
Schumann, Axel, Berlin
Schwarzmaier-Wormit, PD Dr. Agnes, Berlin
Seidensticker, Prof. Dr. Bernd, Berlin
Seiler, Dr. Florian, Berlin
Sinn, Prof. Dr. Ulrich, Würzburg
Staffa, Inge, Berlin
Steenbock, Dr. Frauke, Berlin
Stemmer, Dr. Klaus, Berlin
Strauch, Dr. Daniel, Berlin
Strocka, Prof. Dr. Volker Michael, Freiburg i.Br.
Söldner, Prof. Dr. Magdalena, Münster
Taake-Jacobs, Manuela (Vorstand), Berlin
Taschner, Dr.-Ing. Moritz, Berlin
Teperoglou, Dr. Petros, Berlin
Till, Carola, Großbeeren
Toeffling-Keller, Dipl.-Ing. Annette-Maria, Berlin

Trillmich, Dr. Ute, Berlin
Trillmich, Dr. Walter, Berlin
Trümper, Prof. Dr. Monika, Berlin
Uredat, Ingrid, Berlin
Vodolazska, Yulia, Berlin
von den Hoff, Prof. Dr. Ralf, Freiburg i.Br.
von den Steinen, Brigitte, Berlin
von Rummel, Dr. Philipp Freiherr (Stellvertretender Vorsitzender), Berlin
Wagner, Dr. Gretel, Berlin
Wagner, Prof. Dr. Mayke, Berlin
Wagner, Natalie, Berlin
Wagner, Dipl.-Ing. Ulrike, Berlin
Wagner, Dr. Ursula, Berlin
Wagner-Schwarz, Dr. Adelheid, Berlin
Weiß, Frank, Berlin
Weisser, Prof. Dr. Bernhard, Berlin
Willers, Prof. Dr. Dietrich, Ostermundigen
Winkler, Dr. Klaus, Berlin
Winkler-Horaček, Prof. Dr. Lorenz, Berlin
Winterstein, Dipl.-Ing. Claudia, Berlin
Wolf, Johannes, Schwielowsee
Wolf, Dr. Simone Ruth, Berlin
Wrede, Prof. Dr. Henning, Berlin
Wrentschur, Kurt, Berlin
Zeilinger, Sibylle, Berlin
Ziemssen, Dr. Hauke, Berlin
Zimmer, Frank, Berlin
Zimmer, Prof. Dr. Gerhard, Eichstätt
Zimmermann-Elseify, Dr. Nina, Berlin
Zwierlein-Diehl, Prof. Dr. Erika, Bonn

Institutionelle Mitglieder

Archäologisches Institut der Universität Freiburg
Archäologisches Institut der Christian-Albrecht-Universität Kiel
Archäologisches Institut der Universität Hamburg
Deutsches Archäologisches Institut Abteilung Athen, Griechenland
Deutsches Archäologisches Institut Abteilung Istanbul, Türkei
Deutsches Archäologisches Institut Abteilung Madrid, Spanien
Deutsches Archäologisches Institut Abteilung Rom, Italien
Deutsches Archäologisches Institut Orient-Abteilung, Berlin
Deutsches Archäologisches Institut Römisch-Germanische Kommission, Frankfurt am Main
Deutsches Archäologisches Institut Zentrale Berlin
Institut für Klassische Archäologie der Universität München
Institut für Klassische Archäologie der Universität Münster
Institut für Klassische Archäologie der Universität Würzburg
Österreichisches Archäologisches Institut Wien
Rheinisches Landesmuseum Trier Trier
Römisch-Germanisches Zentralmuseum Mainz
Winckelmann-Gesellschaft Stendal